아하! 한국어

A-ha! Korean

3

Work Book

JN429318

숙명여자대학교 한국어교재위원회

- 김경령
University of Illinois at Urbana Champaign, Ph. D
숙명여자대학교 한국어문학부 부교수
숙명국제언어교육원 한국어 교육 부장

- 이홍식
서울대학교 국어국문학 문학 박사
숙명여자대학교 한국어문학부 교수

- 문금현
서울대학교 국어국문학 문학 박사
숙명여자대학교 한국어문학부 부교수

- 이소영
숙명여자대학교 한국어문학부 문학 박사
숙명국제언어교육원 한국어교육부 강사

- 엄소연
숙명여자대학교 한국어문학부 문학 박사 수료
숙명국제언어교육원 한국어교육부 강사

- 오미나
숙명여자대학교 한국어문학부 문학 박사 수료
숙명국제언어교육원 한국어교육부 강사

- 박재남
숙명여자대학교 한국어문학부 문학 박사 수료
숙명국제언어교육원 한국어교육부 강사

- Richard Dubois
숙명여자대학교 영어영문학부 강의 교수

〈연구보조원〉
박참희 · 이세훈 · 최혜민

- 표지 그림과 삽화: 정효정

아하! 한국어 3
(Student's Book, Work Book, Word List)

지은이 숙명여자대학교 한국어교재위원회
펴낸이 조경희
펴낸곳 경문사
펴낸날 2015년 3월 5일 1판 1쇄
2025년 7월 31일 1판 2쇄
등 록 1979년 11월 9일 제1979-000023호
주 소 04057, 서울특별시 마포구 와우산로 174
전 화 (02)332-2004 팩스 (02)336-5193
이메일 kyungmoon@kyungmoon.com

값 28,000원

ISBN 978-89-6105-816-2
ISBN 978-89-6105-498-0(세트)

3
Work Book

아하! 한국어
A-ha! Korean

숙명여자대학교 한국어교재위원회

KM 경문사

등장인물

첸 (20대, 중국)

한국에서 공부하는 교환학생으로 기자를 꿈꾸고 있다.

하나 (20대, 한국)

대학 신입생으로 연극에 관심이 있다.

나라 (10대, 몽골)

대학을 준비하는 고등학생이다.

지영 (20대, 한국)

대학을 졸업하고 결혼 준비 중이다.

프엉 (20대, 베트남)

대학 신입생으로 하나와 같은 과 전공이다.

왕밍 (20대, 중국)

대학 신입생으로 경영학을 전공하고 있다.

유토 (20대, 일본)

한국에서 공부하는 유학생이다.

이민호 (20대, 한국)

컴퓨터 공학 전공하고 있는 한국 대학생이다.

김지선 (20대, 한국)

한국어를 전공하는 대학생이다.

유키 (20대, 일본)

한국에서 공부 중인 교환학생이다.

베라 (30대, 독일)

회사원이고 한국사람과 결혼하였다.

마이클 (20대, 호주)

한국에서 취업을 준비하고 있는 남자이다.

머리말

아하! 한국어는 숙명여자대학교에서 개발한 한국어 교재 시리즈로 한국어를 배우고자 하는 성인 학습자를 대상으로 한국어 표현 능력과 이해 능력을 증진시키는 데에 목표를 두고 개발하였다.

아하! 한국어는 한국어 교육의 가장 기본이 되는 '한글' 습득 단계 교재를 시작으로 5권의 주교재와 이에 따른 5권의 보조교재, 듣기와 말하기 기능을 보조하는 CD, 각각의 텍스트에서 소개되는 단어를 정리한 단어장 그리고 교사지침서 등으로 구성되었다. 주교재에서는 주제 중심으로 단원을 구성하였고 각각의 대화문은 실생활에서 쉽게 접할 수 있는 상황 및 기능이 제시되었다. 다양한 방법으로 문형 연습을 할 수 있도록 지문을 구성하였고 보조 교재를 통해 학습자 스스로 배운 문형과 어휘를 점검하고 복습할 수 있도록 하였다. 단원마다 새로 소개되는 어휘의 뜻을 수시로 빠르게 점검할 수 있도록 지면 구성의 효율성에 힘썼다. 또한 교사지침서를 제작하여 본 교재를 좀더 체계적으로 교사가 사용할 수 있도록 한국어 발음, 문법, 어휘, 교수법 등에 대한 자세한 내용을 수록하였다. 무엇보다도 본 교재의 특징은 언어 교수 이론에 근거한 효율적인 교수법들이 내용 전반에 깔려 있어 한국어를 보다 쉽게 이해하고 습득할 수 있도록 한 점이다.

본 교재는 외국인 학습자를 대상으로 다년간 한국어를 강의한 교육 경험이 풍부한 전문 한국어 교사진과 국어학 및 언어 교수 이론에서 전문성을 확보하고 있는 연구진의 공동 작업으로 완성되었다. 오랜 기간에 걸쳐 집필 및 출판 과정에 헌신적으로 참여해 준 한국어 교사진과 연구진, 기획과 출판 과정에서 적극적으로 협조를 해 주신 경문사 조경희 사장님께 감사를 드린다.

특별히 본 교재가 출간될 수 있도록 아낌없는 지원을 해 주신 총장님과 도움의 말씀을 주신 한국어문학부 교수님들께 감사를 드린다.

김경령

일러두기

아하! 한국어 WORKBOOK 3은 아하! 한국어 STUDENT BOOK 3를 학습한 후 학습자 스스로 배운 내용을 확인하고 점검할 수 있도록 하였다. 본 교재는 12개의 과로 이루어져 있으며, 각 과는 어휘, 문법, 쓰기의 세 영역으로 구성되었다.

어휘

각 과의 대화에서 제시된 새 단어를 중심으로 학습할 수 있도록 하였다. 문맥을 읽고 알맞은 어휘 선택하기, 표현과 정의를 연결하기, 정의 설명에 맞는 어휘 고르기, 표현에 맞는 의미와 문장을 기술하기 등의 방법으로 배운 단어를 점검할 수 있게 하였다.

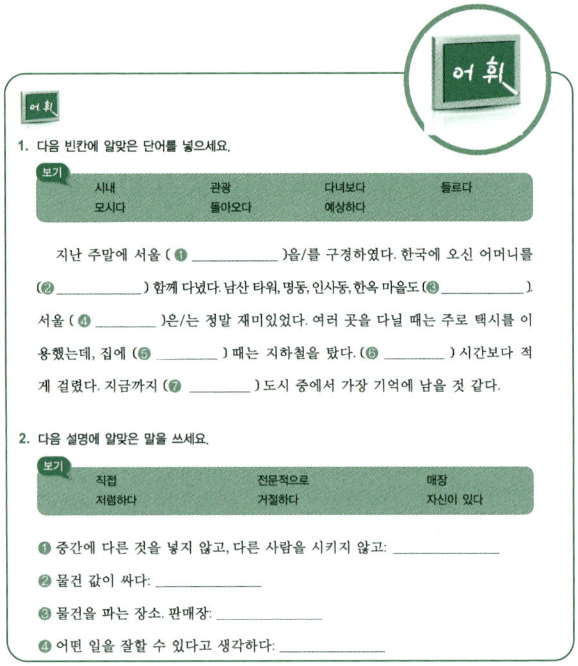

어휘

1. 다음 빈칸에 알맞은 단어를 넣으세요.

보기

시내	관광	다녀보다	들르다
모시다	돌아오다	예상하다	

지난 주말에 서울 (❶ ________)을/를 구경하였다. 한국에 오신 어머니를 (❷ ________) 함께 다녔다. 남산 타워, 명동, 인사동, 한옥 마을도 (❸ ________). 서울 (❹ ________)은/는 정말 재미있었다. 여러 곳을 다닐 때는 주로 택시를 이용했는데, 집에 (❺ ________) 때는 지하철을 탔다. (❻ ________) 시간보다 적게 걸렸다. 지금까지 (❼ ________) 도시 중에서 가장 기억에 남을 것 같다.

2. 다음 설명에 알맞은 말을 쓰세요.

보기

직접	전문적으로	매장
저렴하다	거절하다	자신이 있다

❶ 중간에 다른 것을 넣지 않고, 다른 사람을 시키지 않고: ________

❷ 물건 값이 싸다: ________

❸ 물건을 파는 장소. 판매장: ________

❹ 어떤 일을 잘할 수 있다고 생각하다: ________

문법

문법의 의미를 한국어와 영어로 설명하여 학습 내용을 분명히 이해하는 데 도움을 주려고 하였다. 그리고 전형적인 문장의 예로 제시하여 문법 설명을 추가하였다. 연습 문제는 사용할 어휘를 제시한 문제와 문맥에 맞는 자유 대답을 요하는 문제 등으로 구성하였다.

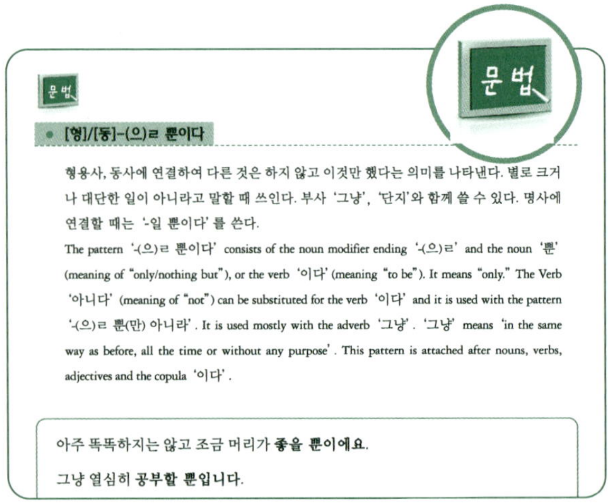

문법

• [형]/[동]-(으)ㄹ 뿐이다

형용사, 동사에 연결하여 다른 것은 하지 않고 이것만 했다는 의미를 나타낸다. 별로 크거나 대단한 일이 아니라고 말할 때 쓰인다. 부사 '그냥', '단지'와 함께 쓸 수 있다. 명사에 연결할 때는 '-일 뿐이다'를 쓴다.

The pattern '-(으)ㄹ 뿐이다' consists of the noun modifier ending '-(으)ㄹ' and the noun '뿐' (meaning of "only/nothing but"), or the verb '이다' (meaning "to be"). It means "only." The Verb '아니다' (meaning of "not") can be substituted for the verb '이다' and it is used with the pattern '-(으)ㄹ 뿐(만) 아니라'. It is used mostly with the adverb '그냥'. '그냥' means 'in the same way as before, all the time or without any purpose'. This pattern is attached after nouns, verbs, adjectives and the copula '이다'.

아주 똑똑하지는 않고 조금 머리가 **좋을 뿐이에요.**

그냥 열심히 **공부할 뿐입니다.**

쓰기

쓰기

- 서울에서 가 본 곳이 어디입니까? 무엇을 해 봤습니까? 어떤 준비를 하였습니까?

  ['-을 뿐이다', '-어다가'를 이용하여 쓰세요.]

쓰기

각 과의 주제에 맞는 내용을 상황으로 구성하여 배운 문법과 표현을 활용하여 쓸 수 있도록 하였다. 배운 어휘와 문법을 쓰기 활동을 통해 자유롭게 쓰도록 하였다.

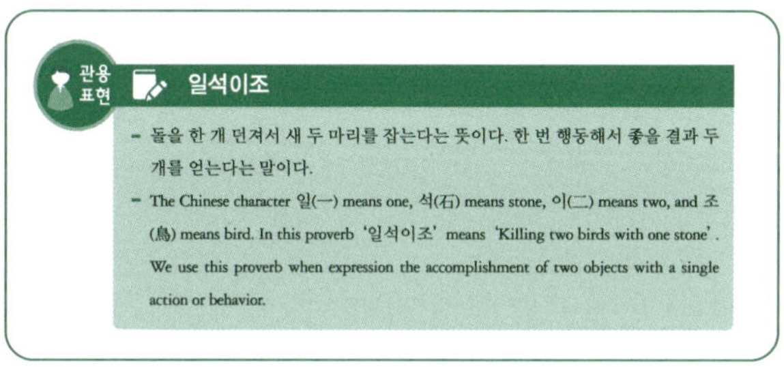

관용 표현

일석이조

- 돌을 한 개 던져서 새 두 마리를 잡는다는 뜻이다. 한 번 행동해서 좋을 결과 두 개를 얻는다는 말이다.
- The Chinese character 일(一) means one, 석(石) means stone, 이(二) means two, and 조(鳥) means bird. In this proverb '일석이조' means 'Killing two birds with one stone'. We use this proverb when expression the accomplishment of two objects with a single action or behavior.

관용표현

각과의 주제와 관련 있는 관용 표현을 넣어 한국의 언어문화를 소개하였다.

책 뒷부분에 있는 정답지에는 어휘, 문법, 쓰기 관련 모범 답안을 제시하고 있다. 학생들이 자신의 답과 모범답안을 비교할 수 있도록 하여 효과적으로 자가 학습을 할 수 있도록 하였다.

단원구성

	주제	문법	어휘	쓰기
1과	서울	-(으)ㄹ 뿐이다 -어다가 -(으)ㄹ까요? -(으)ㄹ걸요(추측)	• 서울 명소 관련 표현	• 서울에서 가 본 곳
2과	학교생활	-어 놓다 -지 그래요? -었다가	• 대학 생활 관련 표현	• 관심 있는 동아리
3과	직업 찾기	-어도 -고(야) 말겠다(의지) -나요? -(으)ㄴ가요?	• 직업 관련 표현	• 한국에서의 계획과 목표
4과	여행	-(은)ㄴ데(상황, 배경) -어 보니까 -더라고요 -(으)ㄹ 만하다(가치)	• 여행 관련 표현	• 여행지에서의 경험
5과	인간관계	반말 -(으)ㄴ/는 편이다 -(으)ㄴ 적이 있다	• 성격 관련 표현	• 좋아하는 친구나 이상형
6과	의생활	피동사 -어 있다 -(으)ㄹ 테니까	• 의생활 관련 표현	• 옷에 대한 취향

	주제	문법	어휘	쓰기
7과	식생활	-(으)ㄴ/는 대신에 -(으)ㄹ 텐데 간접화법	• 식생활 관련 표현	• 음식 습관
8과	주거생활	-는지 -는지 -(으)ㄴ/는데요! -(으)ㄴ 모양이다 -도록	• 주생활 관련 표현	• 집을 구할 때 고려해야 할 점
9과	대중문화	-나 보다 -(으)ㄴ가 보다 -기 좋다/싫다 (이)나 -게	• 문화생활 관련 표현	• 한국 드라마와 영화
10과	어제와 오늘	-(으)ㄹ 뿐만 아니라 -던 -었던 -(으)ㄹ수록	• 미래 직업 관련 표현	• 인생에서 행복했던 순간들
11과	상상	-(ㄴ/는)다면 -더라도 -(으)ㄴ 줄 알다 -(으)ㄹ지도 모르다	• 상상 관련 표현	• 10년 후의 나의 모습
12과	한국의 문화	-(으)ㄴ/는 척하다 -(으)ㄹ까 봐(서) -느라고 -(으)ㄹ 뻔하다	• 결혼식 관련 표현 • 존대 관련 표현	• 한국 문화 체험

차례

서울

LESSON 01

1. 어휘

2. 문법
    [형]/[동]-을 뿐이다
    [동]-어다가
    [형]/[동]-을까요?
    [형]/[동]-을걸요

3. 쓰기

LESSON

01 서울

어휘

1. 다음 빈칸에 알맞은 단어를 넣으세요.

보기

시내	관광	다녀보다	들르다
모시다	돌아오다	예상하다	

지난 주말에 서울 (❶ ____________)을/를 구경하였다. 한국에 오신 어머니를 (❷ ____________) 함께 다녔다. 남산 타워, 명동, 인사동, 한옥 마을도 (❸ ____________). 서울 (❹ ________)은/는 정말 재미있었다. 여러 곳을 다닐 때는 주로 택시를 이용했는데, 집에 (❺ ________) 때는 지하철을 탔다. (❻ ________) 시간보다 적게 걸렸다. 지금까지 (❼ ________) 도시 중에서 가장 기억에 남을 것 같다.

2. 다음 설명에 알맞은 말을 쓰세요.

보기

직접	전문적으로	매장
저렴하다	거절하다	자신이 있다

❶ 중간에 다른 것을 넣지 않고, 다른 사람을 시키지 않고: ____________

❷ 물건 값이 싸다: ____________

❸ 물건을 파는 장소. 판매장: ____________

❹ 어떤 일을 잘할 수 있다고 생각하다: ____________

❺ 어떤 일에 많은 지식과 경험을 가지고 그 일을 잘하는: ____________

❻ 상대방의 부탁, 제안, 선물을 받지 않다: ____________

문법

• [형]/[동]-(으)ㄹ 뿐이다

형용사, 동사에 연결하여 다른 것은 하지 않고 이것만 했다는 의미를 나타낸다. 별로 크거나 대단한 일이 아니라고 말할 때 쓰인다. 부사 '그냥', '단지'와 함께 쓸 수 있다. 명사에 연결할 때는 '-일 뿐이다'를 쓴다.

The pattern '-(으)ㄹ 뿐이다' consists of the noun modifier ending '-(으)ㄹ' and the noun '뿐' (meaning of "only/nothing but"), or the verb '이다' (meaning "to be"). It means "only." The Verb '아니다' (meaning of "not") can be substituted for the verb '이다' and it is used with the pattern '-(으)ㄹ 뿐(만) 아니라'. It is used mostly with the adverb '그냥'. '그냥' means 'in the same way as before, all the time or without any purpose'. This pattern is attached after nouns, verbs, adjectives and the copula '이다'.

> 아주 똑똑하지는 않고 조금 머리가 **좋을 뿐이에요**.
>
> 그냥 열심히 **공부할 뿐입니다**.
>
> 특별한 사람이 아니라 보통 **사람일 뿐이에요**.

1. '-을 뿐이다'를 이용해서 질문에 답하세요.

❶ 가: 정말 훌륭한 일을 하셨어요.

나: 할 일을 했을 뿐이에요________________. (했다)

❷ 가: 그 사람과 친하세요?

나: 아니요, 그냥 이름만 ________________. (알다)

❸ 가: 친구에게서 아직 연락이 없습니까?

나: 네, 전화를 기다리고 ________________. (있다)

④ 가: 시험이 많이 어려웠죠?

나: 아니요, 시간이 더 ________________. (필요했다)

⑤ 가: 어머님 건강은 좀 어떠세요?

나: 어머님께서 건강하시기를 ________________. (바라다)

2. '-을 뿐이다'를 이용해서 대화를 완성하세요.

① 가: 요즘에 그분이랑 직접 연락해 보셨습니까?

나: 아니요, 그냥 소문만 들었을 뿐이에요.

② 가: 이번 시험에는 합격할 수 있을 것 같아요?

나: 모르죠. 그냥 열심히 ________________.

③ 가: 아침 식사 많이 하셨어요?

나: 아니요, 커피만 ________________.

④ 가: 그 사람은 아주 뚱뚱해요?

나: 아니요, 조금 ________________.

⑤ 가: 만나서 이야기 잘 했어요?

나: 그냥 인사만 ________________.

● [동]-어다(가)

어떤 행동을 한 후에 다음 행동을 할 때 연결한다. '빌리다, 사다, 만들다, 잡다, 준비하다, 굽다, 끼우다, 뽑다, 꺾다, 싸다' 등의 동사와 잘 연결된다.

This ending is used when we express the idea that an action or state changes or shifts over to another action or state. The final '-가' is optional. This ending selectively is combined with several verbs. Possible verbs which can be connected to this ending are '빌리다, 사다, 만들다, 잡다, 준비하다, 굽다, 끼우다, 뽑다, 꺾다, 싸다', etc.

도서관에서 책을 빌려요. (빌려온 그 책을) 집에서 읽을 거예요.

→ 도서관에서 책을 **빌려다가** 집에서 읽을 거예요.

시장에서 생선을 샀어요. (산 생선을) 집에서 요리했어요.

→ 시장에서 생선을 **사다가** 집에서 요리했어요.

1. '-어다가'를 이용해서 두 문장을 연결하세요.

❶ DVD를 빌렸어요. (그것을) 친구 집에서 봤어요.

→ DVD를 빌려다가 친구 집에서 봤어요.

❷ 동대문 시장에서 천을 사요. (그것으로) 커튼을 만들어요.

→ ______

❸ 집에서 빵을 구웠어요. (그 빵을) 학교에 있는 친구들에게 주었어요.

→ ______

④ 불고기를 만들었어요. (그 불고기를) 외국 친구 집에 가져갔어요.

→ ______________________________

⑤ 도시락을 쌌어요. (그 도시락을) 공원에서 먹었어요.

→ ______________________________

2. '-어다가'를 이용해서 대화를 완성하세요.

① 가: 어떻게 김치를 만들었어요?

나: 배추를 사다가 김치를 만들었어요.

(배추를 샀어요. [그 배추로])

② 가: 한국어 수업 등록할 때 사진이 없으면 어떻게 해야 해요?

나: ______________________ 내일까지 사무실에 내세요.

(사진관에서 사진을 찍으세요. [그 사진을])

③ 가: 제가 뭐 해야 돼요?

나: ______________________ 선생님께 드리세요.

(도서관에서 책을 빌리세요. [그 책을])

④ 가: 이 매운탕은 어떻게 끓인 거예요?

나: ______________________ 끓인 거예요.

(바다에서 물고기를 잡았어요. [그 물고기로])

⑤ 가: 부모님께 무엇을 드렸어요?

나: ______________________ 부모님께 갖다 드렸어요.

(찌개를 끓였어요. [그 찌개를])

• [형]/[동]-(으)ㄹ까요?

아직 모르는 일을 묻거나 추측할 때 쓴다. 형용사, 동사에 연결하여 문장의 주어가 주로 3인칭일 때 쓰인다. 명사에 연결할 때는 '-일까요?'를 쓴다.

When a speaker expresses inference, conjecture or question about a thing which has not happened yet or does not know the outcome. '-을까요' is used after the stem of verbs or adjectives which do not end with the final consonant of 'ㄹ'. '-ㄹ까요' is used after the stem of verbs or adjectives which do end with the final consonant of 'ㄹ' or '이다', '아니다'.

가: 이번 겨울은 정말 춥네요.

나: 맞아요, 너무 추워요.

내년 봄은 **따뜻할까요**?

가: 마이클 씨가 짜장면을 세 그릇 시켰어요.

나: 네? 세 그릇이요?

마이클 씨가 다 먹을 수 **있을까요**?

가: 이 사진 좀 보세요. 이 사람은 **학생일까요? 선생님일까요?**

나: 글쎄요. 선생님인 것 같아요.

1. '-을까요?'를 이용해서 문장을 완성하세요.

❶ 밖이 너무 시끄러워요. 공부를 할 수 있다.

→ 밖이 너무 시끄러워요. 공부를 할 수 있을까요?

❷ 연예인들은 모두 멋있어요. 연예인의 아기도 모두 예쁘다.

→ ______________________________ ?

❸ 한국은 여름이 정말 더운 것 같아요. 겨울도 많이 춥다.

→ ______________________________?

❹ 돈이 별로 없어요. 이 돈으로 영화를 볼 수 있다.

→ ______________________________?

❺ 서울에서 부산까지 기차로 시간이 얼마나 걸리다.

→ ______________________________?

❻ 그 다이아몬드가 정말 커요. 진짜이다.

→ ______________________________?

❼ 산에 나무들을 많이 심었어요. 잘 자라다.

→ ______________________________?

❽ 지금 기분이 별로 안 좋아요. 집에서 쉬면 기분이 좋아지다.

→ ______________________________?

2. '-을까요?'를 이용해서 대화를 완성하세요.

❶ 가: 집이 너무 조용하지 않아요? 좀 무섭네요.

나: TV를 켜면 좀 괜찮을까요 ______________________________?

❷ 가: 이 고양이 그림 좀 보세요. 정말 살아 있는 것 같지 않아요?

나: 이게 정말 ____________________? 제 생각에는 사진인 것 같아요.

❸ 가: 오늘밤에 영화보러 가는 게 어때요?

나: 글쎄요. 주말 밤에는 사람이 많아서 매진이 많아요.

그 시간에 ______________________________?

❹ 가: 머리가 너무 아프면 약을 먹어 보세요.

나: 약을 먹으면 ______________________________?

• [형]/[동]-(으)ㄹ걸요

형용사, 동사에 연결해서 생각하거나 추측하는 것을 말할 때 쓴다. 억양은 질문처럼 올린다. 명사에 연결할 때는 '-일걸요'를 쓴다.

This pattern pertains to the idea that a speaker is guessing different ideas about another speaker or listener's thoughts. This pattern can be attached after nouns, adjectives and verbs. Speakers raise the intonation at the part of '요'.

> 이 영화는 **재미있을걸요**.
>
> 내일은 비가 **올걸요**.
>
> 그 사람은 아마 **중국사람일걸요**.

1. 다음 문장을 '-을걸요'로 완성해 보세요.

❶ 지금 부모님이 집에서 (기다리고 계시다) 기다리고 계실걸요.

❷ 지금 출발하면 아마 (늦다) ______________________________.

❸ 지금 밤 아홉 시예요. 모두 집에 (갔다) ______________________________.

❹ 김 선생님은 이번 휴가에 유럽에 (가실 것이다) ______________________________.

❺ 마이클 씨 딸은 올해 (네 살이다) ______________________________.

2. '-을걸요' 를 이용해서 다음 질문에 답하세요.

❶ 가: 시험 문제가 쉽겠죠?

나: 아니요, 아마 어려울걸요__________________________.

❷ 가: 철수는 과일을 좋아해요?

나: 잘 모르지만 아마 __________________________.

❸ 가: 이 기계는 언제 사용하는 거예요?

나: 글쎄요, 아마 마사지할 때 __________________________.

❹ 가: 이 숙제는 수요일까지예요?

나: 잘 모르지만 아마 __________________________.

❺ 가: 빨간색 모자는 저에게 안 어울릴 거예요.

나: 아니요, 써 보면 잘 __________________________.

관용 표현

일석이조

- 돌을 한 개 던져서 새 두 마리를 잡는다는 뜻이다. 한 번 행동해서 좋을 결과 두 개를 얻는다는 말이다.
- The Chinese character 일(一) means one, 석(石) means stone, 이(二) means two, and 조(鳥) means bird. In this proverb '일석이조' means 'Killing two birds with one stone'. We use this proverb when expression the accomplishment of two objects with a single action or behavior.

쓰기

- 서울에서 가 본 곳이 어디입니까? 무엇을 해 봤습니까? 어떤 준비를 하였습니까?

  ['-을 뿐이다', '-어다가' 를 이용하여 쓰세요.]

LESSON 02

학교 생활

1. 어휘

2. 문법

   [동]-어 놓다

   [동]-지 그래요?

   [형]/[동]-었다가

3. 쓰기

LESSON

02 학교생활

어휘

1. 학교생활과 관련 있는 단어입니다. 설명에 알맞은 단어를 쓰세요.

보기

입학	중간/기말고사	졸업	축제	진학
개강	개교기념일	방학	동아리	신입생

❶ 학생이 되어서 학교에 들어감: ______________________

❷ 학교에서 보는 시험: ______________________

❸ 수업이나 강의를 시작함: ______________________

❹ 축하하는 큰 행사: ______________________

❺ 학기나 학년이 끝난 후에 수업을 쉬는 일: ______________________

❻ 학교에 새로 들어온 학생: ______________________

❼ 같은 취미를 가진 사람들의 모임: ______________________

❽ 학교를 세운 날을 축하하는 날: ______________________

2. 다음 빈칸에 알맞은 단어를 쓰세요.(두 개도 가능)

보기

긴장하다	떨다	자신이 생기다	가입하다
경영하다	선택하다	검색하다	(결)정하다
후회하다	살펴보다		

❶ 사람들 앞에서 연기를 하거나 발표할 때는 누구나 (   ).

❷ 어제 잘못 한 일 때문에 지금 (   ) 있다.

❸ 아버지는 사업을 시작하셔서 직접 회사를 (   ).

❹ 컴퓨터에서 필요한 정보와 자료를 (   ).

❺ 음식도 자주 만들고 요리대회에서 상도 받아봤어요.

그래서 요리에는 (   ).

❻ 대학에서 어떤 전공을 (   )고 싶어요?

문법

● [동]-어 놓다

어떤 행동이 끝나고 그 행동이나 상태가 계속 이어지는 의미를 나타낸다. 미리 준비했을 때도 자주 사용된다. '미리, 벌써' 등의 부사와 함께 쓸 수 있다. '열다, 닫다, 쓰다, 만들다, 꽂다, 걸다, 세우다, 닦다, 고치다, 받다' 등의 동사와 자연스럽게 연결된다.

This pattern is used when the action of the main verb has been completed, stands for 'leave, keep' in English. It is restricted to action verbs such as 열다, 닫다, 쓰다, 만들다, 꽂다, 걸다, 세우다, 닦다, 고치다, 받다, etc.

가: 꽃병에 꽃을 꽂았어요?

나: 네, 조금 전에 **꽂아 놓았어요**.

가: 편지를 쓰셨어요?

나: 네, 어제 **써 놓았어요**.

가: 겨울 방학 계획을 세우셨어요?

나: 네, 미리 **세워 놓았어요**.

1. '-어 놓다'를 이용해서 문장을 완성하세요.

❶ 창문을 열었다

→ 창문을 열어 놓았어요.

❷ 컴퓨터를 고쳤다

→ ______

❸ 접시를 다 닦았다

→ ______

❹ 요리를 만들었다

→ ______

❺ 과일을 준비했다

→ ______

2. '-어 놓다'를 이용해서 대화를 완성하세요.

❶ 가: 무엇을 준비하셨어요?

나: 채소를 준비해 놓았어요.

❷ 가: 왜 오늘 책을 빌리셨어요?

나: 내일 도서관 문을 안 열어서 미리 ______.

❸ 가: 왜 벌써 음식을 주문하셨어요?

나: 12시가 되면 사람이 많아져서 일찍 ______.

❹ 가: 자동차는 어디에 세우셨어요?

나: ______.

⑤ 가: 옷은 어디에 거셨어요?

나: ____________________.

⑥ 가: 오늘 저녁에 할 일 있어요?

나: 내일 친구들이 오기 전에 오늘 저녁에 ____________________.

[동]-지 그래요?

부드럽게 조언하거나, 추천할 때 쓰는 표현이다. 동사에만 연결할 수 있다. '-지 그랬어요?' 처럼 과거형으로 쓸 때는 안 한 일에 대해 안타까움이나 아쉬움을 표현한다.

'-지 그래요?' indicates one's polite suggestion. It is attached to the stem of the action verbs. And past tense form is '-지 그랬어요?'. '-지 그랬어요?' means 'Why didn't you~?' or 'You should have done'.

> 여기 앉아서 기다리세요.
>
> → 여기 앉아서 **기다리시지 그래요**?
>
> 어제 왜 학교에 안 왔어요?
>
> → 학교에 **오지 그랬어요**?

1. '-지 그래요?'를 이용해서 문장을 완성하세요.

❶ 바빠도 숙제를 하세요.

→ 바빠도 숙제를 하지 그래요?

❷ 먹고 싶으면 사 먹어요.

→ ____________________

③ 집에 빨리 가고 싶으면 일을 빨리 끝내세요.

→ ______________________________

④ 왜 한 시간 전에 출발 안 했어요?

→ ______________________________

⑤ 왜 미리미리 공부 안 했어요?

→ ______________________________

2. '-지 그래요?'를 이용해서 대화를 완성하세요.

① 가: 어제 일을 많이 해서 정말 피곤해요.

나: 그럼 좀 쉬지 그래요?

② 가: 친구가 어떻게 사는지 정말 궁금해요.

나: 궁금하면 ______________________________

③ 가: 한국말을 잘 하고 싶은데 어떻게 해야 돼죠?

나: ______________________________

④ 가: 밤에 잠이 안 와요. 어떻게 하면 잘 수 있어요?

나: 잠이 안 오면 ______________________________

⑤ 가: 부모님이 보고 싶어요.

나: ______________________________

● [형]/[동]-었다가

형용사, 동사에 연결하여 어떤 행동을 끝낸 후에 바로 반대 행동을 하는 경우에 쓴다. '-다가' 와 의미가 비슷하다. 그러나 '-다가' 는 어떤 행동을 끝내지 않고 행동을 하는 중간에 다른 행동으로 바꾸는 의미를 갖는다.

This pattern '-었다가' is the past tense form of '-다가'. But though form of two patterns is similar, their meanings are different. '-다가' indicates change or shift of action, and '-았/었다가' indicates reversal, or unanticipated consequence. '-었다가' is attached to the stems of any verbs.

지난주까지 바빴어요. (그런데 일이 끝나서) 이번 주에는 안 바빠요.

→ 지난주까지 **바빴다가** 이번 주에는 안 바빠요.

신발을 신었어요. (그런데 내 신발이 아니어서) 다시 벗었어요.

→ 신발을 **신었다가** 다시 벗었어요.

1. '-었다가' 를 이용해서 문장을 완성하세요.

❶ 컴퓨터를 켰어요. (그런데 외출해야 해서) 껐어요.

→ 컴퓨터를 켰다가 껐어요.

❷ 인터넷으로 주문했어요. (그런데 마음이 바뀌어서) 취소했어요.

→ ______

❸ 영화표를 예매했어요. (그런데 시간이 없어서) 환불했어요.

→ ______

④ 에어컨을 껐어요. (그런데 너무 더워서) 다시 틀었어요.

→ ______________________________

⑤ 기분이 좋았어요. (그런데 슬픈 소식을 들어서) 기분이 나빠졌어요.

→ ______________________________

2. '-었다가'를 이용해서 대화를 완성하세요.

① 가: 비가 오니까 날씨가 어떻게 됐어요?

나: 더웠다가 시원해졌어요.

② 가: 버스를 잘 타고 왔어요?

나: 아니요, 버스를 __________ 잘못 타서 내려서 다시 타고 왔어요.

③ 가: 친구는 지금까지 계속 자고 있어요?

나: 조금 전에 잠깐 눈을 __________.

④ 가: 그림 다 그렸어요?

나: 아니요, 그림을 __________

.

⑤ 가: 어제 산 코트를 왜 안 입었어요?

나: 날씨가 안 추워서 __________.

⑥ 가: 아직도 편지를 쓰고 있어요? 아까 많이 쓴 것 같았는데…….

나: 마음에 안 들어서 __________.

쓰기

- 여러분은 전에 어떤 동아리에 들었습니까? 지금은 어떤 동아리에 들고 싶습니까? 이유는 무엇입니까?

보기

들어가고 싶은 동아리: 사진 동아리 / 운동 동아리 / 등산 동아리……
들어가고 싶은 이유: 여행을 좋아한다 / 사람들을 좋아한다 / 공연을 많이 보고 싶다……

관용표현 윗물이 맑아야 아랫물이 맑다

- 윗사람이 잘하면 아랫사람도 따라서 잘한다는 말이다. 윗사람의 역할이 중요한 것을 뜻한다.
- '윗물' is upper stream, and '아랫물' is lower stream. If the water in upper stream is clear the water in lower stream is also clear. In other words, the water in upper stream has to be clear in order for the water in lower stream to be clear.

  Also we can applies to human relationships. In order for young people to be nice and well-behaved older people have to set a good example.

직업 찾기

LESSON 03

1. 어휘

2. 문법

[형]/[동]-어도

[동]-고야 말겠다

[동]-나요?

[형]-은가요?

3. 쓰기

LESSON

03 직업 찾기

어휘

1. 다음 직업과 관련 있는 단어를 〈보기〉에서 고르세요.

보기

정치외교계	교육계	법조계	예술계
방송계	의료계	학계	종교계

❶ 국회의원이나 외교관으로 일하는 사람들 사회: ____________________

❷ 탤런트, 배우, 가수로 일하는 사람들 사회: ____________________

❸ 간호사, 의사, 약사로 일하는 사람들 사회: ____________________

❹ 판사, 검사, 변호사로 일하는 사람들 사회: ____________________

❺ 화가, 음악가, 작가, 시인으로 일하는 사람들 사회: ____________________

2. 다음 빈칸에 알맞은 단어를 쓰세요.

보기

취직	적성	경력	근무
떨어지다	도전하다	붙다	
모집하다	지원하다	제출하다	

❶ 학생을 가르치는 일은 내 성격과 (　　　　　　　　)에 잘 맞는다.

❷ 은행에 지원했다가 두 번이나 (　　　　　　　　). 그래도 또 도전할 것이다.

❸ 졸업증명서와 성적증명서를 이번 주까지 (　　　　　　　　) 한다.

④ 방송국에서 일해 본 ( )이/가 있다.

⑤ 오늘 신문에 기자를 ( ) 공고가 있었다.

문법

• [형]/[동]-어도 [명](이)-어도/-라도

형용사, 동사에 연결하여 뒷문장이 보통 예상하는 결과와 다를 때 쓴다. '-지만' 과 의미가 비슷하지만 추측하는 상황에서 쓰는 것이 '-지만' 과 다르다. 명사와 연결할 때는 '-이어도' 를 쓰지만, '-이라도' 로 바꿀 수도 있다.

'-어도' is used with any verbs. The English equivalent of this pattern is 'even if it is …', 'even if someone does …', or 'even being or doing …'

When the verb stem has ㅏ or ㅗ in its last syllable, -아도 is used, and when it has any other vowel, -어도 is used. For an action or descriptive verbs combined with 하다, -여도 is used. -하여도 is often contracted to 해도 in its actual usage.

많이 **비싸도** 좋은 집을 사고 싶어요.

아무리 노래 연습을 **해도** 잘 안 돼요.

어려운 **일이어도/이라도** 서로 도우면 쉬워져요.

1. '-어도'를 이용해서 다음을 한 문장으로 만드세요.

❶ 학생이다, 할인이 안 되다.

→ 학생이어도 / 학생이라도 할인이 안 돼요.

❷ 비가 오다, 소풍을 가다

→

❸ 집안을 모두 찾다, 지갑이 없다.

→ ______________________________

❹ 자고 일어나다, 계속 피곤하다.

→ ______________________________

❺ 많이 먹다, 살이 안 찌다.

→ ______________________________

❻ 천천히 여러 번 읽다, 이해가 안 되다.

→ ______________________________

2. '-어도'를 이용해서 다음 질문에 답하세요.

❶ 가: 병원에 가는 게 너무 무서워요.

나: 무서워도 병원에 가야 돼요.

❷ 가: 한국 생활이 너무 힘들면 고향으로 가는 게 어때요?

나: 아니에요, ______________________________

❸ 가: 아프면 학교 오지 말고 쉬세요.

나: 아니에요. ______________________________

❹ 가: 그 사람을 좋아하면 먼저 말해 보세요.

나: 많이 ______________________________

• [동]-고(야) 말겠다

계획한 일을 이루고 싶어 하는 강한 의지, 생각을 나타낸다. 동사에만 연결할 수 있다. 주어가 1인칭일 때만 사용한다.

This pattern indicates a speaker's strong intention or will. The subject has to be first person. This pattern is combined with stem of verbs.

이번 시험이 어려워도 **합격하고야 말겠어요**.

잃어버린 목걸이를 **찾고야 말겠어요**.

여름이 오기 전에 살을 **빼고야 말겠어요**.

1. '-고야 말겠다'를 이용해서 문장을 바꾸세요.

❶ 올해는 담배를 끊다

→ 올해는 담배를 끊고야 말겠어요.

❷ 요즘 일자리를 구하기 힘들지만 취직하다

→ ____________________

❸ 내일부터는 쉬지 않고 매일 운동하다

→ ____________________

❹ 지금은 비싸서 살 수 없지만 세일을 하면 그 가방을 사다

→ ____________________

❺ 죽기 전에 세계 여행을 꼭 하다

→ ____________________

⑥ 여러분의 목표를 써 보세요.

____

____

____

2. '-고야 말겠다'를 이용해서 대화를 완성하세요.

❶ 가: 올해 세운 계획은 뭐예요?

나: 작년에는 실패했지만 올해는 다이어트에 성공하고야 말겠어요.

❷ 가: 아직 퇴근 안 했어요? 어서 집에 가야죠.

나: 퇴근하기 전에 이 일을 꼭 ______________________________.

❸ 가: 이번 시험에는 합격할 수 있겠죠?

나: 그럼요. ______________________________.

❹ 가: 이번 대회에서 이길 자신이 있어요?

나: 그럼요, 이번에는 꼭 ______________________________.

• [동]-나요?

동사에 연결하여 질문을 할 때 쓴다. 비격식적이고 부드럽게 질문하는 것으로 남성보다는 여성이 주로 쓴다. 노래, 시 등에서 자주 나타난다. 몇몇 형용사나 형용사의 과거형에도 연결할 수 있다.

This pattern -나요? is used to ask questions, and expresses doubt informally but politely. It is used with action verb. It is soft and womanlike, so women use much more than men do.

지금 어디에 **가나요**?

언제 한국에 **오셨나요**?

친구가 어떻게 **생겼나요**?

1. '-나요'를 이용해서 다음을 바꿔 보세요.

❶ 무슨 일이 있어요?

→ 무슨 일이 있나요?

❷ 누가 만들었어요?

→

❸ 뭘 좋아해요?

→

❹ 이 신문을 어디에서 팔아요?

→

❺ 어머니께서는 언제 중국에 가세요?

→

❻ 어디에서 그 옷을 사셨어요?

→

2. '-나요'를 이용해서 밑줄 친 곳을 알맞게 채우세요.

❶ 가: 선생님께서 언제 출발하셨나요?

나: 선생님께서는 오늘 아침 일찍 출발하셨어요.

② 가: 어젯밤에 비가 많이 ______________________________?

나: 네, 많이 왔어요.

③ 가: ______________________________?

나: 네, 그 사람을 알아요.

④ 가: 어머니께서 댁에 ______________________________?

나: 네, 집에 계세요.

• [형]-(으)ㄴ가요?

비격식적이고 공손하게 질문할 때 쓴다. 형용사에 연결하여 쓴다. 명사에 연결할 때는 '-인가요?' 를 쓴다.

This pattern -(으)ㄴ가요? is used to ask questions, and expresses doubt informally but politely. It is used with descriptive verb, '-이다' . It is soft and womanlike, so women use much more than men do.

> 이 가게 물건들이 **예쁜가요**?
>
> 찌개가 **매운가요**?
>
> 어느 나라 **사람인가요**?

1. '-은가요?' 를 이용해서 다음 질문을 바꿔 보세요.

① 누구세요?

→ 누구신가요?

② 오늘 날씨가 좋아요?

→ ______________________________

③ 음식 값이 싸요?

→ ______________________________

❹ 교실이 시끄러워요?

→ ______________________________

❺ 그 사람이 똑똑해요?

→ ______________________________

❻ 날씨가 추워요?

→ ______________________________

2. '–은가요?'를 이용해서 밑줄 친 곳을 알맞게 채우세요.

❶ 가: 오늘 바쁘신가요 ______________________________?

나: 네, 오늘 중요한 회의가 있어서 바빠요.

❷ 가: 여기에서 지하철역까지 ______________________________?

나: 네, 많이 멀어요.

❸ 가: ______________________________?

나: 아니요, 그 빌딩은 별로 안 높아요.

❹ 가: 커피가 ______________________________?

나: 네, 많이 뜨거워서 지금 마실 수 없어요.

관용 표현

하늘의 별 따기

- 하늘에 있는 별을 따는 것이 어려운 것처럼 무엇을 얻거나 무엇이 되기가 어려운 경우에 쓴다. 성공하기 아주 힘든 상황에 쓴다.
- "하늘의 별" means "star in the sky." means to "따기" we obviously can' t pick or obtain a star since it is so far from the earth. This idiom therefore means a task that is either impossible or extremely difficult. It is used in the patterns of "(그 일은) 하늘의 별 따기입니다/하늘의 별 따기야."

쓰기

- 여러분은 한국에 있는 동안 무엇을 할 것입니까? 여러분의 계획이나 목표를 써 봅시다.
  ['-어도', '-고야 말겠다'를 이용하여 쓰세요.]

관광

LESSON

04

1. 어휘

2. 문법

   [형]/[동]-는데

   [동]-어 보니까

   [형]/[동]-더라고요

   [동]-을 만하다

3. 쓰기

LESSON

04 관광

어휘

1. 다음 빈칸에 알맞은 단어를 넣으세요.

보기

배낭여행을 하다	자전거 여행을 하다	
패키지여행을 하다	어학연수를 받다	
혼자서 열심히 공부하다	고향을 방문하다	
숙박 장소	교통편	준비물

이번 방학 때 여행을 갈 계획이다. 여러 사람들이 함께 버스를 타면서 다니는 (❶ ______________)는 것도 좋지만 나는 돈이 별로 없는 학생이기 때문에 (❷ ______________)(으)려고 생각 중이다. 일 년 동안 한국에서 (❸ ______________)(으)니까 여행하는 동안 한국어를 잘 사용할 수 있을 것 같다. 나 혼자 가지 않고 한국 친구와 함께 갈 것이다. (❹ ______________)은/는 한국 친구집이다. 나는 여행을 하고 친구는 (❺ ______________). (❻ ______________)은/는 기차나 버스를 이용할 생각이다. 정말 기대된다.

2. 다음 설명에 알맞은 말을 쓰세요.

보기

단풍	정상	도보	구경	정보	사계절

❶ 봄, 여름, 가을, 겨울: ______________

❷ 가을이 되어서 노란색, 빨간색 등으로 바뀐 나뭇잎: ______________

❸ 산 같은 곳의 맨 꼭대기: ______________

❹ 버스나 지하철 등을 타지 않고 걸어가는 것: ____________________

❺ 어떤 것에 대한 자료나 지식: ____________________

❻ 흥미, 관심을 가지고 보는 것: ____________________

문법

[형]/[동]-(으)ㄴ/는데

이 연결어미는 두 문장을 연결할 때 쓰는데, 제안 명령을 하거나 묻기에 앞서 배경이나 상황을 제시할 때, 어떤 사실을 소개하거나 뒤에 이어질 구체적인 내용의 전개를 위해 앞선 상황을 지시할 때, 뒤의 행동에 대한 이유나 근거를 제시할 때 등에 쓰인다. 형용사에는 받침이 있는 경우에는 '-은데' 를, 받침이 없는 경우에는 '-ㄴ데' 를 쓰고 동사에는 '-는데' 를 쓴다.

This ending is used when you connect two sentences, especially with the word '그런데'. The connection word '그런데' means 'and' or 'but', 'so', 'by the way' and it used when the speakers want to explain a reason, quality of statement, change the topic … etc. For D.V(descriptive verbs, 예쁘다/좋다/나쁘다/춥다…) as the present tense, '-ㄴ/은데' is used. But for 재미있다/재미없다/맛있다/맛없다 … etc, '-는데' is used. And for A.V(action verbs, 가다/오다/공부하다 … etc) as the present tense, '-는데' is used. But when the tense is past in action verbs, '-았는데' is used. '-ㄴ데' is used when a verb stem ends in a vowel, and '-은데' is used when a verb stem ends in a consonant.

이분은 한국어 **선생님이신데** 말하기를 가르치실 거예요.

저는 큰 가방이 **필요한데** 이 가게에 많이 있네요.

오늘 부산으로 여행을 **가는데** 아직 준비를 못 했어요.

어제 백화점에 **갔는데** 사람이 많았어요.

1. '-는데'를 이용해서 두 문장을 연결하세요.

❶ 주말에 영화를 봤어요. 재미있었어요.

→ 주말에 영화를 봤는데 재미있었어요.

❷ 오른쪽으로 가면 은행이 있어요. 그 옆이 학교예요.

→

❸ 비가 많이 와요. 소풍 가실 거예요?

→

❹ 저는 비빔밥이 좋아요. 선생님은 뭐가 좋으세요?

→

❺ 지금 서울에 살고 있어요. 내년에 부산으로 이사할 거예요.

→

❻ 옛날 친구를 만나고 싶었어요. 그 친구가 나한테 전화했어요.

→

❼ 내일이 친구생일이에요. 무슨 선물이 좋을까요?

→

❽ 부탁이 있어요. 들어 주시겠어요?

→

❾ 오늘은 너무 피곤해요. 내일 만나면 안 될까요?

→

❿ 부모님께서 많이 기다리세요. 지금 집에 가도 될까요?

→

2. '-는데'를 이용해서 대화를 완성하세요.

❶ 가: 지난 주말에 뭐 했어요?

나: 지난 주말에 청소했는데 너무 힘들었어요 (청소했다).

❷ 가: 지금 어디 가요?

나: 백화점에 가요.

어제 옷을 ________________ (샀다).

❸ 가: 서울 축제가 뭐예요?

나: 5월마다 하는 ________________ (축제이다).

❹ 가: 우리 같이 서점에 갈까요?

나: 지금 밖에 비가 많이 ________________ (오다).

• [동]-어 보니(까)

'-어 보니(까)'는 어떤 시도를 했을 때 혹은 어떤 경험 이후에 그 결과로 뒤에 오는 내용을 알게 되었을 때 쓴다. 동사와 결합해 쓰이며 '직접'이라는 말과 많이 쓴다.

This pattern '어 보니(까)' means 'when someone tries to do or after someone experiences something -' and it is used with action verb. It can be used well with the adverb '직접'. '직접' can be translated into 'firsthand' in English.

한국어를 **배워 보니까** 참 재미있어요.

직접 음식을 **만들어 보니까** 어렵지 않네요.

직접 **만나 보니까** 그 사람은 좋은 사람 같아요.

1. '-어 보니까'를 이용해서 문장을 완성해 보세요.

❶ 한복을 입다 + 기분이 좋았어요.

→ 한복을 입어 보니까 기분이 좋았어요.

❷ 김치를 먹다 + 맵지 않고 맛있네요.

→ ______

❸ 한국말을 배우다 + 재미있어요.

→ ______

❹ 아기를 키우다 +

→ ______

❺ 아르바이트를 하다 +

→ ______

2. '-어 보니까'를 이용해서 질문에 대답해 보세요.

❶ 가: 지난주에 제주도에 갔다 오셨죠? 어떠셨어요?

나: 직접 가 보니까 너무 멋있었어요. 또 가 보고 싶어요.

❷ 가: 그 사람은 어떤 사람 같아요?

나: 몇 번 만나서 이야기를 ______ 괜찮은 사람 같아요.

❸ 가: 인삼이 너무 쓰죠?

나: 계속 ______ 그렇게 쓰지 않아요.

❹ 가: 가족과 떨어져서 혼자 사니까 어때요?

나: 처음에는 외로웠는데 1년 ______ 좋은 점도 있어요.

❺ 가: 스키 타는 것이 무섭지 않아요?

나: 몇 번 ______ 괜찮아요.

• [형]/[동]-더라고요

'-더라고요' 는 과거에 직접 경험하여 새롭게 알게 된 사실에 대해서 다른 사람에게 전달할 때 쓰이는 표현이다.

This pattern is used for a speaker's intention to share experiences that he/she had in the past. This pattern is attached after a verb, adjective, and 'noun+이다'. This pattern can appear in front of the past tense ending '었'.

한국 음식을 먹어 봤는데, 정말 **맛있더라고요**.

친구 집에 직접 가 봤는데, 벌써 **떠났더라고요**.

잘 알아보니까, 두 사람은 **형제더라고요**.

1. '-더라고요' 를 이용해서 문장을 만드세요.

❶ 몽골의 겨울 날씨가 아주 춥다.

→ 몽골 겨울 날씨가 아주 춥더라고요.

❷ 학교 식당 밥이 맛있다.

→ ____________________

❸ 마이클 씨는 벌써 미국에 갔다.

→ ____________________

❹ 도서관에 있는 학생들이 공부를 열심히 하다.

→ ____________________

❺ 마사지를 받아 보니까 시원하다.

→ ____________________

2. '-더라고요'를 이용해서 질문에 대답해 보세요.

❶ 가: 한국에서 6개월 살아 보셨죠? 어떻습니까?

나: 6개월 살아보니까 재미있더라고요.

❷ 가: 제주도에 갔다 오셨죠? 어떠셨어요?

나: ____________________

❸ 가: 저 가수가 노래하는 것을 들어 보셨죠? 어땠습니까?

나: ____________________

❹ 가: 오랜만에 친구를 만나셨죠? 기분이 어땠습니까?

나: ____________________

❺ 가: 산에 올라가서 산 아래 경치를 보셨죠? 경치가 어땠습니까?

나: ____________________

• [동]-(으)ㄹ 만하다

'-(으)ㄹ 만하다'는 어떤 사람이나 사물이 그런 행위를 할 가치가 있거나, 상황이 그런 일이 나타나기에 충분하다고 생각할 때 쓰인다. 동사에 붙여 사용한다.

This pattern '-(으)ㄹ 만하다' is used with any verbs, and indicates 'sufficient value or worth'. The English equivalent of this pattern is 'to be well worth (doing),' 'it is enough (to do),' 'it is at a level.' This pattern '-(으)ㄹ 만하다' is used mostly with the contrast particle '-는/-은'.

> 춘천에 가면 닭갈비가 **먹을 만해요**.
>
> 서울에서 북촌에 가 **볼 만합니다**.
>
> 그 사람은 정말 **믿을 만한** 사람이에요.

1. '-을 만하다'를 이용해서 빈칸에 알맞은 말을 쓰세요.

❶ 가: 제니 씨는 친구들에게 인기가 많은 것 같아요.

나: 활발하고 재미있잖아요. 친구들이 좋아할 만해요.

❷ 가: 서울 근처에 등산할 곳이 있어요?

나: 북한산이 ______________. 가깝고 경치도 좋아요.

❸ 가: 고등학생이 ______________ 책 좀 추천해 주세요.

나: 저기 청소년 코너에서 인기 있는 책은 어때요?

❹ 가: 중국에서 ______________ 곳이 어디예요?

나: 만리장성을 볼 수 있는 북경에 한번 가 보세요.

❺ 가: 오래된 휴대폰이네요. 새 거로 안 바꿔요?

나: 조금 오래됐지만 아직 ______________________.

❻ 가: 미소 씨가 만든 음식은 ______________________?

나: 네, 미소 씨가 생각보다 요리를 잘 하더라고요.

❼ 가: 영수 씨에게 이런 말을 해도 화내지 않고 이해해 줄까요?

나: 괜찮아요. 영수 씨는 그런 말을 ______________ 사람이에요.

❽ 가: 요즘 제가 ______________ 아르바이트가 있을까요?

나: 글쎄요, 햄버거 가게에서 일하는 건 어때요?

❾ 가: 어서 오세요. 어떤 옷을 찾으세요?

나: 저에게 ______________ 옷을 하나 골라 주세요.

❿ 가: 남자 아이들이 ______________ 장난감이 뭐예요?

나: 남자 아이들은 자동차나 로봇 장난감을 아주 좋아하죠.

2. '-을 만하다'를 이용해서 대화를 완성하세요.

❶ 가: 제주도는 어때요?

나: 제주도는 관광할 만해요 ____________________.

❷ 가: 김치가 좀 맵지 않을까요?

나: 아니요, ______________________________.

❸ 가: 한국에서 어떤 음식이 맛있어요? 추천해 주세요.

나: ____________________________________.

❹ 가: 쇼핑을 하고 싶어요. 어디로 가면 좋을까요?

나: ____________________________________.

❺ 가: 친구들이 한국에 왔어요. 어디로 놀러 가면 좋을까요?

나: ____________________________________.

관용 표현

금강산도 식후경

- 금강산은 매우 아름다운 산이지만 이 경치를 구경하는 것도 밥을 먹은 후에 구경하는 것이 좋다는 뜻이다. 즉 아무리 하고 싶은 일이라도 밥을 먹고 하는 것이 중요하다는 뜻이다.

'금강산' is a beautiful mountain in North Korea and it is possible to go there these days. '식후경' means 'sightseeing after taking a meal'. Therefore 'To eat is more important than to go sightseeing.' or 'you must eat before you do something wonderful.' This expression can be used when you suggest eating something before doing another activity. For example '금강산도 식후경인데, 먹고 합시다.'

쓰기

- 한국에서 간 곳에 대해 써 보세요. 갔을 때의 느낌과 그곳의 좋은 점을 써 보세요.
  ['-는데', '-(으)ㄹ 만하다' 를 이용하여 쓰세요.]

인간 관계

LESSON 05

1. 어휘

2. 문법
   반말
   [형]/[동]-는 편이다
   [동]-은 적이 있다/없다

3. 쓰기

LESSON
05 인간관계

어휘

1. 알맞은 설명을 찾아 줄로 이으세요.

눈이 높다 •	• 남의 비밀을 쉽게 얘기하지 않는다
발이 넓다 •	• 기대하는 수준이 너무 높다
입이 무겁다 •	• 아는 사람들이 많다

2. 다음 빈칸에 알맞은 단어를 쓰세요.

보기

마음이 좁다	잔소리가 많다	이기적이다
솔직하다	잘난 척하다	약속을 어기다

❶ 그 사람은 잘 모르면서 모든 것을 잘 아는 것처럼 말한다. 잘 못하면서 잘 하는 것처럼 행동한다. 모든 일에 ______________ 때문에 사람들이 안 좋아한다.

❷ 철수 씨는 다른 사람을 생각하지 않고 자기만 생각한다.

그는 너무 ______________.

❸ 순이는 거짓말을 하지 않는다. 생각한 것을 사실대로 말한다.

정말 ______________ 사람이다.

❹ 우리 엄마는 ______________. 나를 보면 걱정이 되시는 것 같다. 말을 너무 많이 하셔서 가끔 시끄럽다.

❺ 내 친구는 작은 일에도 자주 화를 낸다. 너무 ______________.

문법

반말

아이들이나 나이가 아래인 사람, 친한 친구에게 쓰이는 표현인데 문장 종류에 따라 형태가 다르다.

The plain speech style is used with close friends or when speaking to social inferiors. And it is also used in situations where a certain amount of friendship or fraternization is presumed.

1. 평서문 (a declarative sentence)

평서문은 서술할 때 쓰는 표현인데 평서문 반말의 경우 '-아/어요' 에서 '요' 를 빼거나, 동사 어간에 '-ㄴ/는다', 형용사 어간에 '-다' 를 붙여서 쓴다. '이다/아니다' 에는 '-야' 를 붙여서 사용한다.

The declarative form is made by attaching '-ㄴ/는다', '-다' to the verb stem. And it is also made by dropping '-요' in informal polite speech ending. '이다 / 아니다' verbs is made by attaching '-야' to the verb stem.

▶ [형]/[동]-어. -(ㄴ/는)다.

진지를 잡수십니다.	격식체 존댓말
진지를 잡수세요.	비격식체 존댓말
밥을 먹어./먹는다.	반말

연세가 많으십니다.	격식체 존댓말
연세가 많으세요.	비격식체 존댓말
나이가 많아./많다.	반말

▶ [명](이)-야/다.

친구 집입니다.	격식체 존댓말
친구 집이에요.	비격식체 존댓말
친구 집이야./집이다.	반말

주말에 쉴 겁니다.	격식체 존댓말
주말에 쉴 거예요.	비격식체 존댓말
주말에 쉴 거야./거다(것이다).	반말

* 〈보기〉처럼 반말로 바꾸세요.

보기
저는 지금 공부해요. → 나는 지금 공부해./공부한다.

1. 내일은 휴일이에요. → 내일은 휴일이야. / 휴일이다.
2. 오늘 아주 덥습니다. → ______
3. 저희는 오늘 소풍 가요. → (저희 → 우리) ______
4. 제 책이에요. → (제 → 내) ______
5. 전화하고 계세요. → ______
6. 지난달에 만났어요. → ______
7. 안 지 일 년이 되었어요. → ______
8. 한국어가 재미있어요. → ______
9. 방학에 고향에 갈 겁니다. → ______

2. 의문문 (interrogative sentence)

의문문은 질문을 할 때 쓰는 표현인데 '-아/어요?' 에서 '요' 를 빼거나 동사나 형용사 어간에 '-니?', '-냐?' 를 붙이고 '이다 / 아니다' 에는 '-야?' 를 붙여서 쓴다.

The interrogative form is made by attaching '-니?', '-냐?' to the verb stem. And it is also made by dropping '-요' in informal polite speech ending. '이다 / 아니다' verbs is made by attaching '-야?' to the verb stem.

▶ [형]/[동]-어? / -니? /-냐?

지금 뭐 하십니까?	격식체 높임말
지금 뭐 하세요?	비격식체 높임말
지금 뭐 해? **지금 뭐 하니?** **지금 뭐 하냐?**	반말

▶ [명](이)-야?/니?/냐?

연세가 어떻게 되십니까?	격식체 높임말
연세가 어떻게 되세요?	비격식체 높임말
몇 살이야? **몇 살이니?** **몇 살이냐?**	반말

같이 갈 겁니까?	격식체 높임말
같이 갈 거예요?	비격식체 높임말
같이 갈 거야? **같이 갈 거니?** **같이 갈 거냐?**	반말

* 〈보기〉처럼 반말로 바꾸세요.

보기
지금 바빠요? → 지금 바빠? / 바쁘니? / 바쁘냐?

❶ 김치를 좋아해요? → 김치를 좋아해? / 좋아하니? / 좋아하냐?

❷ 중국말 할 수 있습니까? → ____________

❸ 어제 뭐 했어요? → ____________

④ 이게 뭐예요? → ______________________

⑤ 누구 우산이에요? → ______________________

⑥ 내일 도서관에 갈 거예요? → ______________________

⑦ 어제 어디에 갔다 왔어요? → ______________________

⑧ 내일 시간 있으세요? → ______________________

⑨ 주말에 뭐 할 거예요? → ______________________

3. 명령문 (imperative sentence)

명령문은 명령할 때 쓰는 표현인데 동사 어간에 '-아/어' 나 '-아라/어라' 를 붙여서 쓴다.

The imperative form is made by attaching '-아라/어라' to the action verb stem. And it is also made by dropping '-요' in informal polite speech ending.

▶ [동]-어. -(어)라.

공부 열심히 하십시오!	격식체 높임말
공부 열심히 하세요!	비격식체 높임말
공부 열심히 해! **공부 열심히 해라!**	반말

* 〈보기〉처럼 반말로 바꾸세요.

보기

꼭 연락하세요. → 꼭 연락해! / 연락해라!

❶ 조용히 이야기하세요. → 조용히 이야기해! / 이야기해라!

❷ 빨리 오세요. → ______________________

❸ 도착하면 전화하세요. → ______________________

❹ 숙제 좀 도와주세요. → ______

❺ 돈 좀 빌려주세요. → ______

❻ 수업 시간에 떠들지 마세요. → ______

4. 청유문 (propositive sentence)

청유문은 다른 사람에게 같이 행동할 것을 요청할 때 쓰는 표현이다. 반말의 경우 동사 어간에 '-자' 를 붙여서 사용한다.

The propositive form is made by attaching '-자' to the action verb stem. And it is also made by dropping '-요' in informal polite speech ending.

▶ [동]-어. -자.

같이 공부합시다. (→ 같이 공부하시겠어요?)	격식체 높임말
같이 공부해요.	비격식체 높임말
같이 공부하자.	반말

* 〈보기〉처럼 반말로 바꾸세요.

보기

설악산으로 단풍구경 갑시다. → 설악산으로 단풍구경 가자.

❶ 오늘은 좀 쉽시다. → 오늘은 좀 쉬자.

❷ 내일 정문에서 뵙겠습니다. → ______

❸ 이번 주말에 소풍을 갑시다. → ______

❹ 빨리 먹읍시다. → ______

❺ 내일 학교 앞에서 만나요. → ______

❻ 수업 시간에 핸드폰을 사용하지 맙시다. → ______

● 다음 질문을 반말로 바꾸어서 대화를 만들어 보세요.

❶ 어디에 사세요?

가: 어디에 살아?

나: 학교 근처 하숙집에 살아.

❷ 연세가 어떻게 되세요?

가:

나:

❸ 오늘 같이 숙제할까요?

가:

나:

❹ 이번 주말에 계획 있으세요?

가:

나:

❺ 커피 사러 가는데, 커피 사다 줄까요?

가:

나:

❻ 내일 우리 몇 시에 만나요?

가:

나:

• [형]/[동]-(으)ㄴ/는 편이다

'-(으)ㄴ/는 편이다' 는 어떤 경향이 있음을 나타낼 때 쓴다. 형용사는 '-(으)ㄴ 편이다' 를 사용하고, 동사는 '-는 편이다' 를 사용한다.

This pattern is used with any verb to indicate inclination or tendency. The incomplete noun '편' denotes 'side' or 'direction'. '-(으)ㄴ 편이다' is attached to descriptive verb stems and past tense action verb. And '-는 편이다' is attached to action verb stems.

가: 한국 물가가 어때요?

나: 조금 **비싼 편이에요**.

가: 극장에서 영화를 자주 보세요?

나: 네, 자주 **보는 편이에요**. 한 달에 세 번 정도 봐요.

1. '-는 편이다' 를 이용해서 문장을 완성하세요.

❶ 나는 키가 큰 편이다 . (크다)

❷ 철수는 말이 ______________ . (많다)

❸ 내 동생은 많이 ______________ . (먹다)

❹ 학생이 빨리 학교에 ______________ . (오다)

❺ 겨울 날씨가 ______________ . (춥다)

2. '-는 편이다' 를 이용해서 대화를 완성하세요.

❶ 가: 동생도 눈이 커요?

나: 네, 제 동생도 눈이 큰 편이에요 .

② 가: 이 근처에 조용한 커피숍으로 가자.

나: 그럼, '이슬 커피숍' 어때?

거기가 다른 데보다 ________________.

③ 가: 어제 만난 그 남자는 정말 말이 많은 것 같아요.

나: 네, 맞아요. 그 남자는 ________________.

④ 가: 이 게임도 어려워?

나: 아니야. 이 게임은 ________________.

다른 게임들은 훨씬 더 어려워.

⑤ 가: 보통 몇 시에 주무세요?

나: 저는 늦게 ________________.

밤에 책을 읽거나 인터넷 하는 것을 좋아하거든요.

⑥ 가: 이 길은 항상 차가 많이 막히나요?

나: 네, 많이 ________________.

특히 출퇴근 시간에는 더 심해요.

⑦ 가: 너는 책을 많이 읽는 것 같아.

나: 응, 나는 책을 ________________.

일주일에 한두 권 정도 읽어.

● [동]-(으)ㄴ 적이 있다/없다

과거에 어떤 경험이 있음을 나타낼 때 사용하는데, 동사에만 붙는다. 경험이 없을 때는 '있다' 대신에 '없다'를 넣어서 쓴다.

'-(으)ㄴ 적이 있다/없다' is used with action verbs and indicates 'experience' or the lack there of. This pattern consists of the noun modifier ending '-(으)ㄴ' (meaning of 'past'), the noun '적' (meaning of 'a time' or 'occasion'), the subject marker '이', and the verb '있다/없다' (meaning of 'have/don't have'). It means to 'have ever done/have never done'. It can also be used in the form '-어 본 적이 있다/없다' with the pattern '-어 보다' (meaning of 'a try' or 'an experience').

가: 제주도에 간 적이 있어요?

나: 네, **간 적이 있어요**. 정말 아름다운 곳이에요.

가: 물김치를 먹은 적이 있어요?

나: 아니요, **먹은 적이 없어요**. 물김치는 매워요?

1. '-은 적이 있다/없다'를 이용해서 문장을 완성하세요.

❶ 김치를 먹은 적이 있어요/없어요 .(먹다)

❷ 부산에 ____________________. (가다)

❸ 한복을 ____________________. (입어 보다)

❹ 혼자 ____________________. (여행해 보다)

❺ 길에서 할아버지, 할머니를 ____________________. (도와 드리다)

2. '-은 적이 있다/없다'를 이용해서 대화를 완성하세요.

❶ 가: 거기에 간 적이 있으세요?

나: 네, 간 적이 있어요.

아니요, 간 적이 없어요.

❷ 가: 김치를 드셔 본 적이 있으세요? 잘 드시네요.

나: 네, ______________________.

아니요, ______________________.

❸ 가: 혹시 전에 내 친구를 만난 적 있어?

나: 응, ______________________.

아니, ______________________.

❹ 가: 다른 회사에서 근무한 적이 있습니까?

나: ______________________.

❺ 가: 무서운 꿈을 꾼 적이 있으세요?

나: ______________________.

❻ 가: 한국 춤을 잘 추시네요. 혹시 배우신 적 있어요?

나: ______________________.

❼ 가: 외국에서 산 적이 있어?

나: ______________________.

⑧ 가: 부모님께 거짓말한 적이 있어?

나: ______________________________.

⑨ 가: 바닷가에서 수영한 적이 있으세요?

나: ______________________________.

관용 표현

눈에 콩깍지가 씌다

- 무엇인가가 앞을 가려 사물을 제대로 볼 수 없는 상태를 말한다. 보통 사랑에 빠진 사람이 상대의 단점을 보지 못할 때 사용하는 표현이다.
- '콩깍지' means 'bean chaff' and '눈에 씌다' means 'cover your (one's) eyes'. This saying means 'Your love for someone is so intense that you lose your judgment'. This expression can be used when you advise a friend who has fallen deeply in love with someone that that person is not right for her/him. For example, '그 사람이 그렇게 좋아? 눈에 콩깍지가 씌었구나!'

쓰기

- 여러분은 어떤 사람을 좋아합니까? 친구들을 사귈 때 중요하게 생각하는 것은 무엇입니까? 여러분이 좋아하는 친구나 이상형에 대해 쓰세요.

좋아하는 성격 / 싫어하는 성격 / 중요하게 생각하는 것
나와 잘 맞는 성격 등등

의생활

LESSON
06

1. 어휘

2. 문법
   피동사
   [동]-어 있다
   [형]/[동]-을 테니까

3. 쓰기

LESSON

06 의생활

어휘

1. 알맞은 설명을 찾아 줄로 이으세요.

하의 •	• 물 종류가 묻거나 스며들어서 더러워진 것
상의 •	• 동물의 털가죽 무늬
단색 •	• 티셔츠, 남방
호피무늬 •	• 치마, 바지
얼룩 •	• 여러 가지 색이 아니라 한 가지 색

2. 다음 빈칸에 알맞은 단어를 넣으세요.

> **보기**
> 그늘에 말리다   세게 짜다   천을 대고 다리다
> 물세탁을 하다   드라이클리닝 하다

❶ 이 옷은 처음에는 ______________(으)면 안 됩니다. ______________십시오. 다음에는 물세탁을 해도 괜찮습니다.

❷ 물세탁을 할 때에는 낮은 온도로 빨고 ______________ 안 됩니다. 꼭 약하게 짜야 합니다.

❸ 말릴 때는 직사광선에 말리지 마시고 ______________십시오.

❹ 다릴 때는 180도에서 210도 사이로 다리고 ______________야 합니다. 그냥 다리면 옷이 줄어들 수 있습니다.

문법

피동사

다른 사람의 행동에 의해 행해지는 동작을 나타내는 동사이다. 동사의 어근에 '-이-, -히-, -리-, -기-'를 붙여서 쓴다.

'The passive' means that some of the action is initiated not by the subject himself/herself/itself but by some other source. To make passive verbs, passive suffix '-이-, -히-, -리-, -기-' can be attached after some action verb stems.

-이-	· 바꾸다 – 바뀌다
	· 보다 – 보이다
	· 잠그다 – 잠기다 (잠겨 있다)
	· 놓다 – 놓이다
	· 쓰다 – 쓰이다 (쓰여 있다 / 씌어 있다)
	· 섞다 – 섞이다

1. '–이–'를 이용해서 피동사로 바꿔 보세요.

❶ 나는 이상한 전화가 많이 와서 휴대폰 번호를 바꾸었어요.

→ 핸드폰 번호가 바뀌었어요 ______________.

❷ 저는 밤마다 여기에서 서울타워를 봅니다.

→ 여기에서 서울타워가 ______________.

❸ 책에 제 이름을 썼습니다.

→ 책에 제 이름이 ______________.

❹ 마지막으로 들어온 사람이 문을 잠급니다.

→ 문이 ______________.

❺ 물과 기름을 섞을 수 없습니다.

→ 물과 기름이 ______________.

2. 피동사를 이용해서 밑줄 친 곳을 알맞게 채우세요.

❶ 가: 왜 교실에 못 들어가고 있어요?

나: 교실 문이 잠겨서 못 들어가고 있어요 ________.

❷ 가: 어제 전화를 여러 번 했는데 왜 안 받았어?

나: 참! 내 전화번호가 ________.

❸ 가: 정류장이 어디 있어요?

나: 똑바로 가다가 오른쪽으로 가면 ________.

❹ 가: 티셔츠에 ________ 있는 한자가 무슨 뜻이야?

나: '사랑' 이라는 뜻이야.

-히-	· 닫다 – 닫히다 (닫혀 있다) [다치다]
	· 막다 – 막히다 [마키다]
	· 잡다 – 잡히다 [자피다]
	· 먹다 – 먹히다 [머키다]
	· 묻다 – 묻히다 [무치다]
	· 밟다 – 밟히다 [발피다]

1. '-히-'를 이용해서 피동사로 바꿔 보세요.

❶ 추워서 창문을 닫았어요.

→ 창문이 바람 때문에 닫혔어요 ________.

❷ 코피가 나서 코를 막았어요.

→ 감기에 걸려서 코가 ________.

❸ 친구가 나를 잡았어요.

→ 내가 친구한테 ______________________.

❹ 호랑이가 토끼를 잡아 먹어요.

→ 토끼가 호랑이에게 ______________________.

❺ 강아지를 땅에 묻었어요.

→ 강아지가 땅에 ______________________.

❻ 버스에서 다른 사람 발을 밟았어요 .

→ 버스에서 다른 사람한테 발이 ______________________.

2. 피동사를 이용해서 밑줄 친 곳을 알맞게 채우세요.

❶ 가: 왜 이렇게 늦었어?

나: 미안해. 시내에 차가 많이 막혀서 늦었어.

❷ 가: 경찰이 범인을 잡았어요?

나: 그 범인이 또 다시 도망가서 아직 범인이 안 ______________.

❸ 가: 이게 무슨 소리예요?

나: 놀랐어요? 바람이 많이 불어서 문이 ______________ 소리예요.

❹ 가: 우리나라는 사람이 죽으면 화장을 많이 하는 편이에요.

나: 한국도 화장을 하지만, 땅에 ______________ 싫어하는 사람도 많아요.

❺ 가: 어제 다큐멘터리 봤어?

나: 응. 먹고 ______________ 동물들의 이야기였어.

-리-	· 듣다 – 들리다
	· 열다 – 열리다 (열려 있다)
	· 팔다 – 팔리다
	· 물다 – 물리다
	· 걸다 – 걸리다 (걸려 있다)
	· 밀다 – 밀리다

1. '–리–'를 이용해서 피동사를 바꿔 보세요.

❶ 학생들이 교실 벽에 액자를 걸어요.

→ 교실 벽에 액자가 걸렸어요 ______________.

❷ 저는 아침마다 클래식 음악을 들어요.

→ 아침마다 밖에서 클래식 음악 소리가 ______________.

❸ 아이들이 문을 열어요.

→ 바람 때문에 문이 ______________.

❹ 그 아저씨는 한국 자동차를 팔아요.

→ 요즘은 한국 자동차가 제일 많이 ______________.

❺ 모기가 (나를) 물었어요.

→ 나는 어젯밤에 모기에게 ______________.

❻ 사람들이 나를 밀었어요.

→ 나는 사람들한테 ______________.

2. '-리-'를 이용해서 밑줄 친 곳을 알맞게 채우세요.

❶ 가: 제 옷이 어디에 있나요?

나: 저기 옷걸이에 걸려 있어요 ________.

❷ 가: '자동문'이라는 것이 뭐예요?

나: 자동으로 ________ 문이에요.

❸ 가: 아주머니, 떡볶이 없어요?

나: 네, 조금 전에 모두 ________.

❹ 가: 진수 씨가 왜 갑자기 밖에 나갔어요?

나: 밖에서 이상한 소리가 ________ 나갔어요.

❺ 가: 왜 개를 안 좋아하세요?

나: 사실은 어렸을 때 개한테 ________.

❻ 가: 왜 넘어졌어요?

나: 계단에서 사람들한테 ________ 넘어졌어요.

-기-	· 끊다 – 끊기다
	· 안다 – 안기다 (안겨 있다)
	· 쫓다 – 쫓기다
	· 담다 – 담기다 (담겨 있다)
	· 감다 – 감기다
	· 찢다 – 찢기다 (찢어지다)

1. '-기-'를 이용해서 피동사로 바꿔 보세요.

❶ 나는 전화를 끊었어요.

→ 지하철에서 전화가 끊겼어요 ________.

② 경찰은 도둑을 쫓았어요.

→ 도둑이 경찰에게 ______________________.

③ 엄마가 아기를 안고 있어요.

→ 아기가 엄마에게 ______________________.

④ 어머니는 과일을 바구니에 담으셨어요.

→ 과일이 바구니에 ______________________.

⑤ 눈을 감아요.

→ 졸려서 눈이 ______________________.

⑥ 사진을 찢었어요.

→ 사진이 ______________________.

2. 피동사를 이용해서 밑줄 친 곳을 알맞게 채우세요.

① 가: 왜 택시를 타려고 하세요?

나: 시간이 늦어서 버스나 지하철이 모두 끊겼어요.

② 가: 무슨 뉴스예요?

나: 범인이 경찰에게 ______________________ 뉴스예요.

③ 가: 컵에 뭐가 있어?

나: 응. 물이 가득 ______________________.

④ 가: 그만 졸아! 수업시간에 계속 졸면 안 돼.

나: 나도 안 자고 싶은데, 눈이 자꾸만 ______________________.

-어지다	· 끄다 – 꺼지다
	· 켜다 – 켜지다
	· 찢다 – 찢어지다
	· 깨다 – 깨지다
	· 끊다 – 끊어지다
	· 지우다 – 지워지다

1. '–어지다'를 이용해서 피동사로 바꿔 보세요.

❶ 수업 후에 교실 불을 껐어요.

→ 수업 중에 교실 불이 꺼졌어요.

❷ 컴퓨터를 켰어요.

→ 컴퓨터가 꺼졌다가 ______.

❸ 청바지를 찢었어요.

→ 요즘 ______ 청바지가 유행이에요.

❹ 그릇을 깨요.

→ 그릇이 ______.

❺ 친구와 연락을 끊었어요.

→ 친구와 연락이 ______.

❻ 지우개로 지우세요.

→ 글씨가 ______.

2. 피동사를 이용해서 밑줄 친 곳을 알맞게 채우세요.

❶ 가: 이 불은 어디에서 꺼요?

나: 센서가 있어서 사람이 오면 켜지고 ________ 잠시 후에 꺼져요 ________.

❷ 가: 청바지를 왜 찢었어?

나: 찢은 게 아니라 넘어져서 ________________.

❸ 가: 택배 상자에 붙어 있는 이 그림은 무슨 의미야?

나: '________________ 조심해야 한다'는 의미일 거야.

❹ 가: 냉면 먹을 때 가위가 필요해.

나: 응. 냉면이 너무 길면 먹을 때 ________________ 않아서 힘들거든.

● 다음 중 맞는 것에 O표 하세요.

❶ 큰일이에요! 열쇠가 차 안에 있는데 차 문이 (잠갔어요, 잠겼어요)

❷ 개한테 (물어서, 물려서) 피가 나요.

❸ 지금 인천에서 살인 사건의 범인이 경찰에게 (쫓고, 쫓기고) 있다.

❹ 드디어 경찰이 살인 사건의 범인을 (잡았습니다, 잡혔습니다)

❺ 그 사람의 그림이 매우 비싼 값에 (팔았어요, 팔렸어요)

❻ 이 문은 버튼을 누르면 문이 (열어요, 열려요)

❼ 아이가 엄마 말을 잘 안 (들어서, 들려서) 걱정입니다.

❽ 지금은 퇴근 시간이어서 차가 많이 (막습니다, 막힙니다)

❾ 저는 안경을 벗으면 하나도 안 (봐요, 보여요)

❿ 저는 전 남자친구와 연락을 (끊었습니다, 끊겼습니다)

⓫ 날씨가 추워서 난로를 (켰어요, 켜졌어요)

⓬ 거울을 떨어뜨려서 거울이 (깼어요, 깨졌어요)

• [동]-어 있다

어떤 동작이 완료된 상태가 계속될 때 쓰인다. '열리다, 닫히다, 놓다, 걸리다' 등과 같은 피동사와 주로 결합한다.

This pattern pertains to the meaning that the state resulting from the action or the preceding verb continues to exist in the present. This pattern frequently is combined with passive verbs like '열리다, 닫히다, 놓다, 걸리다' etc.

> 하나 씨는 창가에 **서 있어요**.
>
> 그림이 벽에 **걸려 있어요**.
>
> 제가 교실에 왔을 때 창문이 **열려 있었어요**.

1. '-어 있다'를 이용해서 동사를 알맞게 바꾸세요.

❶ 회의실에 사람이 없어요. 비어 있어요 (비다).

❷ 환자는 침대에 ____________ (눕다).

❸ 창문은 ____________ (열리다).

❹ 불이 ____________ (꺼지다).

2. '-어 있다'를 이용해서 대화를 완성하세요.

❶ 가: 책이 어디에 있어요? (놓이다)

나: 책상 위에 놓여 있어요.

❷ 가: 저기 ____________ 사람은 누구입니까? (앉다)

나: 오하나 씨예요.

❸ 가: 이 만두 속에 뭐가 ____________________? (들다)

나: 고기와 야채가 ____________________.

❹ 가: 왜 사람들이 ____________________? (모이다)

나: 콘서트를 보러 온 것 같아.

❺ 가: 열쇠가 없는데 교실에 어떻게 들어가요?

나: 괜찮아요, 교실 문이 ____________________.

❻ 가: 제 옷을 못 보셨어요?

나: 이쪽에 있는 옷걸이에 ____________________.

• [형]/[동]-(으)ㄹ 테니까

말하는 사람의 의지나 예정 또는 추측을 나타낼 때 쓰이는데 앞에 있는 선행절을 이유로 해서 뒤에 있는 후행절의 결과가 나올 때 사용된다.

This pattern indicates the meaning of 'since it is the expectation that...'. As a precondition of a post clause, the previous clause indicates the speaker's intention, expectation or presumption, etc. This pattern can be combined with a verb, adjective and '-이다'.

가: 제가 저녁을 준비할까요?

나: 요리는 제가 **할 테니까** 하나 씨는 청소 좀 해 주세요.

가: 진수 씨도 오늘 같이 만날까요?

나: 좋아요. 진수 씨도 오늘 **휴가일 테니까** 전화해 봅시다.

밖의 날씨가 **추울 테니까** 따뜻하게 입고 나가세요.

1. '-을 테니까'를 이용해서 한 문장으로 만드세요.

❶ 다음부터 늦지 않을 거야. 그러니까 너무 화내지 마.

→ 다음부터 늦지 않을테니까 너무 화내지 마.

❷ 이번 시험에 합격할 수 있을 거예요. 그러니까 용기를 내세요.

→ ____________________

❸ 한국어를 더 잘 할 수 있을 거예요. 그러니까 포기하지 마세요.

→ ____________________

❹ 복잡한 일은 내가 다 할 거야. 그러니까 너는 이 일만 해.

→ ____________________

❺ 많이 힘들 거예요. 그러니까 일찍 집에 가서 쉬세요.

→ ____________________

2. '-을 테니까'를 이용해서 다음 질문에 답하세요.

❶ 가: 아이가 너무 아파서 걱정이에요.

나: 이 약을 먹으면 나을 테니까 너무 걱정하지 마세요.

❷ 가: 다 같이 택시로 가자.

나: 지금은 길이 ____________________.

❸ 가: 저 책을 사고 싶은데 5,000원이 부족해.

나: 내가 ____________________.

④ 가: 내가 설거지를 할게.

나: 아니야, 내가 ______________________________.

⑤ 가: 산에 갈 때 이 낮은 구두를 신어도 돼요?

나: 아니에요, 구두를 신으면 발이 ______________________________.

관용 표현

이왕이면 다홍치마

- 같은 조건이라면 더 나은 품질이나 예쁜 모양을 고른다는 의미이다.
  '다홍치마' means 'red skirts'. long ago in Korea, young and attractive women wore
- red skirts. And men tended to prefer women who wore such skirts over other women. So when you want to express that one might as well pick something that is nicer and prettier than any others you can say '이왕이면 다홍치마'.

쓰기

- 여러분은 어떤 스타일의 옷을 좋아합니까? 여러분의 옷에 대한 취향을 쓰세요.

좋아하는 스타일	자주 입는 옷 색상	옷의 가격
주로 옷을 사는 곳	꼭 입어보고 싶은 옷	나한테 잘 어울리는 옷 ……

식생활

LESSON 07

1. 어휘

2. 문법
   [동]-는 대신에
   [형]/[동]-을 텐데
   간접화법

3. 쓰기

LESSON

07 식생활

어휘

1. 다음에 공통으로 들어갈 알맞은 단어를 찾아 쓰세요.

보기

주로	도저히	규칙적으로	간단하게

❶ ㄱ. 나는 주말에 (　　　　　　　　) 집에서 쉬면서 시간을 보낸다.

ㄴ. 서울 사람들은 출퇴근할 때 (　　　　　　　　) 지하철을 이용한다.

❷ ㄱ. 이 문제는 쉬워서 (　　　　　　　　) 풀 수 있다.

ㄴ. 문화체험으로 남한산성에 가니까 옷을 (　　　　　　　　) 입는 게 좋다.

❸ ㄱ. 매일매일 (　　　　　　　　) 운동하는 게 건강에 좋다.

ㄴ. 심장이 (　　　　　　　　) 뛰고 있다.

❹ ㄱ. 너무 어려워서 (　　　　　　　　) 풀 수 없다.

ㄴ. 너무 더워서 (　　　　　　　　) 참을 수가 없다.

2. 다음 표현의 뜻을 쓰고 문장을 만드세요.

❶ 입이 간지럽다

뜻: ____________________

문장: ____________________

❷ 입에 맞다

뜻: ____________________

문장: ____________________

③ 입이 짧다

뜻: ______________________________

문장: ______________________________

④ 입을 씻다

뜻: ______________________________

문장: ______________________________

문법

• [동]-는 대신(에)　　　[명] 대신(에)

동사 뒤에 붙어서 그것을 하지 않고 뒤의 것을 한다는 의미를 나타낸다. 명사를 사용할 때는 '대신에' 만 쓴다.

It means 'instead of doing something' and is used with action verbs. And also '대신(에)' can be used with nouns.

가: 시험을 꼭 봐야 해요?

나: 아니요, 시험을 **안 보는 대신** 보고서를 써도 돼요.

가: 오늘 오후 영화표가 있는데 제가 시간이 없어요.

나: 그럼 **민수 씨 대신** 제가 갈게요.

1. 다음 문장을 완성하세요.

❶ 친구 생일 때 케이크를 사는 대신 떡을 샀어요.

❷ 매일 신문을 보는 대신 ______________________________.

❸ 어제 배가 많이 아팠는데 약을 먹는 대신 ____________________.

❹ 요즘은 친구들에게 편지를 쓰는 대신 ____________________.

❺ 친구들과 컴퓨터 게임을 하는 대신 ____________________.

❻ 커피가 없으면 커피 대신 ____________________.

2. 다음 질문에 '-는 대신(에)'를 이용하여 자유롭게 답하세요.

❶ 가: 어머니 생신 선물 준비했어요?

나: 아니요, 선물하는 대신에 함께 식사하려고 해요.

❷ 가: 그 사람에게 전화를 못 하면 어떻게 하시겠어요?

나: ____________________.

❸ 가: 아침에 밥 먹었어?

나: 아니, ____________________.

❹ 가: 도장이 없으면 어떻게 해야 되나요?

나: ____________________.

❺ 가: 커피 드실래요?

나: ____________________.

• [형]/[동]-(으)ㄹ 텐데

동사와 형용사 뒤에 붙어서 추측의 상황을 나타낸다.

This expression is used to guess which serves as the background for the main clause.

오늘 비가 **올 텐데** 그래도 수영장에 가시겠어요?

바쁘실 텐데, 여기까지 오시게 해서 죄송해요.

지금 호주는 계절이 **여름일 텐데** 왜 겨울옷만 챙겨요?

1. 다음 문장을 '-을 텐데'를 이용하여 바꿔 보세요.

❶ 사무실에서 우산을 빌릴 수 있어요. 그런데 왜 새 우산을 샀어요?

→ 사무실에서 우산을 빌릴 수 있을 텐데, 왜 새 우산을 샀어요?

❷ 내 도움이 필요했을 거예요. 그런데 왜 연락을 안 했어요?

→ ______

❸ 이번 주말까지 숙제를 다 해야 해요. 그런데 요즘 너무 바빠요.

→ ______

❹ 오후에 비가 올 거예요. 우산을 안 가져가요?

→ ______

❺ 아버지가 집에 계실 거예요. 그런데 전화를 안 받으시네요.

→ ______

2. 다음 문장을 완성해 보세요.

❶ 가: 내일 같이 영화 볼까요?

나: 내일은 제가 시간이 없을 텐데 주말에 만나는 게 어때요?

❷ 가: 아직 준비가 안 됐어. 조금만 더 기다려줘.

나: 지금 출발해도 늦을 텐데 ____________________?

❸ 가: 너무 배가 부르지만, 뷔페 식당에 왔으니까 조금 더 먹을래.

나: 그렇게 많이 먹으면 배가 아플 텐데 ____________________.

❹ 가: 지난 주에 여행 때문에 학교에 안 왔어.

나: 내일부터 방학일 텐데 ____________________?

❺ 가: 이번 주말에 명동에 가서 영화 보자.

나: 주말에는 명동에 사람이 많을 텐데 ____________________?

❻ 가: 너가 만든 음식 맛있다. 너 음식을 잘 하는구나.

나: 맛이 없을 텐데 ____________________.

● 간접화법

간접화법은 다른 사람의 말을 전할 때 사용한다. 문장의 종류에 따라 어미가 달라진다.

Indirect quoted speech is used when conveying another person's speech. Depending on different speech styles (declarative, interrogative, imperative, etc), final ending patterns change.

1. 평서문 (a declarative sentence)

전하는 말이 평서문일 경우, 동사 현재는 어간 뒤에 '-ㄴ다고 하다(간다고 하다)', '-는다고 하다(먹는다고 하다)'를 사용하고, 형용사 현재는 '-다고 하다(예쁘다고 하다)', 명사는 'N(이)라고 하다(학생이라고 하다, 여자라고 하다)'를 사용한다. 과거는 '동사, 형용사, 명사+이다' 모두 과거시제(-았/었-) 뒤에 '-다고 하다'를 사용한다.

'-다고 하다'는 구어에서 '-대요'로 축약되어 사용된다.

For a declarative sentence, changes in final ending patterns are as follows: Verbs in present tense form use '-ㄴ다고 하다(간다고 하다)', '-는 다고 하다(먹는다고 하다)'. Adjectives for the present tense use '-다고 하다(예쁘다고 하다)'. When the predicate is 'N+이다' structure, 'N(이)라고 하다(학생이라고 하다, 여자라고 하다)' are used.

For past tense verb forms, '-다고 하다' is used after past particles '-았/었-'. Contraction forms of '-다고 하다' is '-대요'. This is used more frequently in spoken language.

	현재	과거
동사	–ㄴ/는다고 하다 = –ㄴ/는대요	–았/었다고 하다 = –았/었대요
형용사	–다고 하다 = –대요	–았/었다고 하다 = –았/었대요
명사+이다	–(이)라고 하다 = –(이)래요	–이었다고 하다 = –이었대요

❶ 친구: 오늘 날씨가 좋다.

→ 친구가 오늘 날씨가 좋다고 해요.

→ 친구가 오늘 날씨가 좋대요.

❷ 리사: 지금 밖에 비가 와.

→ ______________________________

→ ______________________________

❸ 토니: 어제 저녁에 친구랑 술 마셨어.

→ ______________________________

→ ______________________________

❹ 다나카: 수잔이 우리 반에서 제일 예뻐.

→ ______________________________

→ ______________________________

❺ 제인: 나는 지금은 뚱뚱하지만 옛날에 날씬했어.

→ ______________________________

→ ______________________________

❻ 카렌: 수잔 씨가 아마 학생일 거야.

→ ______________________________

→ ______________________________

❼ 선생님: 미나 씨는 한국어 선생님이었어요.

→ ______________________________

→ ______________________________

❽ 첸: 저는 지금 밥 먹어요.

→ ______________________________

→ ______________________________

⑨ 마이클: 아마 동대문 시장이 더 쌀 거예요.

→ ______________________________

→ ______________________________

⑩ 선생님: 이 문법은 어렵지만 중요해요.

→ ______________________________

→ ______________________________

2. 의문문 (a interrogative sentence)

전하는 말이 의문문일 경우, 현재는 어간 뒤에 '-냐고 하다'를 사용하고, 과거는 과거시제 뒤에 '-냐고 하다'를 사용한다. 구어체에서 '-냐고 하다'는 '- 냬요'로 축약되어 사용된다.

For an interrogative sentence, changes in final ending patterns are as follows: When both verbs and adjectives pertain to the present tense, '-냐고 하다' is used. When both verbs and adjectives pertain to past tense, '-었냐고 하다' is used. In spoken contexts, the contraction form '-ㄴ요' of '-냐고 하다' is used more frequently.

	현재	과거
동사	–냐고 하다 = –냬요	–았/었냐고 하다 = –았/었냬요
형용사	–냐고 하다 = –냬요	–았/었냐고 하다 = –았/었냬요
명사+이다	–(이)냐고 하다 = –(이)냬요	–이었냐고 하다 = –이었냬요

❶ 친구: 아침 먹었어요?

→ 친구가 아침 먹었냐고 해요.

→ 친구가 아침 먹었냬요.

❷ 윌슨: 몇 살이야?

→

→

❸ 사라: 내일 만날 수 있어요?

→

→

❹ 민수: 뉴스 봤어요?

→

→

❺ 나오코: 지금 뭐 해?

→

→

3. 청유문

전하는 말이 청유문일 경우, 동사 어간에 '-자고 하다'를 사용한다. 구어체에서 '-재요'로 축약되어 사용된다.

For a propositive sentence, changes in final ending patterns are as follows: For a verb, only '-자고 하다' can be attached not for a adjective. The contraction form '-재요' of '-자고 하다' is used frequently in spoken contexts.

동사	–자고 하다 = –재요
형용사	*
명사 + 이다	*

❶ 친구: 설악산으로 단풍구경 갑시다.

→ 친구가 설악산으로 단풍구경 가자고 해요.

→ 친구가 설악산으로 단풍구경 가재요.

❷ 왕옥상: 오늘은 청소를 하자.

→

→

❸ 복남: 내일 정문에서 만나요.

→

→

❹ 나라: 이번 주말에 같이 공부합시다.

→

→

❺ 지미: 오늘은 공부하지 말고 놀자.

→

→

4. 명령문

전하는 말이 명령문일 경우, 동사 어간에 '-(으)라고 하다'를 사용하고, 구어체에서 축약형 '-(으)래요'가 사용된다.

For an imperative sentence, changes in final ending patterns are as follows: For a verb, only '-(으)라고 하다' can be attached not for a adjective. The contraction form '-(으)래요' is frequently used in spoken contexts.

동사	-(으)라고 하다 = -(으)래요
형용사	*
명사 + 이다	*

❶ 친구: 꼭 연락해요.

→ 친구가 꼭 연락하라고 해요.

→ 친구가 꼭 연락하래요.

❷ 엄마: 식사 전에 손을 씻어라.

→

→

❸ 직원: 빨리 가세요.

→

→

❹ 제임스: 전화 받으세요.

→ ______________________________

→ ______________________________

❺ 민수: 지금 가지 마세요.

→ ______________________________

→ ______________________________

❻ 미카: 숙제 좀 도와주세요.

→ ______________________________

→ ______________________________

관용 표현

찬물도 위아래가 있다

차가운 물 한 컵도 웃어른이 먼저라는 의미로, 항상 웃어른을 공경해야 한다는 의미이다. 웃어른을 공경하는 뿌리 깊은 전통 때문에 한국 사람들은 항상 누가 자신보다 나이가 많은지 신경을 쓴다. 이것은 식사 자리에서도 이어지는데, 식사를 할 때 가장 나이가 많은 사람이 먼저 식사를 시작한 후, 그 다음 나이 많은 사람이 식사를 시작한다. 이러한 규칙은 아직도 보수적인 사람들 사이에서 철저히 지켜지고 있다.

This saying means that you have to pay respect to your senior even for a simple cup of cold water. With Confucianism deeply rooted in the culture, Koreans always pay attention to the relationship of 'who is senior to whom.' This idea is manifested in the form of who takes the first turn at the dinner table.

At the Korean dinner table, it is the most senior person in the group who starts to eat first. Then the next senior-ranking person starts to eat. This rule is observed quite strictly among conservative people, and this proverb signifies this attitude toward seniors.

쓰기

- 여러분의 음식 습관은 어떻습니까? 맵거나 짠 음식을 많이 먹는 편입니까? 아니면 밤에 많이 먹는 편입니까? 음식 습관을 바꾸고 싶은 생각이 있습니까? 여러분의 음식 습관에 대해 '-는 대신에', '-을 텐데' 문법을 이용해서 써 보세요.

주거 생활

LESSON 08

1. 어휘

2. 문법

   [형]/[동]-는지 -는지

   [형]/[동]-는데요!

   [형]/[동]-는 모양이다

   [동]-도록

3. 쓰기

LESSON

08 주거생활

어휘

1. 다음에 빈칸에 알맞은 단어를 쓰세요.

보기				
전망	신청하다	단독 주택	가습기	미만

❶ 19세 (　　　　　　　　　) 청소년에게는 술과 담배를 팔지 않습니다.

❷ 숙소가 한강이 보이는 높은 건물이라서 (　　　　　　　　　)이/가 좋았다.

❸ 문화체험에 참가하고 싶은 학생들은 사무실에 가서 직접 (　　　　　　　　　).

❹ 아파트가 아닌 마당이 있는 (　　　　　　　　　)에서 살고 싶다.

❺ 겨울에는 방 안이 건조하기 때문에 (　　　　　　　　　)이/가 필요하다.

2. 다음은 주거와 관련된 단어들입니다. 설명에 알맞은 말을 쓰세요.

보기				
전세	월세	보증금	기숙사	하숙

❶ 정해진 돈을 맡기고 정해진 기간 동안 집을 빌리는 것: ______________

❷ 방세와 식비를 내고 남의 집에 머물면서 사는 것: ______________

❸ 집이나 방을 빌려 쓰면서 매달 내는 돈: ______________

❹ 학교나 회사에 있는 것으로 학생이나 회사원에게 싼 값으로 빌려주는 시설:

____

❺ 집을 빌릴 때 맡겨두는 돈: ______________

문법

● [형]/[동]-(으)ㄴ/는지 -(으)ㄴ/는지

두 가지 중 어떤 것이 맞는지 확실하지 않을 때 사용한다. 동사에는 '-는지 -는지' 를 사용하고, 형용사는 '-(으)ㄴ지 -(으)ㄴ지' 를 사용한다. 동사와 형용사의 과거는 모두 '-았/었는지' 를 사용한다.

This pattern appears when deciding on a choice between two uncertain or unknown possibilities. The pattern of '-는지 -는지' is used for a verb, while '-(으)ㄴ지 -(으)ㄴ지' is used for an adjective. For past tense forms of a verb or adjective, '-았/었는지' patterns are used.

그 여자가 노래를 잘 **하는지** 못 **하는지** 몰라요.

당신 목소리가 **큰지 작은지** 사람들에게 물어 보세요.

그 사람이 고향에 **돌아갔는지** 안 **갔는지** 전화해 볼게요.

어제 집에만 있어서 날씨가 **추웠는지** 안 **추웠는지** 몰라요.

쌍둥이를 보면 누가 **형인지 동생인지** 모르겠어요.

1. 다음 두 문장을 연결하세요.

❶ 내일 날씨가 추워요? 따뜻해요? 일기예보를 확인해 보세요.

→ 내일 날씨가 추운지 따뜻한지 일기예보를 확인해 보세요.

❷ 숙제를 했어요? 안 했어요? 물어보세요.

→ ____________________

❸ 약속 시간이 1시예요? 1시 30분이에요? 잘 모르겠어요.

→ ____________________

④ 그 사람이 김치를 좋아해요? 안 좋아해요? 몰라요.

→ ______________________________

⑤ 시험이 어려워요? 쉬워요? 시험을 봐야 알 수 있어요.

→ ______________________________

2. 다음 대화를 완성하세요.

❶ 가: 지금 비가 와요? 우산을 가지고 가야 할까요?

나: 글쎄요, 비가 오는지 안 오는지 확인해 볼게요.

❷ 가: 이 옷은 나한테 조금 작지 않을까?

나: ______________________________

❸ 가: 방 안에서 안 좋은 냄새가 나죠?

나: 감기에 걸려서 ______________________________.

❹ 가: 저 분은 한국어 선생님이에요? 일본어 선생님이에요?

나: ______________________________

❺ 가: 전에 만난 미소 씨도 안경을 쓰고 있었지?

나: 글쎄, ______________________________.

❻ 가: 호주에 여행가려고 하는데 거기 날씨가 어때?

나: ______________________________

[형]/[동]-(으)ㄴ/는데요!

문장 끝에서 놀람이나 감탄을 나타낸다. 동사 현재는 '-는데요', 형용사 현재는 '-(으)ㄴ데요'를 사용하고, 동사와 형용사 과거는 '-았/었는데요'를 사용한다. 추측을 할 때는 '-겠는데요'를 사용한다.

This pattern is used for expressing surprise or admiration when finishing a sentence. For a verb in the present tense, '-는데요' is used. For an adjective in same tense, '-(으)ㄴ데요' is used. The patterns for past tense verbs or adjectives are '-았/었는데요'. In the context of assumptions, '-겠는데요' is used.

> 오늘은 눈이 많이 **오는데요**!
>
> 서울의 야경이 정말 **멋있는데요**!
>
> 오늘은 정말 추운 **날씨인데요**!
>
> 사진을 보니까 옛날에는 조금 **통통했는데요**!

1. '-는데요!'를 이용해서 문장을 바꾸세요.

❶ 외국인인데 한국말을 정말 잘 하시네요.

→ 외국인인데 한국말을 정말 잘하시는데요!

❷ 김치가 조금 맵네요.

→ ______________________________ !

❸ 여자 친구가 선물을 아주 좋아하겠네요.

→ ______________________________ !

❹ 정말 비싼 가방이네요.

→ ______________________________ !

⑤ 소금을 많이 넣어서 짜네요.

→ ______________________________!

2. 그림을 보고 맞는 말을 써 보세요.

❶ 

옷이 정말 비싼데요! !

❷ 

______________________________!

❸ 

______________________________!

❹ 

______________________________!

❺ 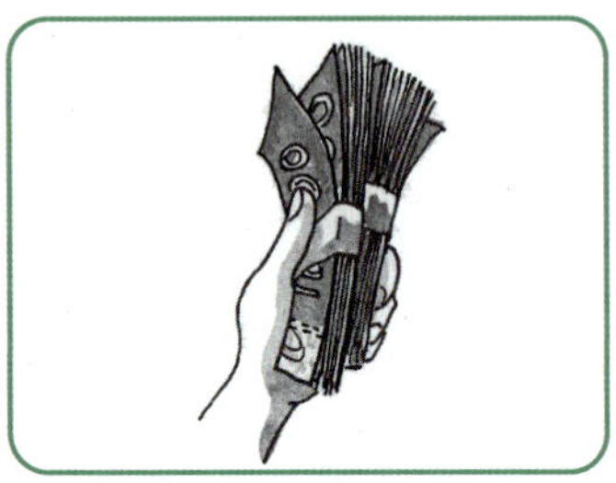

______________________________!

• [형]/[동]-(으)ㄴ/는 모양이다

말하는 사람의 추측을 나타낼 때 사용한다. 동사 현재는 '-는 모양이다'를 사용하고, 형용사 현재는 '-(으)ㄴ 모양이다'를 사용한다.

'모양' means 'shape or appearance' and '-은/는 모양이다' indicates 'one's guess or supposition. '-(으)ㄴ 모양이다' is attached after an adjective in present tense, while '-는 모양이다' is attached after a verb in present tense.

남자 친구가 키가 **큰 모양이에요**.

과일이 싱싱하고 **좋은 모양이에요**.

학생들이 열심히 **공부하는 모양이에요**.

저 사람은 여기서 일하는 **직원인 모양이에요**.

1. '-는 모양이다' 문법을 이용해서 대화를 완성하세요.

❶ 가: 마이클 씨는 점심 안 드세요?

나: 마이클 씨는 일이 많은 모양이에요.

❷ 가: 선생님 표정이 안 좋으신 것 같아요.

나: 몸이 안 (좋다) ________________.

❸ 가: 저 식당은 항상 사람이 많은 것 같아요.

나: 음식이 (맛있다) ________________.

❹ 가: 희성 씨가 지연 씨를 많이 도와주는 것 같죠?

나: 지연 씨를 (사랑하다) ________________.

❺ 가: 저 분은 누구실까요?

나: ________________.

2. '-는 모양이다' 문법을 이용해서 문장을 완성하세요.

❶ 위천 씨가 수업 시간에 졸고 있어요. 피곤한 모양이에요.

❷ 수진 씨가 오늘 기분이 좋아 보여요. ______.

❸ 시험을 보고 있는데 학생들 표정이 안 좋아요. ______.

❹ 마이클 씨가 땀을 많이 흘리네요. ______.

❺ 3급 교실에서 계속 웃음소리가 나요. ______.

❻ 우산을 쓴 사람들이 있어요. ______.

• [동]-도록

'-을 때까지', '-을 정도로' 의 의미를 나타낸다.

'-도록' is used when an action or condition continues and it means 'until' or 'to the point of…' or 'to the degree of…'.

> 열두 시가 **되도록** 친구를 기다렸어요.
>
> 눈물이 **나도록** 기뻐요.

1. '-도록' 문법으로 문장을 연결하세요.

❶ 일 년이 다 되다 / 소식이 없다

→ 일 년이 다 되도록 소식이 없어요.

❷ 한 달이 넘다 / 병원에 입원해 있다

→ ______

③ 밤이 늦다 / 집에 돌아오지 않다

→ ____________________

④ 미치다 / 사랑하다

→ ____________________

⑤ 귀가 따갑다 / 듣다

→ ____________________

⑥ 밤새다 / 공부하다

→ ____________________

⑦ 배가 터지다 / 먹다

→ ____________________

2. 그림을 보고 알맞은 표현을 쓰세요.

①

배꼽이 빠지다 / 웃다

→ 배꼽이 빠지도록 웃었어요.

②

손이 발이 되다 / 빌다

→ ____________________

③ 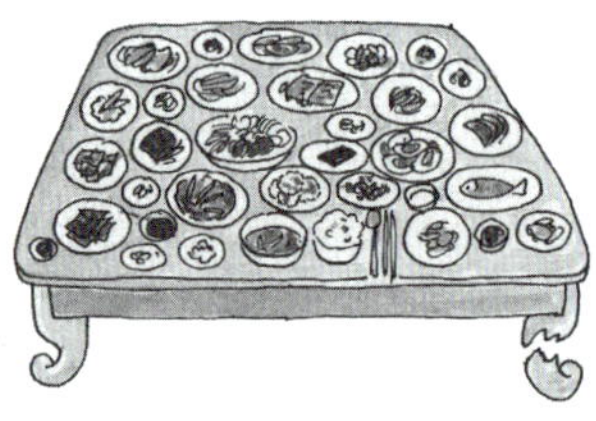

상다리가 부러지다 / 음식을 차리다

→ ______________________________

④ 

눈이 빠지다 / 기다리다

→ ______________________________

관용 표현

모래 위에 지은 집

- ‘모래 위에 지은 집’ 은 기초가 튼튼하지 못해서 곧 무너질 수 있는 물건이나 일을 말한다. 다른 표현으로 한자어로 된 ‘사상누각’ 이 있다.
- In this proverb ‘모래’ means sand and ‘짓다’ means build.

  So it describes a visionary project which soon collapses due to being built on an unstable foundation. Another expression is ‘사상누각’ which has the exact same meaning but is the korean pronunciation of the corresponding Chinese character.

쓰기

- 여러분은 지금 어디에 사세요? 기숙사? 전세? 월세? 한국에서 집을 구할 때 생각해 봐야 할 것을 '-은지/는지 -은지/는지', '-은/는 모양이다', '-도록' 문법을 이용해서 써 보세요.

대중 문화

LESSON 09

1. 어휘

2. 문법
   - [동]-나 보다
   - [형]-은가 보다
   - [동]-기 좋다/싫다
   - [명](이)나
   - [동]-게

3. 쓰기

LESSON

09 대중문화

어휘

1. 다음은 영화와 관련된 단어들입니다. 빈칸에 알맞은 단어를 넣으세요.

보기 예매하다 개봉하다 시사회 감독 내용

가: 요즘 (   ) 영화 중에 뭐가 제일 재미있대요?

나: 글쎄요. 사람들이 가장 많이 (   ) 영화가 재미있겠지요?

인터넷 예매 순위를 보니 영화 '전쟁'인 것 같아요.

가: 그 영화 (   )이/가 누구예요?

나: 김준호예요. 이젠 세계적으로도 유명해졌어요.

가: 이번 영화는 어떤 (   )이에요?

나: 제가 (   )에서 봤는데요. 한국 전쟁 이야기예요.

2. 다음 빈칸에 알맞은 단어를 넣으세요.

보기 대중문화 관심 서두르다 기분전환 덕분에 환불

❶ 한국은 영화, 뮤지컬, 공연, 콘서트 등 (   )을/를 즐길 수 있는 곳이 많다.

❷ 급하지만 (   ) 말고 차분하게 일을 처리해야 한다.

❸ 선생님께서 잘 가르쳐주신 (   ) 시험에 합격할 수 있었다.

❹ 나는 한국 문화와 한국 사람들에게 (   )이/가 많다.

⑤ 시험을 망쳐서 ( )을/를 하기 위해 친구들과 여행을 떠났다.

⑥ 백화점에서는 교환은 물론 ( )도 쉽게 할 수 있어서 좋다.

문법

[동]-나 보다

말하는 사람의 추측을 나타낼 때 사용하며, 동사 현재 시제에 사용한다. 또 동사와 형용사 과거 시제에 '-았-' 과 함께 사용할 수 있다.

It indicates one's assumption and it is used with action verbs in the present tense. And it can be used with action verbs and adjectives in the past tense, too.

> 밖에 빗소리가 들려요. 소나기가 **오나 봐요**.
>
> 아이들이 그 가수를 **좋아하나 봐요**. 그 CD가 제일 많이 팔려요.
>
> 그 사람은 독일로 **돌아갔나 봐요**. 요즘 학교에서 안 보여요.
>
> 요즘은 시간이 많이 **있나 봐요**. 서점에 자주 가네요!

1. '-나 보다' 문법으로 문장을 바꾸세요.

❶ 사라 씨가 나와 말도 하지 않아요. (나에게 화가 난 모양이에요.)

→ 사라 씨가 나와 말도 하지 않아도, 나에게 화가 났나 봐요.

❷ 존 씨가 기분이 좋아 보여요. 수업 후에 (데이트가 있는 모양이에요.)

→ 존 씨가 기분이 좋아 보여요. ____________________

③ 얼굴 보기 힘드네요. (요즘 시간이 없는 모양이에요.)

→ 얼굴 보기 힘드네요. ______________________

④ 절자야 씨가 급하게 나갔어요. (무슨 일이 있는 모양이에요.)

→ 절자야 씨가 급하게 나갔어요. ______________________

⑤ 100점을 맞았네요! (공부를 열심히 한 모양이에요.)

→ 100점을 맞았네요! ______________________

2. '-나 보다' 문법으로 문장을 만들어 보세요.

① 그 사람은 돈을 많이 모았나 봐요. 이번에 비싼 자동차를 샀어요.

② 그 사람은 계속 영어로 이야기를 해요.

한국말을 ______________________.

③ 누나 집에 전화를 했는데 전화를 받지 않아요.

누나가 집에 ______________________.

④ 방에 먼지가 많고 지저분해요.

청소를 ______________________.

⑤ 그 남자는 몸에 근육이 참 많아요.

매일 ______________________.

⑥ 땅이 다 젖었어요.

어젯밤에 ______________________.

• [형]-(으)ㄴ가 보다

말하는 사람의 추측을 나타낼 때 사용하며, 형용사 현재 시제에 사용한다.

It indicates one's assumption and it is used with descriptive verbs in the present tense.

날씨가 **추운가 봐요**. 사람들이 두꺼운 옷을 입었어요.

수미 씨가 **아픈가 봐요**. 오늘 학교에 안 왔네요.

발레티나 씨가 **반장인가 봐요**. 선생님 대신 사무실에 가요.

1. '-은가 보다' 문법으로 문장을 바꾸세요.

❶ (두 사람이 연인인 모양이에요.) 손을 잡고 다니네요.

→ 두 사람이 연인인가 봐요. 손을 잡고 다니네요.

❷ (음식이 뜨거운 모양이에요.) 김이 많이 나요.

→ ________________. 김이 많이 나요.

❸ (배가 고픈 모양이에요.) 지하철에서 빵을 먹고 있어요.

→ ________________. 지하철에서 빵을 먹고 있어요.

❹ (이번 역이 환승역인 모양이에요.) 사람들이 많이 타고 내려요.

→ ________________. 사람들이 많이 타고 내려요.

❺ (영화가 슬픈 모양이에요.) 많은 사람들이 울면서 나와요.

→ ________________. 많은 사람들이 울면서 나와요.

2. '-은가 보다' 문법으로 문장을 만들어 보세요.

❶ 밖의 날씨가 더운가 봐요. 친구가 땀을 많이 흘리네요.

❷ 떡볶이가 ______________. 떡볶이를 먹으면서 물을 계속 마시네요.

❸ 영민 씨가 ______________. 오늘 하품을 자주 해요.

❹ 나는 ______________. 또 같은 실수를 했어요.

❺ 당신은 ______________. 이렇게 어려운 문제를 어떻게 풀었어요?

❻ 제주도가 ______________. 사람들이 이야기를 많이 해요.

● [동]-기 좋다/싫다/편하다/불편하다/쉽다/어렵다/힘들다

동사에 명사를 만드는 '-기' 가 붙고 뒤에 '좋다/싫다/편하다……' 등의 형용사가 결합된 것으로, 어떤 일을 하는 것이 '좋다/싫다/편하다……' 의 의미이다.

The nominalizer ending '-기' is attached to verb stems acting as nouns. Adjectives like '좋다/싫다/편하다' are attached after that and this reinforces the pattern.

> 도서관은 조용해서 **공부하기 좋아요**.
>
> 비가 올 때는 택시를 **잡기 힘들어요**.

1. '-기 좋다/싫다'로 문장을 만들어 보세요.

❶ 숙명랜드는 아이들과 놀러가다 / 좋다

→ 숙명랜드는 아이들과 놀러가기 좋아요.

❷ 전자사전이 사용하다 / 편하다

→ ______________________________

❸ 한국어능력시험에 합격하다 / 어렵다

→ ______________________________

❹ 일본어가 배우다 / 쉽다

→ ______________________________

❺ 단어를 기억하다 / 힘들다

→ ______________________________

❻ 택시를 잡다 / 쉽다

→ ______________________________

❼ 고시원이 살다 / 불편하다

→ ______________________________

2. 다음 질문에 답해 보세요.

❶ 지금까지 배운 것 중에서 뭐가 가장 배우기 쉬웠어요? 또 뭐가 가장 배우기 어려웠어요?

____

____

❷ 요즘 하기 힘든 일이 있어요? 무슨 일이에요?

____

____

• [명](이)나

조사 '-(이)나' 는 명사 뒤에 연결되며, 그 선택이 아주 좋지는 않지만, 그렇다고 아주 나쁘지도 않음을 나타낸다.

The auxiliary particle -(이)나 is attached after a noun. This implies that the choice one has made is not so good but not bad.

> **물이나** 한 잔 주세요.
>
> 이번 주말엔 밀린 **빨래나** 하려고 해요.

1. 다음 빈칸에 알맞은 말을 쓰세요.

❶ 밥이 먹고 싶지만, 밥 할 시간이 없으니까 밥 대신 (빵이나) 먹자.

❷ 제주도에 가면 좋겠지만, 시간도 없고 돈도 부족하니까 제주도 가지 말고 (   ) 가면 어때?

❸ 할 일도 다 했고, 시간도 많지만 공부는 하기 싫으니까 (   ) 보자.

❹ 손님이 오는데 갈비랑 잡채를 하고 싶지만 만들기 어려워서 그냥 (   ) 만들까 한다.

❺ 날씨가 너무 더워서 아이스커피를 마시고 싶은데, 얼음이 없으니까 시원한 (   ) 주세요.

2. '이나' 를 이용해 문장을 완성해 보세요.

❶ 가: 주말에 왜 일찍 전화하셨어요?

나: ____________________

❷ 가: 날씨도 추운데 ________________

나: 좋아요. 제가 물을 끓일게요.

❸ 가: 도와줘서 고마워요. 언제 ________________

나: 뭘요. 별 거 아니에요.

❹ 가: 비가 와서 소풍 못 갈 거 같아요. 어떻게 해요?

나: 그럼 ________________

❺ 가: 심심한데 우리 ________________

나: 좋아요. 농구 어때요?

❻ 가: 주말에 뭐 하실 거예요?

나: 글쎄요. ________________

● [동]-게

'-게' 는 어떤 행동이나 상태가 계속 될 때 사용하는 것으로, 말하는 사람의 '의도' 나 '목적' 을 나타낸다.

'-게' is used when an action or condition continues. You can use it as one's 'purpose' or 'aim'. The English equivalents are 'so that…' or 'in order to…'.

약속을 잊어버리지 **않게** 달력에 쓰세요.

내가 볼 수 **있게** 이리로 가지고 오세요.

늦지 **않게** 서두르세요.

1. '-게' 문법으로 문장을 완성하세요.

❶ 이해할 수 있다 / 천천히 이야기하다

→ 이해할 수 있게 천천히 이야기하세요.

❷ 아이가 잘 자라다 / 여러 가지 음식을 만들어 주다

→ ____________________

❸ 바람이 잘 불다 / 창문을 열다

→ ____________________

❹ 시험에 좋은 점수를 받다 / 열심히 공부하다

→ ____________________

❺ 감기에 걸리지 않다 / 따뜻한 옷을 입다

→ ____________________

❻ 4급에 갈 수 있다 / 공부를 열심히 하다

→ ____________________

2. '-게' 문법으로 문장을 완성하세요.

❶ 내일 아침 일찍 약속이 있으니까 지각하지 않게 일찍 주무세요.

❷ 노약자 보호석은 ____________________ 비워 두세요.

❸ 죄송합니다. ____________________ 조금 비켜 주세요.

❹ 친구가 어떤 걸 좋아하는지 모르니까 ____________________ 여러 가지를 가져가 보세요.

⑤ 내일 파티에서 고기를 먹지 못하는 사람들도 ______________________ 채소와 과일로 만든 샐러드도 준비하세요.

⑥ 선물을 할 때는 ______________________ 백화점에서 사는 것도 좋아요. 다른 디자인이나 색깔로 쉽게 바꿀 수 있거든요.

관용 표현

검은 머리 파뿌리 되도록

- 이 표현은 결혼식에서 들을 수 있는 말인데, 그 의미는 '검은 머리가 파의 뿌리처럼 하얀색이 될 때까지'로 '흰 머리가 나는 노인이 될 때까지' 또는 '영원히' 함께 하겠다는 뜻이다.
- This expression can be heard from the officiator at a wedding ceremony in Korea. It is literally translated as 'until when your black hair turns white like the roots of a green onion.' Therefore, it means 'until you are old' or 'forever'. For example if you want to live with someone, you can say '검은 머리 파뿌리 되도록 같이 살고 싶어요.'

쓰기

- 한국에서 드라마나 영화를 자주 봐요? 한국의 드라마나 영화에 대한 여러분의 생각을 '-기 쉽다/어렵다', '-게', '-나 보다', '-은가 보다' 문법을 이용해서 써 보세요.

어제와 오늘

LESSON 10

1. 어휘

2. 문법

   [형]/[동]-을 뿐만 아니라

   [형]/[동]-던

   [형]/[동]-었던

   [형]/[동]-을수록

3. 쓰기

LESSON

10 어제와 오늘

어휘

1. 다음 문장들에 공통으로 들어갈 단어를 골라 문장을 완성하세요.

보기

변하다	생기다	늘어나다	이루어지다

❶ ㄱ. 오늘은 그의 꿈이 드디어 (   ) 날이다.

ㄴ. 여러분의 소원이 반드시 (   )을/를 바랍니다.

ㄷ. 그 사람과의 사랑이 (   ) 결혼까지 할 수 있을 것이다.

❷ ㄱ. 결혼 전에는 친절하던 사람이 결혼 후에 (   ).

ㄴ. 시간이 가면 많은 것이 (   ).

ㄷ. 어제까지 영화를 보고 싶었는데 오늘 아침 갑자기 마음이 (   ).

❸ ㄱ. 이 사거리에 육교만 있어서 불편하다. 횡단보도가 (   ) 좋겠다.

ㄴ. 예전에 없었던 큰 점이 손등에 (   ).

ㄷ. 좋은 일이 (   ) 저한테도 알려 주십시오.

❹ ㄱ. 이 도시의 인구가 5년 동안 1.5배 (   ).

ㄴ. 품질이 안 좋은 옷은 세탁한 후에 쉽게 (   ).

ㄷ. 그 여자는 몸무게가 (   ) 바로 다이어트를 시작한다.

2. 다음 주어진 의미와 비슷한 단어를 골라 보세요.

보기

연휴	정원	장점	볼거리	통역	번역

❶ 이틀 이상의 휴일: ______________________

❷ 한 언어를 다른 언어로 바꾸어 말하는 것: ______________________

❸ 좋은 점: ______________________

❹ 집 안에 꾸며놓은 꽃밭이나 뜰: ______________________

❺ 한 언어로 된 글을 다른 언어로 바꾸어 쓰는 것: ______________________

❻ 구경하거나 볼 만한 것: ______________________

문법

[형]/[동]-(으)ㄹ 뿐만 아니라

앞에 말한 것은 물론이고 뒤에 말하는 것까지 그러하다는 의미로 '-(으)ㄹ뿐더러' 와 비슷한 의미이다. 형용사나 동사와 결합할 때는 '-(으)ㄹ 뿐만 아니라', 명사에 '-(이)다' 와 결합할 때는 '-(이)ㄹ 뿐만 아니라' 로 바뀐다. 그리고 명사와 결합할 때는 '뿐만 아니라' 로 바뀐다.

It means "(not) only but also" or "as well as" and is equivalent with '-(으)ㄹ뿐더러'. '-(으)ㄹ뿐더러' means "(not) only but also-" or "as well as", too. When this pattern is used with nouns, it is changed into the pattern '뿐만 아니라'.

오늘은 비가 **올 뿐만 아니라** 바람도 불어서 추워요.

한국 음식은 보기 **좋을 뿐만 아니라** 맛도 좋아요.

그 사람은 **영어 선생님일 뿐만 아니라** 중국어 선생님이다.

1. '-을 뿐만 아니라' 문법으로 문장을 연결하세요.

❶ 가: 김치 드실 줄 아세요?

나: 그럼요, 먹을 수 있을 뿐만 아니라 만들 수도 있어요.

(먹다 + 만들다)

❷ 가: 한국말을 하실 수 있으세요?

나: 그럼요, ______________________.

(한국말을 하다 + 한국 문화도 잘 알다)

❸ 가: 저 집이 정말 넓어요?

나: 그럼요, ______________________.

(수영장이 있다 + 방이 열 개나 있다)

❹ 가: 오늘은 왜 특별한 날이에요?

나: ______________________.

(졸업식이다 + 내 생일이다)

❺ 가: 합격 소식을 듣고 누가 기뻐했어요?

나: ______________________까지 기뻐했어요.

(가족 + 이웃)

2. '-을 뿐만 아니라' 문법으로 대화를 완성하세요.

❶ 가: 사람들이 그 사람의 이름을 알아요?

나: 그럼요, 이름을 알 뿐만 아니라 어디에 사는지도 알아요.

❷ 가: 1년 동안 아시아만 여행하셨어요?

나: 아니요, ______________________.

❸ 가: 왜 많은 여자들이 그 남자를 좋아하나요?

나: ______________________________.

❹ 가: 그 학생이 칭찬을 받은 이유가 뭐예요?

나: ______________________________.

❺ 가: 지금 그곳의 날씨가 어때요?

나: ______________________________.

• [형]/[동]-던

'던' 은 회상의 의미를 나타내는 '-더-' 와 관형형 '-(으)ㄴ' 으로 이루어졌다. '던' 은 두 가지 상황에서 사용될 수 있다. 첫 번째는 '이것은 전에 입던 옷입니다.' 와 같이 과거에 반복적으로 이루어졌던 일에 사용된다. 두 번째 경우는 '이거 누가 마시던 차예요?' 와 같이 아직 끝나지 않은 과거의 행동을 나타낼 때 사용된다.

'던' is made up of two elements: '-더-' + '-(으)ㄴ'. '-더-' is a retrospective marker, and '-(으)ㄴ' is an noun modifier. '던' is usually used in two cases. First, it is a marker used to describe 'a situation or action that had been going on in the past', which the speaker observed personally. For example, 이것은 전에 입던 옷입니다.(This is an item of clothing I used to wear before.) Second, '-던' seems to carry the meaning of 'incompletion'. For example, 이거 누가 마시던 차예요?(Whose tea is this?[This is the tea that was being drunk by somebody.])

이 학교는 내가 **다니던** 학교입니다.

오늘은 제가 고등학생 때 자주 **가던** 책방에 갈까 합니다.

읽던 책은 거실에 있어요.

어제 **먹던** 과자가 어디에 있지요?

1. '-던' 문법으로 문장을 바꾸세요.

❶ 저는 서울에서 오랫동안 살았어요.

→ 제가 오랫동안 살던 ______________ 곳은 서울이에요.

❷ 어렸을 때 이 노래를 자주 들었어요.

→ 어렸을 때 자주 ______________ 노래가 이 노래예요.

❸ 고등학교 때 명동에 자주 놀러 갔어요.

→ 고등학교 때 자주 ______________ 곳은 명동이에요.

❹ 중학교 때 짜장면을 자주 먹었어요.

→ 중학교 때 자주 ______________ 음식은 짜장면이에요.

❺ 초등학교 때 곰 인형을 가장 아꼈어요.

→ 초등학교 때 가장 ______________ 인형은 곰 인형이에요.

2. 문법에 맞게 쓰세요.

❶ 가: 조금 전에 (마시던) 커피 누가 치웠어요?

나: 제가 치웠어요. 다 안 마셨어요?

❷ 가: 졸업한 지 5년이 되었어요. 그런데 학교 주변이 많이 변했어요.

나: 새 건물이 많이 생겼지요?

가: 저 건물 4층이 제가 (   ) 곳이에요.

❸ 가: 옛날에 할머니 댁에 갔을 때마다 (   ) 음식이 먹고 싶어요.

나: 할머니가 돌아가셨으니 먹고 싶어도 먹을 수 없겠네요.

④ 가: 남자 친구랑 헤어졌어요?

나: 아니요, (   ) 남자 친구는 어학연수 갔어요.

가: 그럼 많이 보고 싶겠네요.

⑤ 가: 이 옷들이 다 뭐예요?

나: 작년까지 우리 아이가 (   ) 옷인데 지금은 작아서 친구 아이에게 주려고요.

• [형]/[동]-었던

형용사나 동사와 결합하여 과거의 행동이나 상태가 완전히 끝났음을 나타낸다.

When a verb is used with '-던-' or '-었던/았던/였던, it indicates that 'the action or state was completed in the past.'

> 학생 때 그렇게 **작았던** 친구가 지금은 모델처럼 키가 커요.
>
> 어제 **입었던** 옷을 오늘 또 입어야 한다.
>
> 한국어 **학생이었던** 마이클 씨는 올해 한국 회사에 취직했어요.

1. '-었던' 문법으로 문장을 바꾸세요.

❶ 지난 주말에 명동에 갔어요.

지난 주말에 갔던 ________ 곳은 명동이에요.

❷ 작년 생일 때 친구들과 파티를 했어요. 지금도 생각이 나요.

작년 생일 때 ________________ 생일 파티가 지금도 생각이 나요.

③ 한국에 와서 부산에 처음 여행을 갔어요.

한국에 와서 처음 ________________ 곳이 부산이에요.

④ 한국 노래 중에서 '아리랑'을 가장 처음 배웠어요.

한국 노래 중에서 가장 처음 ________________ 노래가 '아리랑'이에요.

⑤ 몇 년 전에는 요리사였는데 지금은 식당 주인이 되었어요.

몇 년 전에는 요리사 ________________ 사람이 지금은 식당 주인이 되었어요.

2. 문법에 맞게 쓰세요.

① 가: 이 책은 내가 지난주에 (읽었던) 책이에요.

다 읽었는데 참 재미있었어요.

나: 그래요? 저도 읽고 싶은데 빌릴 수 있을까요?

② 가: 지난 화요일에 (   ) 놀이기구가 자꾸 생각이 나요.

나: 저도요. 정말 재미있었죠?

③ 가: 우리 아까 그 곳에 가서 커피를 마실까요?

나: 그런데 우리가 (   ) 곳에 다른 사람이 앉았어요.

④ 가: 어제 제가 (   ) 영화 DVD 어디 있어요? 아직 다 안 봤는데…….

나: 아, 그거요? 책장에 꽂아 뒀어요.

⑤ 가: 예쁜 드레스네요!

나: 제가 결혼식 때 (   ) 드레스예요.

• [형]/[동]-(으)ㄹ수록

'-(으)ㄹ수록' 은 형용사나 동사와 결합하여 점점 더 그렇게 된다는 의미이다. '-(으)면 ... -(으)ㄹ수록' 으로 쓰거나 '-(으)면' 을 생략하고, -(으)ㄹ수록' 만 쓸 수 있다.

'-(으)ㄹ수록' is attached to the verb stems of preceding sentences and it is used to express "increasingly with/ the more..." You can also use another pattern '-(으)면 ... -(으)ㄹ수록' which combines '-(으)ㄹ수록' with the ending '-(으)면 (meaning "if")'. You can use the same verb stem for the latter case.

바쁠수록 더 놀고 싶어져요.

나이가 **들면 들수록** 기억력이 떨어져요.

그 사람은 **보면 볼수록** 매력이 있어요.

1. 문장을 완성하세요.

❶ 한국말은 배울수록 ________ 재미있어요. (배우다)

❷ 그 일은 ________ 화가 나요. (생각하다)

❸ 이 그림은 ________ 멋있어요. (보다)

❹ 시간이 ________ 보고 싶어요.

❺ 운동은 ________ 건강해지는 것 같아요.

2. 질문에 답하세요.

❶ 빠르면 빠를수록 좋은 게 무엇일까요?

달리기

❷ 많으면 많을수록 좋은 게 무엇일까요?

❸ 만나면 만날수록 좋아지는 사람이 있어요?

❹ 먹으면 먹을수록 맛있는 한국 음식이 있어요?

❺ 없으면 없을수록 좋은 게 무엇일까요?

관용 표현

고생 끝에 낙이 온다

- '고생'은 '어렵고 힘든 것이나 그런 일'이고 '낙'은 '즐거움, 행복' 이라는 의미이다. 그러므로 '고생 끝에 낙이 온다' 라는 말은 어렵고 힘든 일 후에는 즐겁고 행복한 일이 온다는 의미거나 어렵고 힘든 것이 없으면 즐겁고 행복한 것도 없다라는 의미이기도 하다. 이러한 표현은 '고생 끝에 낙이 오니까 힘내세요' 와 같이 다른 사람을 위로하거나 기운을 북돋아 줄 때 사용할 수도 있다.
- '고생' means 'hard life or suffering' and '낙(樂)' means 'pleasure, happiness'. Therefore, 'After the suffering, happiness will come,' or 'No pleasure without pain.' This expression can be used when you cheer somebody up. For example, '고생 끝에 낙이 오니까 힘내세요.'

쓰기

- 여러분 인생에서 가장 행복했던 때를 떠올려 보세요. 언제예요? 무엇을 했어요? 누구와 함께 했어요? 그때 일을 떠올리면서 '-던, -었던' 문법을 이용해서 글을 써 보세요.

상상

LESSON 11

1. 어휘

2. 문법
   - [형]/[동]-는다면
   - [형]/[동]-더라도
   - [형]/[동]-는 줄 알다/모르다
   - [형]/[동]-을지도 모르다

3. 쓰기

LESSON

11 상상

어휘

1. 다음 중 알맞은 단어를 골라 써 넣으세요.

보기

꾸준히	만약	갑자기	미리	자동으로

❶ ________ 내가 하늘을 날 수 있다면 멀리멀리 날아가고 싶다.

❷ 이 문은 '닫힘' 버튼을 누르지 않아도 10초 후에 ________ 닫힌다.

❸ 시험 전날만 공부하지 말고 ________ 시험 공부를 해 놓으면 시험에 대한 걱정이 없어질 것이다.

❹ 매일 아침 30분씩 ________ 운동을 했다. 드디어 몸에 변화가 보이기 시작했다.

❺ 얼마 전까지 눈이 괜찮았는데 ________ 눈이 안 좋아져서 안경을 써야 한다.

2. 다음 알맞은 단어를 골라 문장을 완성하세요.

보기

움직이다	정복하다	개발되다	발전하다	입력하다	대비하다

❶ 지구 환경이 너무 나빠진다면 우리는 무엇을 ________ 합니까?

❷ 에베레스트 산을 ________기 위해서 많은 사람들이 노력을 했다.

❸ 사진을 찍는 동안 ________지 마세요.

❹ 정리한 자료를 컴퓨터에 ________ 후에 저장해야 해요.

❺ 서울은 지난 50년간 많이 ______________________________.

❻ 이 도시는 다른 도시에 비하여 많이 __________________지 못했다.

문법

[형]/[동]-(ㄴ/는/었)다면 [명]-(이)라면

가정하거나 추정을 하는 의미를 나타낸다. '-(으)면' 은 가정하거나 어떤 상황을 나타낼 때 사용하지만 '-ㄴ/는다면' 은 가정의 의미로만 사용된다. 형용사와 '있다/없다' 는 '-다면' 과 결합하고 현재 동사는 '-ㄴ/는다면', '이다/아니다' 는 '-(이)라면' 과 결합하며 과거의 일을 가정하는 것은 '-았다면' 을 사용한다.

The pattern '-(으)면' means 'if' or 'when', but '-ㄴ/는다면' means 'if' as one's assumption, or supposition. '-다면' is used with D.V(좋다/예쁘다/나쁘다/행복하다 …etc) and '있다/없다' verbs. '-ㄴ/는다면' is with A.V.(가다/만나다/공부하다…etc) as the present tense. '-ㄴ다면' is used when a verb stem ends in a vowel. '-는다면' is used when a verb stem ends in a consonant. And '-(이)라면' is used with '이다/아니다' verbs. When you assume about past things, '-았다면' is used.

복권에 **당첨된다면** 세계 여행을 하고 싶어요.

내일 날씨가 **좋다면** 등산을 하겠어요.

내가 한국어 **선생님이라면** 시험을 쉽게 만들겠어요.

내가 만약 한국에 **안 왔다면** 재미없게 살고 있을 거예요.

1. '-는다면' 문법으로 문장을 연결하세요.

❶ 피곤하다/자다

→ 피곤하다면 주무세요.

❷ 이가 아프다 / 치과에 가 보다

→ ______________________________

❸ 그 여자를 좋아하다 / 솔직히 말하는 게 좋다

→ ______________________________

❹ 용기 있는 사람이다 / 누구나 도전할 수 있다

→ ______________________________

❺ 진실이 아니다 / 듣고 싶지 않다

→ ______________________________

2. 문장을 완성해보세요.

❶ 내가 만약 새라면 고향까지 날아갈 거예요.

❷ 내가 만약 남자/여자가 된다면 ______________________________.

❸ 내가 만약 대통령이라면 ______________________________.

❹ 내일 지구가 멸망한다면 ______________________________.

❺ 나에게 500만 원이 생긴다면 ______________________________.

[형]/[동]-더라도

'-어도' 보다 더 강한 의미를 나타내며 주로 미래 시제나 명령형(-[으]세요 , -지 마세요) 또는 청유형(-[으]ㅂ시다) 문장과 결합을 한다. 형용사, 동사, 받침의 유무와 상관없이 모두 '-더라도' 와 결합한다.

This pattern means 'even though' or 'even if' and it is equivalent to '-아(어, 여)도'. However it is mostly used with the future tense or in imperatives(-[으]세요, -지 마세요 etc.) or propositives(-[으]ㅂ시다). When it is used with the present tense in statements, it indicates a stronger expression than '-아(어,여)도'. And it cannot be used with the past tense. Whether a verb stem ends in a vowel or a consonant, only the '-더라도' form is used. And it doesn' t matter whether a D.V, A.V, or 이다 verb is used with this pattern.

비가 **오더라도** 소풍을 가겠어요.

기분이 **나쁘더라도** 화를 내지 마세요.

학생이더라도 할인이 안 된대요.

한국 사람이 **아니더라도** 보험에 가입할 수 있어요.

1. '-더라도' 문법으로 문장을 바꾸세요.

❶ 힘들어도 참으세요.

→ 힘들더라도 참으세요.

❷ 기분 나빠도 제 말을 들으세요.

→ ______

❸ 맛이 없어도 드세요.

→ ______

❹ 헤어져도 날 잊지 마세요.

→ ______________________________

❺ 내가 마음이 넓은 사람이어도 네 행동을 이해할 수 없을 거다.

→ ______________________________

2. '-더라도' 문법으로 대화를 완성하세요.

❶ 가: 요즘 바빠서 부모님께 전화도 못 했어요.

나: 바쁘더라도 부모님께 자주 전화를 드리세요.

❷ 가: 어제 비가 와서 학교에 안 왔어요.

나: ______________________________

❸ 가: 이제 그만 포기하세요. 벌써 5번이나 실패했잖아요.

나: ______________________________

❹ 가: 돈이 없어서 주말에 집에만 있어요.

나: ______________________________

❺ 가: 한국어가 점점 어려워질 거예요.

나: ______________________________

[형]/[동]-(으)ㄴ/는 줄 알다 · 모르다

앞에 말한 사실을 알거나 모른다는 의미를 나타낸다. 주로 '이렇게, 그렇게, 저렇게' 와 같은 부사와 함께 어울리며 형용사와 결합할 때는 '-(으)ㄴ 줄', 동사와 결합할 때는 '-는 줄', 그리고 '-(이)다' 와 결합할 때는 '-(이)ㄴ 줄' 을 사용한다.

It used with adverbs such as '이렇게, 그렇게 or 저렇게' and the verb '모르다' is used as the past tense '몰랐다'. '-인 줄 몰랐다' is attached noun, '-(으)ㄴ 줄 몰랐다' is attached to descriptive verb stem and '-는 줄 몰랐다' is attached to action verb stems.

가: 남대문 시장에 가 보니까 액세서리가 정말 싸죠?

나: 네, 맞아요. 남대문 시장 액세서리가 그렇게 **싼 줄 몰랐어요**.

가: 맛있죠? 제가 정말 요리를 잘 해요!

나: 네, 정말 맛있네요. 수진 씨가 이렇게 요리를 잘 **하는 줄 몰랐어요**.

가: 오늘 민수 씨 생일이에요.

나: 어머, 그래요? 오늘이 지선 씨 **생일인 줄 알았어요**.

1. '-는 줄 알다/모르다' 문법으로 문장을 완성하세요.

❶ 지금 밖에 비가 와요? 몰랐어요.

→ 지금 밖에 비가 오는 줄 몰랐어요.

❷ 왕란 씨가 고향에 돌아갔어요? 몰랐어요.

→ ______

❸ 윌리암스 씨가 생각보다 한국말을 훨씬 더 잘해요.

→ ______

❹ 수업이 9시예요? 저는 9시 30분으로 알고 있었어요.

→ ______________________________

❺ 한국에 와 보니까 한국의 겨울이 생각보다 훨씬 더 추워요.

→ ______________________________

2. '-는 줄 알다/모르다' 문법으로 대화를 완성하세요.

❶ 가: 그레이스 씨는 캐나다 어디에서 왔어요?

나: 네? 그레이스 씨는 캐나다 사람이 아니에요. 미국 사람이에요.

가: 아! 그래요? 저는 그레이스 씨가 ______미국사람인______ 줄 몰랐어요.

캐나다 사람인 줄 알았어요.

❷ 가: 왜 혼자 104호에 있어요? 우리 교실은 106호예요.

나: 정말이요? 저는 우리 교실이 ______________________________.

❸ 가: 미희 씨, 동생에게 여자 친구를 소개해 주고 싶어요.

나: 네? 제 동생은 여자예요.

가: 그래요? ______________________________.

저는 미희 씨 동생이 남자인 줄 알았어요.

❹ 가: 어려운 문제를 유키 씨 혼자 다 풀었어요.

나: 우와! 대단하네요! 저는 유키 씨 머리가 그렇게 ______________________________.

❺ 가: 미안하지만, 지금 약속이 있어서 가야 해요.

다음에 다시 이야기합시다.

나: 어머! 그래요? 미안해요. ______________________________

[형]/[동]-(으)ㄹ지도 모르다

어떤 일을 추측하거나 추정하는 의미를 나타낸다.

It can be used to express one's guess or presumption about currently progressing or part events. It is translated as 'It may be that-' in English. '-ㄹ지도 모르다' is attached to verb stems ending in a vowel. and '-을지도 모르다' is attached to verb stems ending in a consonant.

가: 오늘은 학교까지 택시를 탑시다.

나: 왜요?

가: 지금 시간이 없어서 버스를 타면 수업에 **늦을지도 몰라요**.

가: 연수 씨가 아직 학교에 안 왔네요.

나: 연수 씨 오늘 학교에 **안 올지도 몰라요**.

어제부터 몸이 안 좋다고 했어요.

1. '-을지도 모르다' 문법으로 문장을 완성하세요.

❶ 그 사람이 안 올 수도 있어요.

→ 그 사람이 안 올지도 몰라요.

❷ 아직 뜨거울 수도 있어요.

→

❸ 버스가 떠났을 수도 있다.

→

❹ 오늘이 선생님 생일일 수도 있다.

→

❺ 컴퓨터가 안 될 수도 있어요.

→

2. '-을지도 모르다' 문법으로 대화를 완성하세요.

❶ 가: 편의점에 가면 전화 카드를 팔까요?

나: 글쎄요, 잘 모르겠지만 팔지도 몰라요. 한번 가 보세요 .

❷ 가: 천천히 운전 하세요.

나: 왜요? 무서워요?

가: 네, 그렇게 빨리 운전하면 ______________________ .

❸ 가: 오늘이 수요일인데 주말 영화표를 벌써 예매해요?

나: 그럼요. 이 영화는 인기가 많아서 주말에는 표가 ______________ .

❹ 가: 오늘 비가 올 것 같아요?

나: 네, 우산을 가져가세요. 오후에 ______________________ .

❺ 가: 부산에 모두 몇 명 갈 수 있어요? 기차표를 5장 예매할까요?

나: 아니요, 7장 예매하세요.

진수 씨와 미희 씨가 ______________________

.

관용 표현

하늘이 무너져도 솟아날 구멍이 있다

- '하늘이 무너지다' 는 희망을 가질 수 없는 매우 어려운 상황을 의미한다. 그리고 '솟아날 구멍이 있다' 는 어려움을 피할 수 있는 길이 있는 것으로 문제를 해결하는 것을 뜻한다. 그러므로 이 표현은 몹시 어려운 경우에도 헤쳐 나갈 길은 있다는 말이다.
- 하늘이 무너지다 means very serious situations. 솟아날 구멍이 있다 represents people can escape from the troubles. You can use this expression when there is a way out of every situation, however bad. In english every cloud has a silver lining, or God will not close all doors. Heaven will always leave a door open.

쓰기

- 10년 후에 여러분은 어떤 모습을 하고 있을까요? '-ㄴ/는다면' ,'-을지도 모르다' '-더라도' 문법을 이용해서 10년 후 내 모습을 상상해서 써 보세요.

한국의 문화

LESSON 12

1. 어휘

2. 문법

[형]/[동]-는 척하다

[동]-느라고

[동]-을 뻔하다

[형]/[동]-을까 봐서

3. 쓰기

LESSON
12 한국의 문화

어휘

1. 다음과 비슷한 단어를 연결하세요.

❶ 조심하다 •	• 아프다
❷ 편찮으시다 •	• 부끄럽다
❸ 창피하다 •	• 죽다
❹ 재미있다 •	• 흥미롭다
❺ 다른 점 •	• 주의하다
❻ 배고프다 •	• 차이
❼ 돌아가시다 •	• 시장하다

2. 다음 중 단어를 골라 문장을 완성하세요.

보기					
마주치다	드리다	감다	맞추다	낳다	놓다

❶ 오랜만에 뵌 할머니께 도착 인사를 (   ).

❷ 아기를 (   ) 지 일주일이 되었다.

❸ 그 사람과 눈이 (   ) 지만 인사를 하지 않고 가던 길을 갔다.

❹ 열을 셀 때까지 눈을 뜨지 말고 (   ).

❺ 너무 빨리 먹지도 말고 너무 천천히 먹지도 말고 다른 사람의 속도에

(   ) 먹는 것이 제일 좋다.

⑥ 그 여자가 나보다 다섯 살이나 어리지만 우리는 처음 만났기 때문에 말을

( ) 수가 없다.

문법

[형]/[동]-(으)ㄴ/는 척하다

앞에 결합한 형용사나 동사의 내용이 사실은 아니지만 사실인 것처럼 생각하거나 행동한다는 의미를 나타낸다.

It means 'someone pretends to -' and it can be used with any verb.

그 남자가 **똑똑한 척해요**.

안 바쁜데, 왜 **바쁜 척 하세요**?

연예인들은 애인이 있어도 **없는 척 해요**.

저 여자는 언제나 **공주인 척해요**.

1. '-는 척하다' 문법으로 문장을 바꾸세요.

❶ 기분이 좋다 → 기분 좋지 않았지만, 기분 좋은 척 했어요.

❷ 잘 살다 → 생활이 힘들지만 ________________.

❸ 예쁘다 → 예쁘지 않은 여자가 ________________.

❹ 자다 → 도둑이 왔을 때 무서워서 ________________.

❺ 재미있다 → 친구 농담이 재미없었지만 ________________.

2. '-는 척하다' 문법으로 문장을 완성하세요.

❶ 길에서 옛날 남자 친구를 만났는데, 모른 척 했어요.

❷ 학교 가기 싫어서 ______________________.

❸ 친구가 만든 음식이 맛이 없었지만 ______________________.

❹ 그 사람은 너무 ______________________ 다른 사람들이 싫어해요.

❺ 방귀를 뀌고 ______________________.

[동]-느라고

동사와 결합하여 어떤 일의 이유나 원인을 나타낸다. '-기 때문에', '-는 바람에' 와 바꿔 쓸 수 있다.

This pattern '-느라고' is used with action verbs, and indicates 'cause or reason'. The English equivalent of this pattern is 'because of doing', 'as a result of doing'

요즘 한국말을 **공부하느라고** 바빠요.

그 사람 요즘 **야근하느라고** 모임에 못 와요.

친구와 **노느라고** 숙제를 못했어요.

1. '-느라고'를 이용해서 문장을 연결하세요.

❶ 수업시간에 잤다. 그래서 선생님 설명을 듣지 못했다.

→ 수업시간에 자느라고 선생님 설명을 듣지 못했다.

❷ 친구와 전화 통화를 하다. 그래서 약속 시간에 늦다.

→ ______________________

❸ 친구를 기다리다. 그래서 여기에 오랫동안 서 있다.

→ ______________________________

❹ 샤워를 하다. 그래서 전화를 받지 못하다.

→ ______________________________

❺ 오랜만에 친구와 수다를 떨다. 그래서 시간 가는 줄도 모르다.

→ ______________________________

2. '-느라고'를 이용해서 대화를 완성하세요.

❶ 가: 요즘 힘들어 보여요.

나: 네, 요즘 아르바이트하느라고 힘들어요.

❷ 가: 어제 잠 못 잤어요?

나: 네, ______________________________

❸ 가: 왜 연락을 안 했어요?

나: ______________________________

❹ 가: 요즘 자주 학교에 지각하네요.

나: ______________________________

❺ 가: 무슨 일로 요즘 그렇게 바빠요?

나: ______________________________

[동]-(으)ㄹ 뻔하다

동사와 결합하여 그 일이 실제로 일어나지 않았지만 거의 일어날 정도가 되었다는 의미를 나타낸다.

This pattern '-(으)ㄹ 뻔했다' is used to express that an action or event had almost occurred. The English equivalent of this pattern is '(someone or it) nearly (did so-and-so),' 'barely missed (doing so-and-so),' 'just barely escaped (doing so-and-so),' 'came close to (doing so-and-so).'

아침에 늦게 일어나서 학교에 늦게 **도착할 뻔했어요**. 다행히 수업시간 2분 전에 도착했어요.

약속 장소를 잘못 알아서 그 사람을 **못 만날 뻔했어요**. 하지만 핸드폰으로 다시 연락해서 만날 수 있었어요.

1. '–을 뻔하다' 문법으로 문장을 완성하세요.

❶ 공항에 늦게 도착했다. 그렇지만 다행히 비행기를 놓치지 않았다.

→ 공항에 늦게 도착해서 비행기를 놓칠 뻔했다.

❷ 손이 미끄러웠다. 그렇지만 다행히 들고 있던 유리병을 깨뜨리지 않았다.

→ __________

❸ 다른 생각을 하고 있었다. 그렇지만 다행히 실수하지 않았다,

→ __________

❹ 그 사람 얼굴이 많이 바뀌었다. 그렇지만 다행히 그 사람을 알아봤다.

→ __________

❺ 영화가 너무 슬펐다. 하지만 울지 않았다.

→ __________

2. 알맞은 것을 연결하고 '-을 뻔하다'로 문장을 만들어 보세요.

❶ 길이 미끄러워서 •	• 숙명여대 역에서 못 내리다
❷ 지하철에서 졸다가 •	• 길에서 넘어지다
❸ 안개가 많아서 •	• 허리를 다치다
❹ 어제 운동을 할 때 •	• 비행기가 늦게 출발하다
❺ 설거지를 하다가 •	• 그릇을 깨뜨리다

❶ 길이 미끄러워서 길에서 넘어질 뻔했어요.

❷ ______

❸ ______

❹ ______

❺ ______

[형]/[동]-(으)ㄹ까 봐(서)

형용사나 동사와 결합하여 앞의 일을 걱정하기 때문에 뒤의 일을 한다는 의미를 나타낸다.

It is used when a speakers is afraid that someone does something; and it mean 'Because someone os afraid something happens'.

시험에 **떨어질까 봐서** 걱정하고 있어요.

지각할까 봐 택시를 탔어요.

친구가 **화낼까 봐** 말하지 못하겠어요.

주사가 **아플까 봐** 독감 예방 주사를 맞지 않았어요.

1. '-을까 봐서'를 이용하여 문장을 만드세요.

❶ 아프다고 말하면 부모님이 걱정하실까 봐 말씀 못 드렸어요.

❷ 사실대로 말하면 친구가 ________________ 말 못해요.

❸ ________________ 두꺼운 옷을 입었어요.

❹ 내일 소풍인데 ________________ 걱정이에요.

❺ ________________ 약을 준비했어요.

2. '-을까 봐서'를 사용하여 질문에 답하세요.

❶ 가: 언제나 이렇게 메모를 하세요?

나: 네, 약속을 잊어버릴까 봐서 항상 메모를 해요.

❷ 가: 왜 이렇게 조용히 말해요?

나: ________________________________

❸ 가: 그 아이는 왜 거짓말을 했을까요?

나: ________________________________

❹ 가: 왜 이렇게 음식을 많이 준비했어요?

나: ________________________________

❺ 가: 우산에 이름을 왜 썼어요?

나: ________________________________

쓰기

- 한국 문화를 접하면서 어려웠던 점이 있습니까? 아니면 여러분 나라의 문화와 많이 다른 것이 있습니까? '-을까 봐서', '-을 뻔하다', '-은/는 척하다' 문법을 이용해서 써 보세요.

관용표현 국수를 먹다

- 결혼식 피로연에서 국수를 대접하는 데서 나온 말로 오늘날에는 결혼식을 올린다는 뜻이다.
- Korean serve the noodle at wedding banquets. Nowadays the expression means getting married.

정답

제1과 서울

● 어휘

1. ❶ 시내 ❷ 모시고 ❸ 들렀다
   ❹ 관광 ❺ 돌아올 ❻ 예상
   ❼ 다녀본

2. ❶ 직접 ❷ 저렴하다 ❸ 매장
   ❹ 자신이 있다 ❺ 전문적으로 ❻ 거절하다

● 문법

● [형]/[동]-(으)ㄹ 뿐이다

1. ❷ 알 뿐이에요 ❸ 있을 뿐이에요
   ❹ 필요했을 뿐이에요 ❺ 바랄 뿐이에요
2. ❷ (예시) 할 뿐이에요
   ❸ (예시) 마셨을 뿐이에요
   ❹ (예시) 직장 동료일 뿐이에요
   ❺ (예시) 했을 뿐이에요

● [동]-어다(가)

1. ❷ 동대문 시장에서 천을 사다가 커튼을 만들어요.
   ❸ 집에서 빵을 구워다가 학교에 있는 친구들에게 주었어요.
   ❹ 불고기를 만들어다가 외국 친구 집에 가져갔어요.
   ❺ 도시락을 싸다가 공원에서 먹었어요.

2. ❷ 사진관에서 사진을 찍어다가
   ❸ 도서관에서 책을 빌려다가
   ❹ 바다에서 물고기를 잡아다가
   ❺ 찌개를 끓여다가

● [형]/[동]-(으)ㄹ까요?

1. ❷ 연예인들은 모두 멋있어요. 연예인의 아기도 모두 예쁠까요
   ❸ 한국은 여름이 정말 더운 것 같아요. 겨울도 많이 추울까요
   ❹ 돈이 별로 없어요. 이 돈으로 영화를 볼 수 있을까요
   ❺ 서울에서 부산까지 기차로 시간이 얼마나 걸릴까요
   ❻ 그 다이아몬드가 정말 커요. 진짜일까요
   ❼ 산에 나무들을 많이 심었어요. 잘 자랄까요
   ❽ 지금 기분이 별로 안 좋아요. 집에서 쉬면 기분이 좋아질까요

2. ❷ (예시) 그림일까요
   ❸ (예시) 표가 있을까요
   ❹ (예시) 좋아질까요

● [형]/[동]-(으)ㄹ걸요

1. ❷ 늦을걸요 ❸ 갔을걸요
   ❹ 가실걸요 ❺ 네 살일걸요
2. ❷ (예시) 싫어할걸요
   ❸ (예시) 사용할걸요
   ❹ (예시) 목요일까지일걸요
   ❺ (예시) 어울릴걸요

● 쓰기

예시

저는 일주일 전에 서울에 왔어요. 그래서 서울에서 가 본 곳이 별로 없어요. 서울에 가면 한강에서 유람선도 타고, 서울타워에 올라가서 야경을 구경하고 싶었어요. 그리고 경복궁이랑 덕수궁에도 가고 싶었어요. 그런데 서울타워에만 가 봤을 뿐이에요. 서울타워는 TV에서 본 것처럼 아름다웠어요. 그리고 '사랑의 자물쇠'가 있었어요. 나와 친구는 자물쇠를 사다가 그곳에 걸었어요. 1년 후에 다시 그곳에 가 보기로 했어요. 우리는 "1년 후에도 우리 열쇠가 계속 있을까요?"라고 이야기 했어요. 서울타워에서 본 서울의 야경은 정말 멋졌어요. 그렇게 제 서울 생활이 시작되었어요. 앞으로 한국어 공부도 열심히 하고, 서울 구석구석을 여행할 거예요.

제2과 학교생활

● 어휘

1. ❶ 입학 ❷ 중간/기말고사 ❸ 개강
   ❹ 축제 ❺ 방학 ❻ 신입생
   ❼ 동아리 ❽ 개교기념일

2. ❶ 긴장한다/떤다 ❷ 후회하고 ❸ 경영하신다
   ❹ 검색할 수 있다. ❺ 자신이 있다 ❻ 선택하

● 문법

● [동]-어 놓다

1. ❷ 컴퓨터를 고쳐 놓았다.
   ❸ 접시를 다 닦아 놓았다.
   ❹ 요리를 만들어 놓았다.
   ❺ 과일을 준비해 놓았다.

2. ❷ (예시) 빌려 놓았어요.
   ❸ (예시) 주문해 놓았어요.
   ❹ (예시) 주차장에 세워 놓았어요.
   ❺ (예시) 옷걸이에 걸어 놓았어요.
   ❻ (예시) 음식을 준비해 놓아야 해요.

● [동]-지 그래요?

1. ❷ 먹고 싶으면 사 먹지 그래요?
   ❸ 집에 빨리 가고 싶으면 일을 빨리 끝내지 그래요?
   ❹ 한 시간 전에 출발하지 그랬어요?
   ❺ 미리미리 공부하지 그랬어요?

2. ❷ (예시) 연락해 보지 그래요?
   ❸ (예시) 한국 드라마를 보거나 한국 친구를 사귀지 그래요?
   ❹ (예시) 따뜻한 우유를 한 잔 마시지 그래요?
   ❺ (예시) 부모님이 보고 싶으면 전화를 해 보지 그래요?

● [형]/[동]-었다가

1. ❷ 인터넷으로 주문했다가 취소했어요.

❸ 영화표를 예매했다가 환불했어요.
❹ 에어컨을 껐다가 다시 틀었어요.
❺ 기분이 좋았다가 기분이 나빠졌어요.

2. ❷ (예시) 탔다가
❸ (예시) 떴다가 감았어요
❹ (예시) 그렸다가 지웠어요
❺ (예시) 입었다가 벗었어요
❻ (예시) 썼다가 지웠어요

● 쓰기

예시

나는 대학 1학년 때 등산 동아리에 가입했다. 한 달에 두 번 토요일마다 서울 근교에 있는 산을 등산했다. 몸이 약했는데 등산을 해서 많이 건강해진 것 같다. 등산을 하면서 아름다운 경치를 사진에 담기도 했다. 1년 동안 찍은 사진이 많아졌다. 기억하고 싶은 순간을 사진에 담는 일이 좋아졌다. 그래서 올해는 사진 동아리에 한번 들어가 보려고 한다. 사진 찍는 방법을 좀 더 잘 배우고 익혀서 멋지게 사진을 찍고 싶다. 내가 알고 있는 사진 기술도 친구들과 나누고 싶다.

제3과 직업 찾기

● 어휘

1. ❶ 정치외교계 ❷ 방송계 ❸ 의료계
❹ 법조계 ❺ 예술계

2. ❶ 적성 ❷ 떨어졌다 ❸ 제출해야
❹ 경력 ❺ 모집하는

● 문법

● [형]/[동]-어도 [명](이)-어도/라도

1. ❷ 비가 와도 소풍을 간다.
❸ 집안을 모두 찾아도 지갑이 없다.
❹ 자고 일어나도 계속 피곤하다.
❺ 많이 먹어도 살이 안 찐다.
❻ 천천히 여러 번 읽어도 이해가 안 된다.

2. ❷ (예시) 힘들어도 한국에서 열심히 살아야 해요.
❸ (예시) 아파도 학교에 가야죠.
❹ (예시) 좋아해도 말할 수 없어요.

● [동]-고(야) 말겠다

1. ❷ 요즘 일자리를 구하기 힘들지만 취직하고야 말겠어요.
❸ 내일부터는 쉬지 않고 매일 운동하고야 말겠어요.
❹ 지금은 비싸서 살 수 없지만 세일을 하면 그 가방을 사고야 말겠어요.
❺ 죽기 전에 세계 여행을 하고야 말겠어요.
❻ (예시) 토픽 3급 시험에 합격하고야 말겠어요. /살을 빼고야 말겠어요. /한국 친구를 사귀고야 말겠어요.

2. ❷ (예시) 끝내고야 말겠어요
❸ (예시) 합격하고야 말겠어요
❹ (예시) 이기고야 말겠어요

● [동]-나요?

1. ❷ 누가 만들었나요?
❸ 뭘 좋아하나요?
❸ 이 신문을 어디에서 파나요?
❺ 어머니께서는 언제 중국에 가시나요?
❻ 어디에서 그 옷을 사셨나요?

2. ❷ (예시) 많이 내렸나요
❸ (예시) 그 사람을 잘 아시나요
❹ (예시) 계시나요

● [형]-(으)ㄴ가요?

1. ❷ 오늘 날씨가 좋은가요?
❸ 음식 값이 싼가요?
❹ 교실이 시끄러운가요?
❺ 그 사람이 똑똑한가요?
❻ 날씨가 추운가요?

2. ❷ (예시) 먼가요
❸ (예시) 그 빌딩은 높은가요
❹ (예시) 많이 뜨거운가요

● 쓰기

예시

한국에 온 지 6개월이 넘었다. 처음에는 한국말을 모르고 음식도 입에 맞지 않아서 많이 힘들었다. 모든 것이 낯설어서 다른 곳은 가지도 못하고 집과 학교만 다녔다. 그런데 이제는 한국말도 조금은 할 수 있고 음식도 잘 먹을 수 있다. 그래서 지금부터는 주말마다 가까운 곳을 여행해 보려고 한다. 기차나 고속버스를 타고 1박 2일을 계획하고 있다. 한 달 전부터 계획을 했지만 아직 하지 못했다. 한국 사람들과 정확히 의사소통하는 것이 어려워도 용기를 내서 이번 주말부터 꼭 여행을 하고야 말겠다.

제4과 관광

● 어휘

1. ❶ 패키지여행을 하 ❷ 배낭여행을 하
❸ 어학연수를 받았 ❹ 숙박장소
❺ 고향을 방문한다 ❻ 교통편

2. ❶ 사계절 ❷ 단풍 ❸ 정상
❹ 도보 ❺ 정보 ❻ 구경

● 문법

● [형]/[동]-(으)ㄴ/는데

1. ❷ 오른쪽으로 가면 은행이 있는데 그 옆이 학교예요.
   ❸ 비가 많이 오는데 소풍 가실 거예요?
   ❹ 저는 비빔밥이 좋은데 선생님은 뭐가 좋으세요?
   ❺ 지금 서울에 살고 있는데 내년에 부산으로 이사할 거예요.
   ❻ 옛날 친구를 만나고 싶었는데 그 친구가 전화했어요.
   ❼ 내일이 친구생일인데 무슨 선물이 좋을까요?
   ❽ 부탁이 있는데 들어 주시겠어요?
   ❾ 오늘은 너무 피곤한데 내일 만나면 안 될까요?
   ❿ 부모님께서 많이 기다리시는데 지금 집에 가도 될까요?

2. ❷ (예시) 샀는데 너무 작아요
   ❸ (예시) 축제인데 재미있는 것이 많아요
   ❹ (예시) 오는데 다음에 가면 어때요?

● [동]-어 보니(까)

1. ❷ 김치를 먹어 보니까 맵지 않고 맛있네요.
   ❸ 한국말을 배워 보니까 재미있어요.
   ❹ (예시) 아기를 키워 보니까 정말 힘들어요.
   ❺ (예시) 아르바이트를 해 보니까 부모님께 감사한 마음이 들어요.

2. ❷ (예시) 해 보니까　❸ (예시) 먹어 보니까
   ❹ (예시) 살아 보니까　❺ (예시) 타 보니까

● [형]/[동]-더라고요

1. ❷ 학교 식당 밥이 맛있더라고요.
   ❸ 마이클 씨는 벌써 미국에 갔더라고요.
   ❹ 도서관에 있는 학생들이 공부를 열심히 하더라고요.
   ❺ 마사지를 받아 보니까 시원하더라고요.

2. ❷ (예시) 해산물이 정말 싱싱하고 맛있더라고요.
   ❸ (예시) 목소리가 아름답더라고요.
   ❹ (예시) 오랜만에 만나니까 반갑더라고요.
   ❺ (예시) 산이 푸르고 꽃이 예쁘더라고요.

● [동]-(으)ㄹ 만하다

1. ❷ (예시) 등산할 만해요　❸ (예시) 읽을 만한
   ❹ (예시) 갈 만한　❺ (예시) 쓸 만해요
   ❻ (예시) 먹을 만해요　❼ (예시) 이해할 만한
   ❽ (예시) 할 만한　❾ (예시) 어울릴 만한
   ❿ (예시) 좋아할 만한

2. ❷ (예시) 먹을 만해요
   ❸ (예시) 비빔밥이 먹을 만해요.
   ❹ (예시) 동대문 시장이나 가로수길이 갈 만해요.
   ❺ (예시) 한강에 놀러 갈 만해요.

● 쓰기

예시

지난주에 동대문에 갔는데 정말 재미있었다. 사람들도 많고 복잡했지만 옷이랑 구두, 가방 여러 가지 물건들이 있었다. 질도 좋고 값도 쌌다. 친구와 나는 필요한 물건들을 샀는데 사용해 보니까 모두 쓸 만했다. 다음에 또 가고 싶다.

제5과 인간관계

● 어휘

1. 눈이 높다 • — • 기대하는 수준이 너무 높다
   발이 넓다 • — • 아는 사람들이 많다
   입이 무겁다 • — • 비밀을 쉽게 얘기하지 않는다

2. ❶ 잘난 척하기
   ❷ 이기적이다
   ❸ 솔직한
   ❹ 잔소리가 많다
   ❺ 마음이 좁다

● 문법

● 반말

1. 평서문

❷ 오늘 아주 더워./ 덥다.
❸ 우리는 오늘 소풍 가./ 간다.
❹ 내 책이야./ 책이다.
❺ 전화하고 계셔./ 계시다.
❻ 지난달에 만났어./ 만났다.
❼ 안 지 일 년이 되었어./ 되었다.
❽ 한국어가 재미있어./ 재미있다.
❾ 방학에 고향에 갈 거야./ 것이다(거다).

2. 의문문

❷ 중국말 할 수 있어?/ 있니?/ 있냐?
❸ 어제 뭐 했어?/ 했니?/ 했냐?
❹ 이게 뭐야?/ 뭐니?/ 뭐냐?
❺ 누구 우산이야?/ 우산이니?/ 우산이냐?
❻ 내일 도서관에 갈 거야?/ 거니?/ 거냐?
❼ 어제 어디에 갔다 왔어?/ 왔니?/ 왔냐?
❽ 내일 시간 있어?/ 있니?/ 있냐?
❾ 주말에 뭐 할 거야?/ 거니?/ 거냐?

3. 명령문

❷ 빨리 와!/ 와라!
❸ 도착하면 전화해!/ 해라!
❹ 숙제 좀 도와줘!/ 도와줘라!
❺ 돈 좀 빌려줘!/ 빌려줘라!

❻ 수업시간에 떠들지 마!/ 마라!

4. 청유문

❷ 내일 정문에서 보자.
❸ 이번 주말에 소풍을 가자.
❹ 빨리 먹자.
❺ 내일 학교 앞에서 만나자.
❻ 수업 시간에 핸드폰을 사용하지 말자.

• ❷ (예시) 가: 몇 살이야?
나: 스물한 살이야.
❸ (예시) 가: 오늘 같이 숙제 할까?
나: 그래. 같이 숙제 하자.
❹ (예시) 가: 이번 주말에 계획 있어?
나: 응. 친구 만날 거야.
❺ (예시) 가: 커피 사러 가는데, 커피 사다 줄까?
나: 응. 고마워.
❻ (예시) 가: 내일 우리 몇 시에 만나?
나: 9시에 만나자.

• [형]/[동]-(으)ㄴ/는 편이다

1. ❷ 많은 편이다
❸ 먹는 편이다
❹ 오는 편이다
❺ 추운 편이다

2. ❷ (예시) 조용한 편이야
❸ (예시) 말이 많은 편이에요
❹ (예시) 쉬운 편이야
❺ (예시) 자는 편이에요
❻ (예시) 막히는 편이에요
❼ (예시) 많이 읽는 편이야

• [동]-(으)ㄴ 적이 있다/없다

1. ❷ 간 적이 있어요/ 없어요
❸ 입어 본 적이 있어요/ 없어요
❹ 여행해 본 적이 있어요/ 없어요
❺ 도와 드린 적이 있어요/ 없어요

2. ❷ (예시) 먹어 본 적이 있어요/ 먹어 본 적이 없어요
❸ (예시) 만난 적이 있어/ 만난 적이 없어
❹ (예시) 네, 근무한 적이 있어요
❺ (예시) 네, 무서운 꿈을 꾼 적이 있어요
❻ (예시) 네, 배운 적이 있어요
❼ (예시) 응, 외국에서 산 적이 있어
❽ (예시) 응, 부모님께 거짓말한 적이 있어
❾ (예시) 네, 수영한 적 있어요

• 쓰기

예시

나는 성격이 활발한 사람을 좋아한다. 왜냐하면 나는 성격이 소극적이고 조용한 편이기 때문이다. 그래서 외향적이고 활발한 친구를 사귀면 나도 밝은 성격이 될 수 있기 때문이다. 내가 친구를 사귈 때 중요하게 생각하는 것은 진실한 마음이다. 친구가 거짓말을 하면 계속 만날 수 없을 것이다.

제6과 의생활

• 어휘

1. 하의 • • 물 종류가 묻거나 스며들어서 더러워진 것
상의 • • 동물의 털가죽 무늬
단색 • • 티셔츠, 남방
호피무늬 • • 치마, 바지
얼룩 • • 여러 가지 색이 아니라 한 가지 색

2. ❶ 물세탁을 하, 드라이클리닝 하 ❷ 세게 짜면
❸ 그늘에서 말리 ❹ 천을 대고 다려

• 문법

• 피동사

-이-
1. ❷ 보입니다 ❸ 쓰여 있습니다/ 씌어 있습니다
❹ 잠겼습니다 ❺ 섞일 수 없습니다

2. ❷ (예시) 바뀌었어요 ❸ (예시) 보여요
❹ (예시) 쓰여(씌어)

-히-
1. ❷ 막혔어요 ❸ 잡혔어요 ❹ 먹혀요
❺ 묻혔어요 ❻ 밟혔어요

2. ❷ (예시) 잡혔어요 ❸ (예시) 닫힌
❹ (예시) 묻히고 ❺ (예시) 먹히는

-리-
1. ❷ 들려요 ❸ 열려요 ❹ 팔려요
❺ 물렸어요 ❻ 밀렸어요

2. ❷ (예시) 열리는 ❸ (예시) 팔렸어요 ❹ (예시) 들려서
❺ (예시) 물린 적이 있어요 ❻ (예시) 밀려서

-기-
1. ❷ 쫓겼어요 ❸ 안겨 있어요 ❹ 담겨 있어요
❺ 감겨요 ❻ 찢겼어요

2. ❷ (예시) 쫓기고 있는 ❸ (예시) 담겨 있어
❹ (예시) 감겨

-어지다

1. ❷ 켜졌어요 ❸ 찢어진 ❹ 깨졌어요
❺ 끊어졌어요 ❻ 지워져요

2. ❷ (예시) 찢어졌어요 ❸ (예시) 깨지니까
❹ (예시) 끊어지지

• ❷ 물려서 ❸ 쫓기고 ❹ 잡았습니다
❺ 팔렸어요 ❻ 열려요 ❼ 들어서
❽ 막힙니다 ❾ 보여요 ❿ 끊었습니다
⓫ 켰어요 ⓬ 깨졌어요

• [동]-어 있다

1. ❷ 누워 있어요 ❸ 열려 있어요 ❹ 꺼져 있어요

2. ❷ 앉아 있는 ❸ 들어 있어요
❹ 모여 있어 ❺ 열려 있어요
❻ 걸려 있어요

• [형]/[동]-(으)ㄹ 테니까

1. ❷ 이번 시험에 합격할 수 있을 테니까 용기를 내세요.
❸ 한국어를 더 잘 할 수 있을 테니까 포기하지 마세요.
❹ 복잡한 일은 내가 다 할 테니까 너는 이 일만 해.
❺ 많이 힘들 테니까 일찍 집에 가서 쉬세요.

2. ❷ (예시) 막힐 테니까 지하철로 가자
❸ (예시) 사줄 테니까 사
❹ (예시) 할 테니까 다른 일 해
❺ (예시) 아플 테니까 등산화를 신으세요.

• 쓰기

예시

내가 좋아하는 스타일은 남방이랑 청바지이다. 하지만 나는 바지가 안 어울리기 때문에 자주 입는 옷은 원피스이다. 원피스를 입으면 키가 크고 날씬해 보이기 때문이다. 주로 옷을 사는 곳은 동대문 시장이다. 동대문 시장에 가면 좋은 옷을 싸게 살 수 있다. 그래서 친구와 자주 가는 편이다. 이제 겨울이 올 것이다. 나는 겨울옷이 없어서 다음 주말에 친구와 같이 동대문 시장에 가기로 했다. 두꺼운 겨울옷을 살 것이다.

제7과 식생활

• 어휘

1. ❶ 주로 ❷ 간단하게 ❸ 규칙적으로 ❹ 도저히

2. ❶ 뜻 : (예시) 비밀 등을 알고 있어서 그 말이 하고 싶다.
문장 : (예시) 선생님이 결혼한다는 소식을 친구들에게 말하고 싶어서 입이 간지럽다.
❷ 뜻 : (예시) 어떤 음식이 먹을 만하다.
문장 : (예시) 한국 음식은 내 입에 맞다.
❸ 뜻 : (예시) 음식을 많이 먹지 못하고, 싫어하는 음식이 많다.
문장 : (예시) 그 사람은 입이 짧아서 살이 찌지 않는다.
❹ 뜻 : (예시) 좋은 것을 혼자 가진 후에 모르는 척하다.
문장 : (예시) 그 친구는 혼자 돈을 받은 후에 입을 씻었다.

• 문법

• [동]-는 대신에 [명] 대신에

1. ❷ (예시) 인터넷 기사를 읽어요
❸ (예시) 매실차를 마셨어요
❹ (예시) 이메일을 보내요
❺ (예시) 이야기를 했어요
❻ (예시) 녹차를 주세요

2. ❷ (예시) 전화를 하는 대신에 직접 찾아가겠어요
❸ (예시) 밥 먹는 대신에 간단하게 빵을 먹었어
❹ (예시) 도장 대신에 서명을 하셔도 됩니다
❺ (예시) 커피 대신에 차를 마시고 싶어요

• [형]/[동]-(으)ㄹ 텐데

1. ❷ 내 도움이 필요했을 텐데 왜 연락을 안 했어요?
❸ 이번 주말까지 숙제를 다 해야 할 텐데 요즘 너무 바빠요.
❹ 오후에 비가 올 텐데 우산을 안 가져가요?
❺ 아버지가 집에 계실 텐데 전화를 안 받으세요.

2. ❷ 아직 준비도 안 하고 있으면 어떻게 해
❸ 그만 먹어
❹ 방학이 아니고 학기 중에 여행을 다녀왔어?
❺ 주중에 가는 게 어때
❻ 맛있게 먹어서 고마워

• 간접화법

1. 평서문
❷ 리사가 지금 밖에 비가 온다고 해요. / 리사가 지금 밖에 비가 온대요. ❸ 토니가 어제 친구랑 술 마셨다고 해요. / 토니가 어제 친구랑 술 마셨대요. ❹ 다나카가 수잔이 우리 반에서 제일 예쁘다고 해요. / 다나카가 수잔이 우리 반에서 제일 예쁘대요. ❺ 제인이 지금은 뚱뚱하지만 옛날에는 날씬했다고 해요. / 제인이 지금은 뚱뚱하지만 옛날에는 날씬했대요. ❻ 카렌이 수잔 씨가 아마 학생일 거라고 해요. / 카렌이 수잔 씨가 아마 학생일 거래요. ❼ 선생님이 미나 씨는 한국어 선생님이었다고 해요. / 선생님이 미나 씨는 한국어 선생님이었대요. ❽ 첸첸이 지금 밥 먹는다고 해요. / 첸첸이 지금 밥 먹는대요. ❾ 마이클이 아마 동대문 시장이 더 쌀 거라고 해요. / 마이클이 아마 동대문 시장이 더 쌀 거래요. ❿ 선생님이 이 문법은 어렵지만 중요하다고 해요. / 선생님이 이 문법은 어렵지만 중요하대요.

2. 의문문
❷ 윌슨이 몇 살이냐고 해요. / 윌슨이 몇 살이냬요. ❸ 사라가 내일 만날 수 있냐고 해요. / 사라가 내일 만날 수 있냬요. ❹ 민수가 뉴스 봤냐고 해요. / 민수가 뉴스 봤냬요. ❺ 나오코가 지금 뭐 하냐고 해요. / 나오코가 지금 뭐 하냬요.

3. 청유문
❷ 왕옥상이 오늘은 청소를 하자고 해요. / 왕옥상이 오늘은 청

소를 하재요. ❸ 복남이 내일 학교 정문에서 만나자고 해요. / 복남이 내일 학교 정문에서 만나재요. ❹ 나라가 이번 주말에 같이 공부하자고 해요. / 나라가 이번 주말에 같이 공부하재요. ❺ 지미가 오늘은 공부하지 말고 놀자고 해요. / 지미가 오늘은 공부하지 말고 놀재요.

4. 명령문
❷ 엄마가 식사 전에 꼭 손을 씻으라고 해요. / 엄마가 식사 전에 꼭 손을 씻으래요. ❸ 직원이 빨리 가라고 해요. / 직원이 빨리 가래요. ❹ 제임스가 전화 받으라고 해요. / 제임스가 전화 받으래요. ❺ 민수가 지금 가지 말라고 해요. / 민수가 지금 가지 말래요. ❻ 미카가 숙제 좀 도와 달라고 해요. / 미카가 숙제 좀 도와 달래요.

● 쓰기

예시

나는 음식을 짜게 먹는 편이다. 건강을 위해서 음식을 조금만 싱겁게 먹으면 좋을 텐데, 음식이 싱거우면 맛이 없다고 생각된다. 그래서 요즘에는 요리를 할 때 일반 소금 대신에 나트륨이 조금 들어 간 소금을 사용한다. 그리고 소금을 조금씩 줄이려고 노력하고 있다. 또 밤에 야식 먹는 것을 좋아한다. 그래서 살이 많이 찐다. 이제 밤에 음식이 먹고 싶으면 음식을 먹는 대신에 따뜻한 우유를 마실 것이다.

제8과 주거생활

● 어휘

1. ❶ 미만 ❷ 전망 ❸ 신청하세요 ❹ 단독 주택 ❺ 가습기

2. ❶ 전세 ❷ 하숙 ❸ 월세 ❹ 기숙사 ❺ 보증금

● 문법

● [형]/[동]-(으)ㄴ/는지 -(으)ㄴ/는지

1. ❷ 숙제를 했는지 안 했는지 물어보세요
❸ 약속 시간이 1시인지 1시 30분인지 잘 모르겠어요
❹ 그 사람이 김치를 좋아하는지 안 좋아하는지 몰라요
❺ 시험이 어려운지 쉬운지 시험을 봐야 알 수 있어요

2. ❷ (예시) 옷이 맞는지 작은지 입어 봐.
❸ (예시) 좋은 냄새가 나는지 나쁜 냄새가 나는지 모르겠어요
❹ (예시) 저분이 한국어 선생님인지 일본어 선생님인지 몰라요.
❺ (예시) 미소 씨가 안경을 쓰고 있었는지 안 쓰고 있었는지 기억이 나지 않아.
❻ (예시) 날씨가 추운지 안 추운지 인터넷 일기예보로 확인해 봐.

● [형]/[동]-(으)ㄴ/는데요!

1. ❷ 김치가 조금 매운데요
❸ 여자 친구가 선물을 아주 좋아하겠는데요
❹ 정말 비싼 가방인데요
❺ 소금을 많이 넣어서 짠데요

2. ❷ (예시) 아기가 자는데요
❸ (예시) 밖에 비가 오는데요
❹ (예시) 아기가 정말 귀여운데요
❺ (예시) 돈이 많은데요

● [형]/[동]-(으)ㄴ/는 모양이다

1. ❷ 몸이 안 좋으신 모양이에요
❸ 맛있는 모양이에요
❹ 사랑하는 모양이에요
❺ (예시) 새로 오신 선생님인 모양이에요

2. ❷ (예시) 데이트가 있는 모양이에요
❸ (예시) 시험이 어려운 모양이에요
❹ (예시) 더운 모양이에요.
❺ (예시) 수업이 재미있는 모양이에요.
❻ (예시) 비가 오는 모양이에요

● [동]-도록

1. ❷ 한 달이 넘도록 병원에 입원해 있어요.
❸ 밤이 늦도록 집에 돌아오지 않았어요.
❹ 미치도록 사랑해요.
❺ 귀가 따갑도록 들었어요.
❻ 밤새도록 공부해요.
❼ 배가 터지도록 먹었어요.

2. ❷ 손이 발이 되도록 빌어요.
❸ 상다리가 부러지도록 음식을 차려요.
❹ 눈이 빠지도록 기다려요.

● 쓰기

예시

나는 지금 학교 기숙사에서 살고 있다. 기숙사는 싸고 편리하지만 방을 혼자 쓸 수 없어서 불편하다. 나는 밤새도록 책을 읽거나 공부하는 것을 좋아하는데 룸메이트가 불편할 것 같아서 할 수 없다. 그래서 다음 달부터 혼자 살 수 있는 집을 구할까 한다. 한국 사람들은 전세를 많이 하는 모양이다. 전세는 보증금이 비싸기 때문에 나는 월세로 집을 구하려고 한다. 월세가 싼지 비싼지 모르기 때문에 한국 친구가 도와주기로 했다. 빨리 좋은 집을 구했으면 좋겠다.

제9과 대중문화

● 어휘

1. ❶ 개봉한 ❷ 예매한 ❸ 감독
❹ 내용 ❺ 시사회

2. ❶ 대중문화 ❷ 서두르지 ❸ 덕분에
❹ 관심 ❺ 기분 전환 ❻ 환불

● 문법

● [동]-나 보다

1. ❷ 데이트가 있나 봐요.
   ❸ 요즘 시간이 없나 봐요.
   ❹ 무슨 일이 있나 봐요.
   ❺ 공부를 열심히 했나 봐요.

2. ❷ (예시) 못 하나 봐요
   ❸ (예시) 없나 봐요
   ❹ (예시) 안 했나 봐요
   ❺ (예시) 운동을 하나 봐요.
   ❻ (예시) 비가 왔나 봐요

● [형]-(으)ㄴ가 보다

1. ❷ 음식이 뜨거운가 봐요
   ❸ 배가 고픈가 봐요.
   ❹ 이번 역이 환승역인가 봐요
   ❺ 영화가 슬픈가 봐요.

2. ❷ (예시) 매운가 봐요
   ❸ (예시) 피곤한가 봐요
   ❹ (예시) 바보인가 봐요
   ❺ (예시) 천재인가 봐요
   ❻ (예시) 좋은가 봐요

● [동]-기 좋다/싫다/편하다/불편하다/쉽다/어렵다/힘들다

1. ❷ 전자사전이 사용하기 편해요.
   ❸ 한국어능력시험에 합격하기 어려워요.
   ❹ 일본어가 배우기 쉬워요.
   ❺ 단어를 기억하기 힘들어요.
   ❻ 택시를 잡기 쉬워요.
   ❼ 고시원이 살기 불편해요.

2. ❶ (예시) 저는 한국어가 가장 배우기 쉬웠어요. 한국어는 처음에는 어렵지만 열심히 공부하니까 이제 한국어를 잘 할 수 있어요. 그리고 저는 요가가 제일 배우기 어려웠어요. 열심히 하려고 해도 도저히 그렇게 따라할 수 없었어요.
   ❷ (예시) 요즘 한국어 단어 외우기 힘들어요. 외워야 하는 단어가 너무 많고, 외워도 다음날 다 잊어버려요.

● [명](이)나

1. ❷ (예시) 월미도나　❸ (예시) 영화나
   ❹ (예시) 불고기나　❺ (예시) 물이나

2. ❷ (예시) 따뜻한 차나 한 잔 마실까요?
   ❸ (예시) 밥이나 한번 먹어요
   ❹ (예시) 영화나 봅시다
   ❺ (예시) 운동이나 할까요?
   ❻ (예시) 숙제나 할까 해요

● [형]/[동]-게

1. ❷ 아이가 잘 자라게 여러 가지 음식을 만들어 주세요.
   ❸ 바람이 잘 불게 창문을 여세요.
   ❹ 시험에 좋은 점수를 받게 열심히 공부해야 해요.
   ❺ 감기에 걸리지 않게 따뜻한 옷을 입으세요.
   ❻ 4급에 갈 수 있게 공부를 열심히 하세요.

2. ❷ (예시) 노약자가 앉을 수 있게
   ❸ (예시) 지나가게
   ❹ (예시) 고를 수 있게
   ❺ (예시) 먹을 수 있게
   ❻ (예시) 바꿀 수 있게

● 쓰기

예시

나는 한국 드라마를 아주 좋아한다. 한국 드라마에서 나오는 말이 이해하기 어렵지만, 그래도 재미있다. 선생님께서 한국 드라마를 많이 보면 한국어 공부하는 데 도움이 된다고 하셨다. 나는 한국어를 잘 할 수 있게 계속 드라마를 볼 것이다. 친구들도 한국 드라마를 좋아하나 보다. 자주 드라마 이야기를 한다. 나는 사극을 좋아하지만, 친구들은 사랑 이야기를 좋아하나 보다. 다음에 수업 시간에 드라마를 보면 좋겠다.

제10과 어제와 오늘

● 어휘

1. ❶ 이루어지는, 이루어지기, 이루어진다면
   ❷ 변했다, 변한다, 변했다
   ❸ 생기면, 생겼다, 생기면
   ❹ 늘어났다, 늘어난다, 늘어나면

2. ❶ 연휴　❷ 통역　❸ 장점
   ❹ 정원　❺ 번역　❻ 볼거리

● 문법

● [형]/[동]-(으)ㄹ 뿐만 아니라

1. ❷ 한국말을 할 뿐만 아니라 한국 문화도 잘 알아요
   ❸ 수영장이 있을 뿐만 아니라 방이 열 개나 있어요
   ❹ 졸업식일 뿐만 아니라 내 생일이거든요
   ❺ 가족뿐만 아니라 이웃

2. ❷ (예시) 아시아뿐만 아니라 다른 나라도 여행했어요
   ❸ (예시) 재미있을 뿐만 아니라 마음도 넓거든요
   ❹ (예시) 혼자 교실 정리를 했을 뿐만 아니라 숙제도 열심히 했거든요.
   ❺ (예시) 바람이 많이 불 뿐만 아니라 천둥, 번개까지 치고 있어요.

● [형]/[동]-던

1. ❷ 듣던　❸ 놀러 가던
   ❹ 먹던　❺ 아끼던

2. ❷ 공부하던　❸ 먹던
❹ 사귀던　❺ 입던

• [형]/[동]-었던

1. ❷ 했던　❸ 갔던
❹ 배웠던　❺ 이었던

2. ❷ 탔던　❸ 앉았던
❹ 봤던　❺ 입었던

• [형]/[동]-(으)ㄹ수록

1. ❷ 생각할수록　❸ 볼수록
❹ (예시) 지날수록　❺ (예시) 할수록

2. ❷ (예시) 행복, 사랑, 돈……
❸ (예시) 내 친구, OO 씨……
❹ (예시) 갈비, 불고기, 떡볶이……
❺ (예시) 걱정, 고민, 욕심……

• 쓰기

예시

내가 가장 행복했던 때는 피아노대회에서 1등을 했던 때이다. 나는 여덟 살부터 피아노를 치기 시작했는데 중학교 때 피아노 대회에 처음 나가 보았다. 그 대회에 나갔을 때 나는 멋진 드레스를 입고 그동안 열심히 연습한 곡을 연주했다. 그 날 입었던 드레스는 보라색 드레스였는데 지금도 입고 싶을 만큼 너무나 멋진 드레스였다. 대회에서 연주했던 곡은 베토벤의 곡이었는데 아주 어려운 곡이었다. 내가 연습할 때 실수하던 부분을 대회 때 실수하지 않아서 다행이었다. 나는 지금도 그때 큰 무대에서 연주했던 것이 생각이 난다. 그리고 언젠가 다시 그렇게 멋진 연주를 다시 해 보고 싶다.

제11과 상상

• 어휘

1. ❶ 만약　❷ 자동으로　❸ 미리
❹ 꾸준히　❺ 갑자기

2. ❶ 대비해야　❷ 정복하　❸ 움직이
❹ 입력한　❺ 발전했다　❻ 개발되/발전하

• 문법

• [형]/[동]-(ㄴ/는/었)다면

1. ❷ 이가 아프다면 치과에 가 보세요.
❸ 그 여자를 좋아한다면 솔직히 말하는 게 좋다.
❹ 용기 있는 사람이라면 누구나 도전할 수 있다.
❺ 진실이 아니라면 듣고 싶지 않다.

2. ❷ (예시) 혼자 여행을 해 볼 거예요
❸ (예시) 대학교 장학금을 늘릴 거예요
❹ (예시) 사랑하는 가족과 사람을 만날 거예요
❺ (예시) 내 주변 사람들이 갖고 싶어 하던 선물을 하나씩 사 줄 거예요

• [형]/[동]-더라도

1. ❷ 기분 나쁘더라도 제 말을 들으세요.
❸ 맛이 없더라도 드세요.
❹ 헤어지더라도 날 잊지 마세요.
❺ 내가 마음이 넓은 사람이더라도 네 행동을 이해할 수 없을 거다.

2. ❷ (예시) 비가 오더라도 학교에 꼭 오세요
❸ (예시) 힘들더라도 포기하지 않을 거예요
❹ (예시) 돈이 없더라도 집에만 있는 것은 안 좋아요
❺ (예시) 어려워지더라도 열심히 할 거예요

• [형]/[동]-(으)ㄴ/는 줄 알다 · 모르다

1. ❷ 왕란 씨가 고향에 돌아간 줄 몰랐어요.
❸ 윌리암스 씨가 한국말을 잘하는 줄 몰랐어요.
❹ 수업이 9시 30분인 줄 알았어요.
❺ 한국의 겨울이 이렇게 추운 줄 몰랐어요.

2. ❷ 저는 우리 교실이 106호인 줄 몰랐어요
❸ 미희 씨 동생이 여자인 줄 몰랐어요
❹ 좋은 줄 몰랐어요
❺ 약속이 있는 줄 몰랐어요

• [형]/[동]-(으)ㄹ지도 모르다

1. ❷ 아직 뜨거울지도 몰라요.
❸ 버스가 떠났을지도 모른다.
❹ 오늘이 선생님 생일일지도 모른다.
❺ 컴퓨터가 안 될지도 몰라요.

2. ❷ (예시) 사고가 날지도 몰라요
❸ (예시) 없을지도 몰라요
❹ (예시) 비가 올지도 몰라요
❺ (예시) 갈지도 몰라요

• 쓰기

예시

내가 지금처럼 열심히 한국어 공부를 계속 한다면 10년 후에 한국에서 일을 하고 있을지도 모른다. 나는 한국어를 배운 후에 한국에 있는 회사에 들어가서 일을 하고 싶다. 한국 생활이 조금 외롭더라도 한국에서 일을 하면서 살고 싶다. 그리고 나는 10년 후에 한국 사람과 결혼을 할지도 모른다. 나와 같은 나라의 사람이 아니더라도 사랑한다면 꼭 결혼을 할 것이다. 10년 후의 나의 모습을 생각하면서 나는 오늘도 열심히 공부할 것이다.

아하! 한국어

A-ha! Korean

3

Student's Book

숙명여자대학교 한국어교재위원회

- **김경령**
  University of Illinois at Urbana Champaign, Ph. D
  숙명여자대학교 한국어문학부 부교수
  숙명국제언어교육원 한국어 교육 부장

- **이홍식**
  서울대학교 국어국문학 문학 박사
  숙명여자대학교 한국어문학부 교수

- **문금현**
  서울대학교 국어국문학 문학 박사
  숙명여자대학교 한국어문학부 부교수

- **이소영**
  숙명여자대학교 한국어문학부 문학 박사
  숙명국제언어교육원 한국어교육부 강사

- **엄소연**
  숙명여자대학교 한국어문학부 문학 박사 수료
  숙명국제언어교육원 한국어교육부 강사

- **오미나**
  숙명여자대학교 한국어문학부 문학 박사 수료
  숙명국제언어교육원 한국어교육부 강사

- **박재남**
  숙명여자대학교 한국어문학부 문학 박사 수료
  숙명국제언어교육원 한국어교육부 강사

- **Richard Dubois**
  숙명여자대학교 영어영문학부 강의 교수

〈연구보조원〉

박참희 · 이세훈 · 최혜민

- **표지 그림과 삽화: 정효정**

아하! 한국어 3

(Student's Book, Work Book, Word List)

지은이 숙명여자대학교 한국어교재위원회
펴낸이 조경희
펴낸곳 경문사
펴낸날 2015년 3월 5일 1판 1쇄
2025년 7월 31일 1판 2쇄
등 록 1979년 11월 9일 제1979-000023호
주 소 04057, 서울특별시 마포구 와우산로 174
전 화 (02)332-2004 팩스 (02)336-5193
이메일 kyungmoon@kyungmoon.com

값 28,000원

ISBN 978-89-6105-816-2
ISBN 978-89-6105-498-0(세트)

아하! 한국어 3

A-ha! Korean

Student's Book

숙명여자대학교 한국어교재위원회

KM 경문사

등장인물

첸 (20대, 중국)

한국에서 공부하는 교환학생으로 기자를 꿈꾸고 있다.

하나 (20대, 한국)

대학 신입생으로 연극에 관심이 있다.

나라 (10대, 몽골)

대학을 준비하는 고등학생이다.

지영 (20대, 한국)

대학을 졸업하고 결혼 준비 중이다.

프엉 (20대, 베트남)

대학 신입생으로 하나와 같은 과 전공이다.

왕밍 (20대, 중국)

대학 신입생으로 경영학을 전공하고 있다.

유토 (20대, 일본)

한국에서 공부하는 유학생이다.

이민호 (20대, 한국)

컴퓨터 공학 전공하고 있는 한국 대학생이다.

김지선 (20대, 한국)

한국어를 전공하는 대학생이다.

유키 (20대, 일본)

한국에서 공부 중인 교환학생이다.

베라 (30대, 독일)

회사원이고 한국사람과 결혼하였다.

마이클 (20대, 호주)

한국에서 취업을 준비하고 있는 남자이다.

머리말

아하! 한국어는 숙명여자대학교에서 개발한 한국어 교재 시리즈로 한국어를 배우고자 하는 성인 학습자를 대상으로 한국어 표현 능력과 이해 능력을 증진시키는 데에 목표를 두고 개발하였다.

아하! 한국어는 한국어 교육의 가장 기본이 되는 '한글' 습득 단계 교재를 시작으로 5권의 주교재와 이에 따른 5권의 보조 교재, 듣기와 말하기 기능을 보조하는 CD, 각각의 텍스트에서 소개되는 단어를 정리한 단어장 그리고 교사지침서 등으로 구성되었다. 주교재에서는 주제 중심으로 단원을 구성하였고 각각의 대화문은 실생활에서 쉽게 접할 수 있는 상황 및 기능이 제시되었다. 다양한 방법으로 문형 연습을 할 수 있도록 지문을 구성하였고 보조 교재를 통해 학습자 스스로 배운 문형과 어휘를 점검하고 복습할 수 있도록 하였다. 단원마다 새로 소개되는 어휘의 뜻을 수시로 빠르게 점검할 수 있도록 지면 구성의 효율성에 힘썼다. 또한 교사지침서를 제작하여 본 교재를 좀더 체계적으로 교사가 사용할 수 있도록 한국어 발음, 문법, 어휘, 교수법 등에 대한 자세한 내용을 수록하였다. 무엇보다도 본 교재의 특징은 언어 교수 이론에 근거한 효율적인 교수법들이 내용 전반에 깔려 있어 한국어를 쉽게 이해하고 습득할 수 있도록 한 점이다.

본 교재는 외국인 학습자를 대상으로 다년간 한국어를 강의한 교육 경험이 풍부한 전문 한국어 교사진과 국어학 및 언어 교수 이론에서 전문성을 확보하고 있는 연구진의 공동 작업으로 완성되었다. 오랜 기간에 걸쳐 집필 및 출판 과정에 헌신적으로 참여해 준 한국어 교사진과 연구진, 기획과 출판 과정에서 적극적으로 협조를 해 주신 경문사 조경희 사장님께 감사를 드린다.

특별히 숙명한국어 교재가 출간될 수 있도록 아낌없는 지원을 해 주신 총장님과 도움의 말씀을 주신 한국어문학부 교수님들께 감사를 드린다.

김경령

일러두기

아하! 한국어 STUDENT BOOK 3은 한국어의 중급 단계를 시작하는 학습자를 대상으로 한 한국어 교재로 일상생활뿐만 아니라 사회생활에 필요한 내용을 중심으로 구성한 통합 교재이다. 한국어의 어휘 및 표현, 문법 등의 지식과 활용을 통해 의사소통 능력을 기르는 데 본 교재의 목표를 두었다.

전체 12과로 이루어져 있으며, 각 과는 대화, 문법과 표현, 어휘 확장, 의사소통활동, 문화 영역으로 구성되었다. 과가 시작할 때마다 해당 과의 어휘와 문법을 중심으로 학습 목표를 제시하였고, 해당 과의 주제와 관련한 "듣고 말해 보세요"를 포함하고 있다. 도입 듣기, 본 대화, 의사소통활동 듣기 부분에는 기자재를 사용하여 들을 수 있도록 CD 표시가 되어 있다.

듣고 말해 보세요

각 과의 주제와 관련된 내용으로 짧은 대화를 마련하였다. 제시된 그림과 함께 들을 내용을 추측하게 하고 대화를 듣고 내용 질문에 답하는 활동을 하도록 하였다. 주제 관련 질문을 통해 해당 과의 주제 학습을 준비하는 데 도움을 주도록 하였다.

대화

각 과의 주제에 맞는 내용으로 두 개의 대화를 마련하였다. 각주에는 영어 설명과 함께 새 단어 항목을 넣어 학습자가 대화 내용을 좀 더 쉽게 이해할 수 있도록 하였다. 대화 지문 옆에는 관련 상황을 제시하여 짧은 대화를 구성하는 연습을 하도록 하였다.

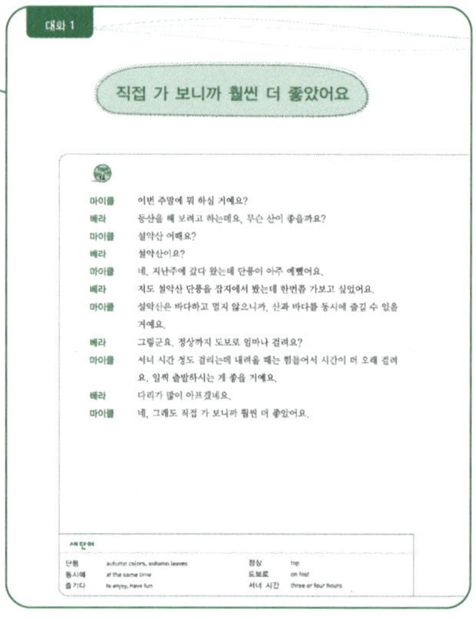

문법과 표현

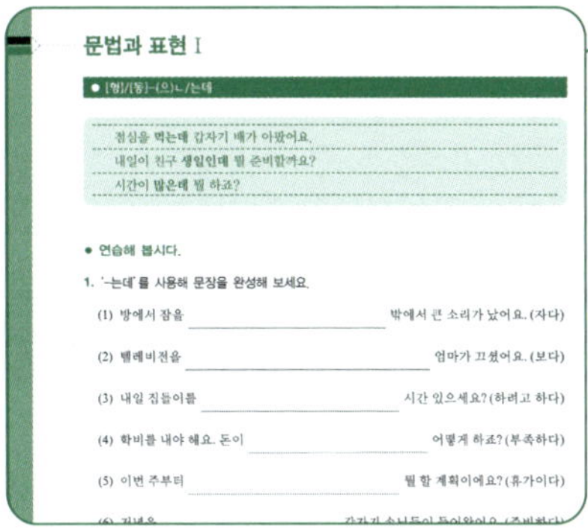

각 과마다 네 개의 문법과 표현 항목을 두었다. 영역을 두 개로 나누어 제시하였다. 전형적인 문장이나 대화문을 통해 문법과 표현의 의미 기능을 추측하도록 하였다. 문장과 대화문을 완성하는 연습문제를 제시하였고, 구체적인 상황에서 배운 문법과 표현을 활용하여 담화를 구성하도록 하였다. 각 문법과 표현 항목마다 관련 문형이나 보충 설명을 담고 있는 '좀 더 자세히' 영역을 추가하였다. 이 항목을 통해 배웠던 문형과의 공통점과 차이점을 비교할 수 있도록 하였다.

어휘 확장

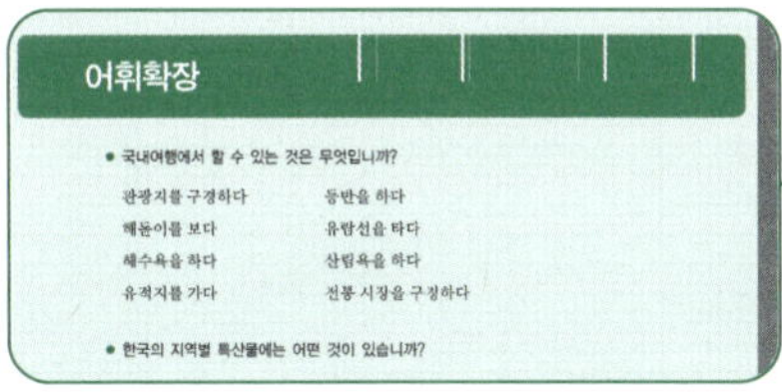

각 과의 주제와 관련 있는 어휘를 추가로 제시하여 의사소통활동에서 활용할 수 있는 표현을 익히도록 하였다.

의사소통활동

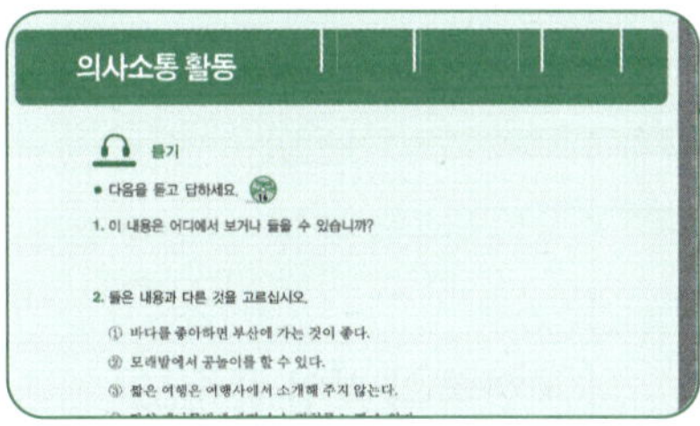

각 과에서 학습한 어휘, 문법, 표현 등을 확인하고 활용할 수 있도록 듣기, 말하기, 읽기, 쓰기 영역에서 언어 기능 연습을 통합적으로 제시하였다.

문화

각 과의 주제에 맞는 한국의 전통 문화와 현대 문화를 제시하였다. 영어 설명과 함께 새 단어를 제시하였고 내용 확인 질문이 있으므로 수업에 활용할 수 있도록 하였다.

부록

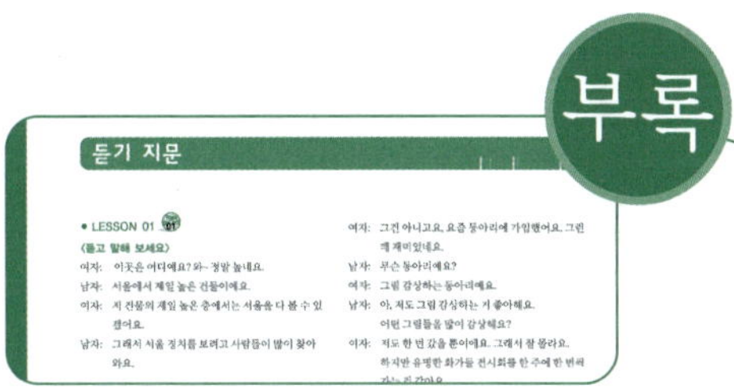

듣고 말해 보세요, 의사소통활동의 듣기 지문을 제시하였다.

단원구성

	주제	문법	어휘	문화
1과	서울	-(으)ㄹ 뿐이다 -어다가 -(으)ㄹ까요? -(으)ㄹ걸요(추측)	• 서울 명소 관련 표현	• 한국의 수도, 서울
2과	학교생활	-어 놓다 -지 그래요? -었다가	• 대학 생활 관련 표현	• 옛날 학교, 서당
3과	직업 찾기	-어도 -고(야) 말겠다(의지) -나요? -(으)ㄴ가요?	• 직업 관련 표현	• 한국의 직업 풍속도
4과	여행	-(은)ㄴ데(상황, 배경) -어 보니까 -더라고요 -(으)ㄹ 만하다(가치)	• 여행 관련 표현	• 계절별 여행지
5과	인간관계	반말 -(으)ㄴ/는 편이다 -(으)ㄴ 적이 있다	• 성격 관련 표현	• 짚신도 짝이 있다
6과	의생활	피동사 -어 있다 -(으)ㄹ 테니까	• 의생활 관련 표현	• 전통 옷, 한복

	주제	문법	어휘	문화
7과	식생활	-(으)ㄴ/는 대신에 -(으)ㄹ 텐데 간접화법	• 식생활 관련 표현	• 한국 음식의 특징
8과	주거생활	-는지 -는지 -(으)ㄴ/는데요! -(으)ㄴ 모양이다 -도록	• 주생활 관련 표현	• 전통 집
9과	대중문화	-나 보다 -(으)ㄴ가 보다 -기 좋다/싫다 (이)나 -게	• 문화생활 관련 표현	• 문화 공연 감상
10과	어제와 오늘	-(으)ㄹ 뿐만 아니라 -던 -었던 -(으)ㄹ수록	• 미래 직업 관련 표현	• 청계천의 어제와 오늘
11과	상상	-(ㄴ/는)다면 -더라도 -(으)ㄴ 줄 알다 -(으)ㄹ지도 모르다	• 상상 관련 표현	• 상상 속의 동물, 해치
12과	한국의 문화	-(으)ㄴ/는 척하다 -(으)ㄹ까 봐(서) -느라고 -(으)ㄹ 뻔하다	• 결혼식 관련 표현 • 존대 관련 표현	• 한국의 문화유산

차례

서울

LESSON 01

학습목표

- 어휘 | 서울 명소 관련 표현
- 문법 | -을 뿐이다, -어다(가), -을까요?, -을걸요

Track 01

듣고 말해 보세요

1. 이곳은 어디인 것 같아요?
2. 사람들이 이곳에 오는 이유는 무엇입니까?

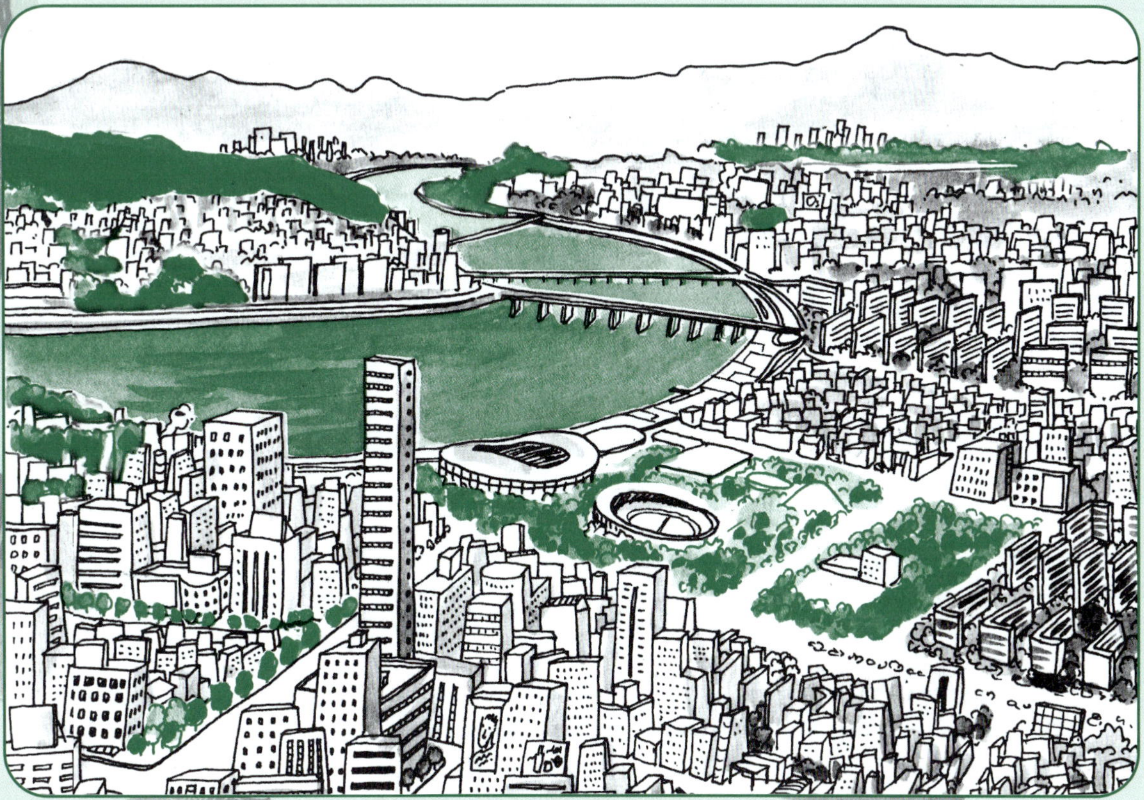

댁 근처까지 모셔다 드립니다

Track 02

여행사	안녕하세요, 고객님. 서울 투어를 이용해 주셔서 감사합니다. 무엇을 도와 드릴까요?
유키	한국어를 배우고 있는 외국 학생입니다. 서울 시내를 구경하려면 어떻게 해야 됩니까?
여행사	서울에서 다녀보신 곳은 어디입니까?
유키	별로 가 본 곳이 없어요. 학교와 집 근처를 다녔을 뿐이에요.
여행사	그럼, 서울의 유명한 곳을 구경하는 일일 관광 코스가 좋을 것 같습니다. 시간은 언제가 괜찮으십니까?
유키	이번 주 토요일이면 좋겠습니다. 관광하는 장소는 어디예요?
여행사	남산 타워와 한옥 마을을 들릅니다. 그리고 월드컵 경기장을 구경하고 이태원에 갑니다.
유키	관광 시간은 모두 얼마나 걸려요?
여행사	4시간 정도 예상하시면 됩니다. 아침 9시에 출발해서 12시 반이나 1시에 출발 장소로 돌아옵니다. 고객님께서 원하시면 댁 근처까지 모셔다 드립니다.

새단어

시내	downtown	예상하다	to expect, forecast	모시다	to take a guest to
다녀보다	to look round for	돌아오다	to return , come back		
관광	sightseeing	들르다	to stop by, come by		

● 여행사 직원과 서울 관광 상품에 대해 대화를 해 보세요.

관광 상품 이름	관광 내용
1. 박물관 투어	민속박물관 견학–전통 악기(장구, 가야금) 연주 체험
2. 궁 투어	경복궁 견학–한복 입어보기, 궁궐 생활 체험
3. 전통 음식 투어	음식연구소–한국 음식(김치, 떡) 만들기 체험
4. 저녁 투어	남산 타워–서울 야경 체험

보기 **고객:** 박물관 투어는 어떤 상품입니까?
여행사: 민속박물관을 견학하고 전통 악기를 연주해보는 상품입니다.

문법과 표현 I

● [형]/[동]-(으)ㄹ 뿐이다

가: 정말 똑똑하네요. 천재 같아요.
나: 아니에요. **보통 사람일 뿐이에요.**

가: 많이 아파요?
나: 머리가 조금 **아플 뿐이니까** 걱정하지 마세요.

가: 참 훌륭한 일을 했어요. 대단해요.
나: 제가 할 일을 **했을 뿐입니다.**

● 연습해 봅시다.

1. '-을 뿐이다'를 사용해 문장을 완성해 보세요.

(1) 그 여자는 말을 안 하고 계속 울기만 ____________________. (하다)

(2) 그 일은 잘 몰라요. 소문만 ____________________. (들었다)

(3) 제가 한 말은 진심이 아니에요. 그냥 ____________________. (농담이다)

(4) 많이 아프지 않아요. 조금 힘이 ____________________. (없다)

(5) 일하다가 잠깐 ____________. 그런데 벌써 집에 갈 시간이 됐어요. (쉬었다)

2. '-을 뿐이다'를 사용해 대화를 완성해 보세요.

(1) 가: 저 분을 아세요?
나: 아니요, 잘 몰라요. 그냥 이름만 ____________________.

(2) 가: 와~ 이번 시험에도 1등이에요. 특별한 공부 방법이 있어요?
나: 특별한 건 없고 오늘 배운 것을 다시 ____________________.

(3) 가: 도와주셔서 감사합니다.

나: 아니에요. 제가 좋아서 ______________________________.

(4) 가: 프랑스어도 잘 하시네요.

나: 잘 하는 거 아니에요. ______________________________.

3. 다음 상황에서 어떻게 말할까요?

> **보기** 머리를 조금 잘랐는데 사람들이 많이 예쁘다고 할 때
>
> **가:** 오늘 정말 예뻐요!
>
> **나:** 머리를 조금 잘랐을 뿐이에요.

(1) 작은 일을 했는데 사람들이 많이 칭찬을 해 줄 때

(2) 조금 몸이 아픈데 사람들이 너무 많이 걱정할 때

좀 더 자세히

- '-을 따름이다'와 바꿔 쓸 수 있어요.

  그냥 공부하는 **학생일 따름이에요**.

  머리가 조금 **아플 따름이니까** 걱정하지 마세요.

  제가 할 일을 **했을 따름입니다**.

● [동]-어다(가)

도서관에서 책을 **빌려다가** 친구에게 주었어요.

바다에서 물고기를 **잡아다가** 매운탕을 끓였어요.

집에서 음식을 **만들어다가** 선생님께 드렸어요.

● 연습해 봅시다.

1. '-어다(가)'를 사용해 문장을 완성해 보세요.

(1) 시간 있으면 우유 좀 ______________________ 주세요. (사다)

(2) 친구를 자동차로 ______________________ 주었어요. (태우다)

(3) 필요한 물건을 ______________________ 쓰세요. (가지다)

(4) 친구는 돈을 ______________________ 사업을 시작했어요. (빌리다)

(5) 오늘 배운 내용을 공책에 ______________ 친구에게 주었어요. (정리하다)

2. '-어다(가)'를 사용해 대화를 완성해 보세요.

(1) 가: 무슨 부탁이 있어요?

나: 은행에서 돈 좀 ______________________ 주시겠어요?

(2) 가: 무슨 요리를 드셨어요?

나: 닭죽을 ______________________ 먹었어요.

(3) 가: 부모님께 무엇을 드렸어요?

나: 준비한 선물을 ______________________ 드렸어요.

(4) 가: 선생님께 드릴 선물을 살 거예요?

나: 아니요, 제가 직접 ______________________.

3. 다음 질문에 알맞은 답을 말해 보세요.

> **보기** 가: 오늘 뭐 했어요?
> 나: 시장에서 옷을 사다가 친구에게 주었어요.

(1) 내일 집에서 뭐 할 거예요?

(2) 지난 주말에 공원에서 뭐 했어요?

(3) 요리 재료는 어떻게 준비해요?

좀 더 자세히

● '-다가/-어다가'는 뭐가 달라요?

(1) 집에서 그림을 **그리다가** 집에서 전화를 받았어요.

(2) 집에서 그림을 **그려다가** 학교에서 선생님께 드렸어요.

직접 가보는 게 더 좋을걸요

Track 03

지선	첸 씨, 지금 인터넷으로 뭘 하고 있어요?
첸	제가 다음 주에 고향에 가잖아요. 그래서 고향에 있는 동생에게 선물을 하나 사 주려고요.
지선	그래요? 어떤 선물을 할 생각이에요?
첸	어떤 게 좋을까요? 지금 전자사전을 선물할까 생각하고 있었어요. 외국어 공부도 할 수 있고 음악도 들을 수 있어서 좋을 것 같아요.
지선	그렇다면 인터넷으로 쇼핑하는 것도 좋지만 직접 가보는 게 더 좋을걸요.
첸	어디로 가면 좋을까요?
지선	용산 전자상가에 가 보세요. 전자제품을 전문적으로 파니까 믿을 수도 있고 종류도 많아요. 그리고 매장이 넓어서 다양한 모델을 구경할 수 있어요.
첸	물건 가격은 어때요? 좀 저렴해요?
지선	네, 괜찮아요.
첸	혼자 쇼핑하는 것은 자신이 없어요. 같이 가 줄래요? 제가 맛있는 점심 사 줄게요.
지선	그렇게 말하니까 거절할 수가 없네요. 알았어요. 같이 가요.

새단어

전자사전	electronic dictionary	매장	shop, store
전자 상가	electronic store	다양하다	to be diverse, various
전자 제품	electronic products	저렴하다	to be cheap, inexpensive
직접	in person	자신이 있다/없다	to be confident of/be not confident of
전문적으로	professionally	거절하다	to refuse

● 다음 상황에 맞는 대화를 만들어 보세요.

쇼핑 종류	추천 장소
옷, 구두, 액세서리 등 잡화	남대문, 동대문 시장, 여대 근처, 신촌, 강남역, 압구정, 명동
음식	대형 마트, 남대문 시장 골목
책	광화문, 종로 근처 서점

보기 가: 옷이나 구두를 사려면 어디가 좋을까요?

나: 남대문이나 동대문 시장이 좋을걸요.

문법과 표현 Ⅱ

●[형]/[동] -(으)ㄹ까요?

가: 내일 숙제를 안 하면 선생님께서 화를 **내실까요**?

나: 아마 그럴 거예요.

가: 선생님, 이번 시험이 **어려울까요**?

나: 열심히 공부했으니까 쉬울 거예요.

가: 이게 **사진일까요**, **그림일까요**?

나: 잘 모르겠어요.

● 연습해 봅시다.

1. '-을까요?'를 사용해서 문장을 완성해 보세요.

(1) 날씨가 정말 덥네요. 오늘 저녁에 비가 ______________________________?(오다)

(2) 이번 겨울이 정말 ______________________________?(춥다)

(3) 미래의 배우자가 ______________________________?(멋있다)

(4) 저 그림을 그린 사람은 ______________________________?(누구이다)

(5) 마이클 씨가 이 피자 한 판을 다 ______________________________?(먹다)

2. '-을까요?'를 사용해서 대화를 완성해 보세요.

(1) 가: 오늘 너무 피곤해요. 그런데 숙제가 너무 많아서 걱정이에요.

나: 내일 선생님께서 ______________________________?

(2) 가: 이 문제를 다른 사람에게 부탁해 보세요.

나: 글쎄요, 그 사람이 ______________________________?

(3) 가: 지금 가면 기차를 ______________________________?

나: 아마 지금 가면 괜찮을 거예요.

(4) 가: 이 용돈으로 ______________________________?

나: 아마 그 돈으로 충분히 살 수 있을 거예요.

3. 다음 상황을 알고 싶을 때 하는 말을 만들어 보세요.

> **보기** • 시험 결과(합격/불합격)를 알고 싶을 때
> 시험에 합격할 수 있을까요?

(1) 내일 날씨를 알고 싶을 때

(2) 기다리는 사람이 약속한 시간에 올지 모를 때

(3) 저쪽에 서 있는 사람이 누구인지 모를 때

(4) 미래의 일에 대해 궁금할 때

좀 더 자세히

● 뭐가 달라요?

(1) 배가 너무 고파요. 우리 무엇을 **먹을까요**?

(2) 내년에 친구가 다시 한국에 **올까요**?

● [형]/[동]-(으)ㄹ걸요

가: 친구는 다음 주에 중국에 갈까요?

나: 잘 모르지만 이번 주에 **갈걸요**. 이번 주말에 언니가 결혼하거든요.

가: 내일 날씨가 나쁠까요?.

나: 아니요, 날씨가 아주 **좋을걸요**. 신문에서 내일 날씨를 봤어요.

가: 그 사람 가수죠?

나: 아니요, 아마 **영화배우일걸요**. 영화에서 봤거든요.

● 연습해 봅시다.

1. '-을걸요'를 사용해 문장을 완성해 보세요.

(1) 지금 출발하면 너무 ____________________. (늦다)

(2) 공부 안 하면 ____________________. (합격할 수 없다)

(3) 졸업식은 아마 오전 10시에 ____________________. (시작하다)

(4) 지금 가는 곳은 인천공항이 아니고 ____________________. (김포공항이다)

(5) 너무 많아서 셀 수도 ____________________. (없다)

2. '-을걸요'를 사용해 대화를 완성해 보세요.

(1) 가: 지금 몇 시쯤 됐을까요?

나: 잘 모르겠지만 1시는 ____________________.

(2) 가: 친구가 이번 시험에도 떨어지면 어떻게 해요?

나: 이번 시험은 좀 쉬우니까 아마 ____________________.

(3) 가: 이 옷이 동생한테 잘 맞을 것 같아요.

나: 아니에요. 동생이 키가 좀 크니까 옷이 ______________________.

(4) 가: 친구도 그 사실을 알고 있을까요?

나: 아니요, 아마 ______________________________________.

(5) 가: 김 선생님은 영어 선생님이시겠죠?

나: 아니요, 아마 한국어 선생님 ____________________________.

3. 다음 친구의 말을 듣고 반대의 생각을 표현해 보세요.

(1) "좀 늦었지만 뛰어가면 기차를 탈 수 있을 거예요."

(2) "이번 운동 경기에서 우리가 질 것 같아요."

(3) "혼자 살면 편하고 좋을 거 같아요."

좀 더 자세히

- '아마'와 같이 쓸 수 있어요.

  아마 화가 **났을걸요**.

  아마 그 일을 알고 **있었을걸요**.

  다른 방법은 **아마 없을걸요**.

  친구가 좋아하는 음식은 **아마** 불고기가 아니라 **비빔밥일걸요**.

- 후회할 때 쓸 수 있어요.

  (1) 친구가 떠나기 전에 더 잘해 **줄걸**.

  (2) 수업시간에 선생님 말씀을 잘 **들을걸**.

어휘 확장

1. 볼거리/놀거리

연극 감상　　공연 감상
그림 감상　　야경 보기
놀이기구 타기

2. 먹을거리

떡볶이　　순대
족발　　해산물

3. 쇼핑하기

코엑스몰　　동대문 시장
신사동　　가로수길
삼청동　　이태원

4. 정보 구하기

도움이 필요할 때 – 서울 글로벌 센터 http://global.seoul.go.kr/

취미 생활을 하고 싶을 때 – 각 구청 문화 센타

의사소통활동

듣기 Track 04

● 다음을 듣고 알맞은 말을 고르세요.

1. 여기는 어떤 곳입니까?

① 공원 ② 전통시장 ③ 백화점 ④ 커피숍

2. 여자는 무엇이 마음에 들지 않습니까?

① 사람 ② 물건 ③ 가격 ④ 영수증

3. 여자는 다음에 어떻게 말했을까요?

① 아뇨, 다시는 오지 않겠어요.

② 생각해 볼게요.

③ 너무 기분이 나빠서 그냥 가겠어요.

④ 알겠어요. 고마워요.

말하기

● 다음의 관광 명소의 위치와 특징을 요약해서 발표해 보세요.

1. 현대

현대의 명소	
이름	
위치	
특징	

2. 과거

〈경복궁〉

〈왕릉〉

과거의 명소	
이름	
위치	
특징	

● 여러분이 가 본 서울의 명소는 어디인가요? 그곳에 대해 소개해 보세요.

과거의 명소	
장소	
방문한 날짜	
가서 한 일	
느낌	

읽기

● 다음 글을 읽고 답하세요.

인왕산 치마바위 전설

4백 년 전 조선시대에 중종이라는 왕이 있었다. 그 왕은 신하들의 도움으로 왕이 되었다. 왕이 되자마자 신하들은 왕비를 궁에서 쫓아내려고 하였다. 그 이유는 왕비의 아버지가 중종이 왕이 되는 것을 돕지 않았기 때문이었다. 그러나 왕은 왕비를 너무 사랑해서 신하들의 말을 듣지 않았다. 그러나 신하들은 계속 왕에게 말을 하였다. 그래서 왕은 할 수 없이 왕비를 궁에서 쫓아냈다.

왕비가 떠난 후에 왕은 사랑하는 왕비를 잊을 수 없어서 오랫동안 나라 일을 하지 못했다. 그저 왕비의 집 쪽을 바라볼 뿐이었다. 왕비도 왕을 변함없이 사랑했다. 어느 날 왕비는 왕이 궁에서 자기 집을 바라본다는 소문을 들었다. 왕비는 멀리에서도 잘 볼 수 있는 바위에 치마를 걸었다. 그때부터 사람들은 이 바위를 '치마 바위' 라고 불렀다.

1. 신하들이 왜 왕비를 쫓아내려고 했습니까?

2. 바위 이름이 '치마 바위' 가 된 이유는 무엇입니까?

3. 여러분이 알고 있는 '장소', '지명'과 관련된 옛날이야기를 말해 보세요.

새단어

조선시대	Josen Dynasty
신하	retainer
궁	palace
쫓아내다	to expel
할 수 없이	unavoidably
바라보다	to look at
변함없이	as ever
소문	rumor
걸다	to hang

쓰기

● 여러분이 알고 있는 전설을 요약해 써 보세요.

1. 내가 말한 전설

2. 친구가 말한 전설

문화

한국의 수도, 서울

서울의 한강 주변은 역사 이전 시대부터 사람들이 모여 살기 시작하였습니다. 서울시 강동구 암사동은 대표적인 선사시대 유적 장소입니다. 이곳에서 옛날 물건인 빗살무늬토기와 갈돌과 갈판 등이 발견되었습니다. 지하철 8호선 근처에는 서울의 옛날을 알 수 있는 암사동 주거지가 있습니다.

서울은 삼국 시대에 백제의 수도였습니다. 서울 올림픽 공원 주변에서 백제 시대의 육각형 집터와 기와, 토기들이 발견되었습니다. 풍납토성과 몽촌토성 등이 있습니다. 통일신라 시대에는 서울을 '한양군', 고려시대에는 '양주' 또는 '한양' 이라고 불렀습니다.

조선시대에도 서울은 수도였습니다. 숭례문과 경복궁 등이 세워지면서 서울은 점점 큰 도시로 발전했습니다. 그리고 600년의 역사가 흘렀습니다. 일제시대에는 '경성' 이라는 이름이었으나 1945년 해방이 되고 '서울' 로 이름이 바뀌었습니다. 서울은 1946년에 마침내 대한민국의 수도가 되었고, 1949년에는 특별시가 되었습니다.

현재 서울은 1000만 명의 인구가 사는 도시이고 한국의 경제, 문화, 예술의 중요한 도시입니다. 또, 1986년 아시안 게임, 1988년 서울올림픽, 2002년 월드컵 등이 열린 국제적인 큰 도시입니다.

새단어

주변	surroundings
모여 살다	to live together
대표적	typical
선사 시대	prehistoric times
유적	ruins
빗살무늬토기	comb-pattern pottery
갈돌	grind stone
갈판	grind board
발견	discovery
주거지	residential area
특징	characteristic
육각형	hexagon
집터	lot
기와	roof tile
기념	commemoration
행사	event
열리다	to be held
삼국 시대	period of the Three ages

● 질문

1. 서울에서 언제부터 사람들이 살기 시작했습니까?

2. 조선 시대 '서울' 의 이름은 무엇입니까?

LESSON 02

학교생활

학습목표

- 어휘 | 대학 관련 표현
- 문법 | -어 놓다, -지 그래요?, -었다가

Track 05

듣고 말해 보세요

1. 여학생은 대학교에 들어가면 무엇을 하고 싶어 해요?
2. 여학생은 앞으로 어떤 공부를 하고 싶어 해요?

대화 1

오늘 가입하지 그러세요?

Track 06

회장	어떻게 오셨어요?
하나	올해 입학한 신입생이에요. 연극 동아리에 대해 궁금한 게 있어서 왔어요.
회장	어떤 점이 궁금하세요?
하나	제가 연극을 좋아해서 자주 보러 다니지만 연기 경험이 한 번도 없어요. 괜찮아요?
회장	그럼요, 저희 동아리 회원들 반 이상이 무대 경험이 없는 사람들이었어요.
하나	그래요? 그리고 또 제가 사람들 앞에서 말할 때, 많이 떨어요.
회장	사람들 앞에서 긴장하는 것은 당연한 일이죠. 걱정 안 하셔도 됩니다. 특별히 그런 분들을 위해서 발표 프로그램도 준비해 놓았습니다.
하나	설명을 들으니까 자신이 생기네요. 친구랑 같이 내일 가입하러 오겠습니다.
회장	오늘 가입하지 그러세요? 내일이 마감날이어서 복잡할 수도 있어요.

새단어

연극	play	긴장하다	to be tension, be nervous
동아리	club, society, group	떨다	to tremble
신입생	freshman	-을/를 위해서	for
연기	performance, acting	자신이 생기다	to gain confidence
회원	member	가입하다	to join, become a member
무대	stage	마감날	the final day
입학하다	to enter school		

● 다음 상황에 맞는 대화를 만들어 보세요.

원하는 동아리	부족한 점	특별 프로그램
무용 동아리	몸이 유연하지 않다	스트레칭 프로그램
서예 동아리	너무 활동적이다	집중 프로그램
등산 동아리	쉽게 피로를 느낀다	체력 훈련 프로그램
사진 동아리	사진을 잘 찍는 기술이 없다	사진 이론/실기 프로그램

보기 가: 몸이 유연하지 않은데 무용 동아리에 가입할 수 있을까요?
나: 특별히 그런 분들을 위해 스트레칭 프로그램을 준비해 놓았습니다.

문법과 표현 I

● [동] -어 놓다

너무 더워서 창문을 **열어 놓았어요.**

외출할 때는 불을 **꺼 놓고** 나가야 해요.

방을 깨끗이 **청소해 놓으니까** 공부가 잘 되는 것 같아요.

● 연습해 봅시다.

1. '-어 놓다'를 사용해 문장을 완성해 보세요.

(1) 나가기 전에 컴퓨터를 ______________________. (끄다)

(2) 어머니께서 밥상을 미리 ______________________. (차리다)

(3) 여행하기 전에 비행기 표를 미리 ______________________. (예매하다)

(4) 내일 집들이가 있어서 어제 시장에서 음식을 ______________________. (사다)

(5) 책은 가방에, 양말은 옷장에 ______________________. (넣다)

2. '-어 놓다'를 사용해 대화를 완성해 보세요.

(1) 가: 외국에 여행가기 전에 무엇을 준비해야 돼요?

나: 먼저 비행기 표를 ______________________.

(2) 가: 손님을 초대하기 전에 어떤 일부터 해야 해요?

나: 방을 깨끗이 ______________________. 그리고 음식 준비도 해야 해요.

(3) 가: 지금 안 바쁘세요?

나: 네, 할 일을 모두 ______________________ 바쁘지 않네요.

(4) 가: 숙제가 많으니까 집에 빨리 가야죠?

나: 걱정하지 마세요, 숙제를 벌써 다 ______________________.

3. 다음 상황에서는 무엇을 해 놓아야 합니까? 준비할 일을 말해 보세요.

(1) 고향에 돌아가기 전에

(2) 외출하기 전에

(3) 소풍을 가기 전에

좀 더 자세히

- '-기 전에 미리'와 함께 쓸 수 있어요.

  학교에 **가기 전에** 숙제를 **미리 해 놓았어요**.

  여행가기 전에 가방을 **미리 싸 놓았어요**.

- '-어 두다'와 바꿔 쓸 수 있어요.

  옷을 **걸어 두었어요**. 책상 위에 책을 **놓아 두었어요**.

● [동] -지 그래요?

가: 할 일이 너무 많아서 힘들어요.

나: 그래요? 힘들면 좀 **쉬지 그래요**?

가: 친구하고 싸워서 마음이 불편해요.

나: 그럼 먼저 친구한테 사과를 **하지 그래요**?

가: 전화가 왔어요. 전화를 **받지 그래요**?

나: 알겠어요.

● 연습해 봅시다.

1. '-지 그래요?'를 사용해 문장을 완성해 보세요.

(1) 피곤하면 잠깐 ________________ ? (쉬다)

(2) 그 친구는 좋은 사람인 것 같은데 ________________ ? (사귀다)

(3) 궁금하면 친구에게 ________________ ? (물어보다)

(4) 시간이 많은데 ________________ ? (천천히 가다)

(5) 늦을 것 같은데 좀 일찍 ________________ ? (출발하다)

2. '-지 그래요?'를 사용해 대화를 완성해 보세요.

(1) 가: 조금 걸었는데 힘들어요. 큰일이에요. 어떻게 하죠?

나: 규칙적으로 ________________ ?

(2) 가: 한국어를 재미있게 공부하는 방법이 있을까요?

나: 한국 친구를 ________________ ?

(3) 가: 잠이 잘 안 와요. 어떻게 하면 잠을 잘 잘 수 있어요?

나: 자기 전에 우유를 한 잔 ________________ ?

(4) 가: 어제 산 옷이 마음에 안 들어요. 어떡하죠?

나: 그럼 옷가게에 가서 ________________ ?

3. 다음 상황에 있는 친구에게 좋은 방법을 말해 보세요.

(1) 시험 전날이지만 놀고 있는 친구에게

(2) 친구와 싸워서 기분이 안 좋은 친구에게

(3) 감기에 걸린 친구에게

(4) 심심해하는 친구에게

(5) 한국 요리를 배우고 싶어 하는 친구에게

좀 더 자세히

- '-어 보면 어때요?/-어 보세요.'와 바꿔 쓸 수 있어요.

  운동을 하지 **그러세요?/그래요**?

  운동을 **해 보면 어때요**?

  운동을 **해 보세요**.

대화 2

결정했다가 후회할 수도 있잖아요

Track 07

나라	선생님, 제가 대학 진학을 준비하고 있어요. 그런데 아직 전공을 정하지 못했어요.
선생님	전공을 선택할 때는 적성이 제일 중요해요.
나라	저는 새로운 것을 만드는 게 적성에 맞는 것 같아요.
선생님	미래에 하고 싶은 것은 뭐예요?
나라	제가 어렸을 때부터 꿈이 하나 있어요. 장난감 회사를 경영하는 거예요. 그런데 과연 제가 잘 할 수 있을까요?
선생님	나라 씨는 아이들도 좋아하고 리더십도 있으니까 장난감 회사를 잘 경영할 거예요.
나라	그럼 어떤 전공을 선택하면 좋을까요?
선생님	경영을 전공하면 좋을 것 같아요. 경영을 전공해서 회사를 운영할 수 있으니까요.
나라	정말 그렇겠네요.
선생님	그렇지만 여러 대학교의 홈페이지를 검색해서 전공학과를 더 자세히 살펴보고 결정하세요. 전공을 너무 빨리 결정했다가 후회할 수도 있잖아요.

새단어

진학	entering school	선택하다	to make a choice, select	살펴보다	to look at, examine
적성	aptitude	검색하다	to search	결정하다/정하다	to decide
경영하다	to manage	자세히	in detail	후회하다	to regret
리더십	leadership				

● 다음 상황에 맞는 것을 골라서 대화를 만들어 보세요.

적성
사업을 하고 싶다
가르치는 것이 좋다
컴퓨터를 잘 하고 좋아한다
노래와 춤에 소질이 있다
다른 나라 문화에 관심이 많다

장래 희망
경영학
교육학
컴퓨터공학
연극영화
외교학

보기 가: 저는 회사원보다 제 사업을 하고 싶어요.
나: 나라 씨는 경영학을 전공하면 좋겠네요.

문법과 표현 Ⅱ

● [형]/[동]-었다가

어제까지 날씨가 **따뜻했다가** 오늘부터 추워졌어요.

창문을 **열었다가** 닫았어요.

내 친구는 작년에는 **대리였다가** 올해는 팀장이 되었어요.

● 연습해 봅시다.

1. '-었다가'를 사용해 문장을 완성해 보세요.

(1) 컴퓨터가 이상해져서 ____________________ 켜 보았어요. (끄다)

(2) 친구와 처음에는 영어로 ____________________ 한국말로 말했어요. (말하다)

(3) 교실에 학생들이 ____________________ 갑자기 없어졌어요. (많다)

(4) 미국에 사는 친구가 나를 만나러 한국에 ____________________ 나를 못 만나고 돌아갔어요. (오다)

(5) 그 사람은 한 달 전까지 ____________________ 이제 식당 주인이 되었어요. (요리사이다)

2. '-었다가'를 사용해 대화를 완성해 보세요.

(1) 가: 오늘 날씨가 정말 춥죠?

나: 네, ____________________ 기온이 갑자기 내려가니까 더 추운 것 같아요.

(2) 가: 새로 산 바지는 잘 입고 다녀요?

나: 아니요, 색깔이 마음에 들지 않아서 ____________________ 환불했어요.

(3) 가: 날씨가 추운데 스웨터만 입고 왔어요?

나: 아침에 코트를 입었어요. 그런데 더운 것 같아서 ____________________
벗었어요.

(4) 가: 일찍 출발했는데 왜 늦었어요? 다른 곳에 들렀어요?

나: 네, ____.

3. 다음 표의 내용으로 대화를 만들어 보세요.

> **보기** 가: 지금 뭐 해요?
> 나: 그림을 그렸다가 지우고 다시 그리고 있어요.

	처음에 한 일	나중에 한 일	결과
1	그림을 그렸다	지웠다	다시 그리다
2	모자를 썼다	벗었다	머리가 엉망이다.
3	잠시 누웠다	일어났다	이제 아프지 않다.
4	비행기표를 예약했다	취소했다	여행을 갈 수 없다.

좀 더 자세히

● 어디에서 친구를 만났어요?

(1) 도서관에 **가다가** (길에서) 친구를 만났어요.

(2) 도서관에 **갔다가** (도서관에서) 친구를 만났어요.

어휘 확장

1. 인터넷 관련 용어

홈페이지 •	• 마우스의 단추를 누르는 것
로그인 •	• 최신 정보로 바꿈
클릭 •	• 누리집
다운로드 •	• 파일이나 자료를 받는 것
업데이트 •	• 이름과 비밀번호를 입력하는 것

2. 대학 관련 용어

2/25 입학

3/2 1학기 개강

3/20-25 중간고사

5/22 개교기념일
5/20-5/25 학교 축제

5/8-14 1학기 기말고사

6/11 기말 보고서 제출

6/15 여름방학

6/15-7/5 여름계절학기

8/25 학위 수여식

의사소통활동

듣기

● 다음을 듣고 답하세요.

1. 맞으면 ○, 틀리면 ×하세요. Track 08

(1) 여자는 요즘 그림 그리는 동아리에 가입했다. ( )

(2) 여자는 동아리에 가입한 지 오래 되었다. ( )

(3) 그 동아리는 한 주에 한 번, 토요일에 모인다. ( )

(4) 동아리에 가입하면 전시회 표를 싸게 구할 수 있다. ( )

(5) 남자는 일어나자마자 바로 동아리 모임에 갈 것이다. ( )

2. 대화에 나오는 동아리에 대해서 써 보세요.

동아리 이름	
동아리에서 하는 활동	
가입 조건	
모이는 시간	

말하기

● 다음 글을 읽고 동아리를 소개해 주세요.

동아리 회원을 모집합니다.~^^

안녕하세요? 사진 동아리 "찰칵" 입니다.

사진을 사랑하는 새 친구를 모집합니다.

우리 동아리에서는 한 달에 한 번 자연의 멋진 모습을 찍고 한 학기에 한 번 사진 전시회를 합니다.

1학년과 2학년을 대상으로 10명을 모집합니다. 3월 말까지 신청해 주세요.

정기적으로 전문가의 사진 강의가 있어서 사진 기술도 배울 수 있습니다. 그리고 사진 전시회에서 좋은 성적을 받은 학생에게 장학금의 혜택도 있습니다. 동아리 방은 학생회관 1층에 있습니다.

궁금하신 점이 있으시면 010-1234-5678로 문의해 주세요.

우리 동아리와 함께 대학 생활을 멋지게 장식하시기 바랍니다.

운동 동아리

서예 동아리

등산 동아리

요리 동아리

그림 동아리

음악 동아리

과학 동아리

연극 동아리

● 다음 내용을 넣어 모집 안내문을 쓰고 발표해 보세요.

- ☐ 동아리 이름
- ☐ 활동 내용
- ☐ 모집 대상, 인원
- ☐ 모집 시기
- ☐ 혜택
- ☐ 문의처
- ☐ 기타

쓰기

● 학교생활을 하면서 가장 힘든 일, 가장 행복한 일은 무엇이었습니까?

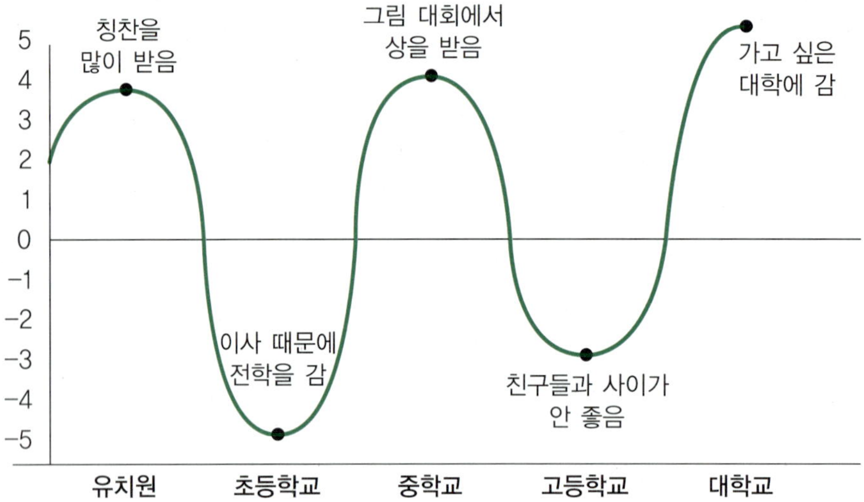

새단어

*[형]/[동]-(으)ㅁ: 형용사나 동사를 명사로 만듭니다. '그렇게 하는 것/일'을 뜻합니다.

● 학교생활의 힘든 정도, 행복한 정도를 정리해 봅시다. 그리고 그래프로 그려보세요.

학교	행복한 일, 슬픈 일	정도
유치원		
초등학교		
중학교		
고등학교		
대학교		

〈나의 행복 그래프〉

문화

옛날 학교, 서당

옛날 한국에는 지금의 학교와 비슷한 '서당'이 있었습니다. 서당은 지금의 초등학교, 중학교, 고등학교처럼 공부를 하는 학교였습니다. 이곳은 선생님이 학생들을 모아서 가르치는 곳이었습니다. 학생들을 가르치고 싶어 하는 사람은 누구나 자유롭게 서당을 세울 수 있었습니다. 그래서 한국 여러 곳에 서당이 많았습니다.

서당에서 학생들을 가르치는 사람을 '훈장'이라고 불렀습니다. 지금 학교의 선생님처럼 학생들에게 공부를 가르쳤습니다. 서당에서 같이 공부하는 학생들을 '동접(同接)'이라고 하고, 반장을 '접장'이라고 하였습니다.

아이들이 일고여덟 살이 되면 서당에 들어가 공부를 시작하였지만 더 늦은 나이에 공부를 시작하기도 하였습니다. 서당에 학생들이 많지 않으면 훈장 한 사람이 학생들을 가르쳤습니다. 그러나 학생들의 숫자가 많은 서당에서는 학생들 중 나이가 많고 공부를 잘하는 학생이 더 어린 학생들을 가르쳤습니다.

학생들은 처음에 '천자문(千字文)'을 공부하고 '소학(小學)', '명심보감(明心寶鑑)', '논어(論語)', '맹자(孟子)' 등을 다양하게 배웠습니다. 한국에 새 학교 제도가 생기면서 서당은 많이 사라졌습니다. 그러나 지금도 지리산 청학동 등에는 옛날 모습의 서당이 있습니다.

● 질문

1. 옛날 한국에는 학교와 비슷한 곳이 있었습니다. 이곳을 무엇이라고 합니까?

2. 서당에서 학생들을 가르치는 선생님을 무엇이라고 불렀습니까?

새단어

비슷하다	to be similar
모으다	to gather
자유롭게	freely
세우다	to build
천자문	the Thousand-Character
논어	the Discourses of Confucius
맹자	Mencius
다양하게	variously
학교 제도	school system
생기다	to be formed
사라지다	to vanish

LESSON 03

직업 찾기

학습목표

- 어휘 | 직업 관련 표현
- 문법 | -어도, -고(야) 말겠다, -나요?, -은가요?

Track 09

듣고 말해 보세요

1. 여자는 지금 뭘 하고 있어요?
2. 남자는 여자에게 뭘 부탁했어요?

시험에 꼭 붙고야 말겠어요

Track 10

지선	올해 꼭 하고 싶은 일이 있어요?
첸	네, 올해 안에 꼭 취직하고 싶어요.
지선	어떤 일을 하고 싶어요?
첸	방송국에서 기자로 일했으면 좋겠어요.
지선	기자 일이 적성에 잘 맞을 것 같아요?
첸	네, 대학교 때 학교 방송국에서 기자로 일해 봤어요. 사람들에게 뉴스를 알리는 일은 정말 보람이 있었어요.
지선	기자가 되려면 시험을 봐야 하죠?
첸	네, 그런데 기자 시험은 정말 어려워요. 제가 사실은 작년에 시험을 봤다가 떨어졌거든요.
지선	그럼 올해도 다시 도전할 거예요?
첸	그럼요, 다시 볼 거예요.
지선	열심히 준비를 하면 시험이 어려워도 좋은 결과가 있을 거예요.
첸	고마워요. 올해는 더 열심히 해서 시험에 꼭 붙고야 말겠어요.

새단어

취직하다	to get a job	기자	reporter, journalist	도전하다	to challenge
방송국	broadcasting station	알리다	to let know	붙다	to pass (an exam)
보람이 있다	to be worth	떨어지다	to fail (an exam)	결과	result

● 다음 상황에 맞는 대화를 만들어 보세요.

원하는 직업	그 이유
선생님	가르치는 일이 적성에 맞아서
통역사 / 번역가	다른 나라의 문화나 정보를 알려주고 싶어서
사업가	돈을 많이 벌고 싶어서

보기 가: 어떤 일을 하고 싶어요?

나: 저는 선생님이 되었으면 좋겠어요. 가르치는 일이 적성에 맞거든요. 꼭 선생님이 되고야 말겠어요.

문법과 표현 I

● [형]/[동] -어도

제가 사실을 **말해도** 친구가 믿지 않아요.

아무리 **바빠도** 아침밥은 꼭 먹어야 돼요.

아무리 똑똑한 **학생이어도/학생이라도** 이 문제는 풀 수 없어요.

● 연습해 봅시다.

1. '-어도'를 사용해 문장을 완성해 보세요.

(1) 많이 ______________________ 학교에 갔어요.(아프다)

(2) 친구에게 여러 번 ______________________ 받지 않아요.(전화하다)

(3) 열심히 ______________________ 할 수 없는 일이 있어요.(노력하다)

(4) 힘든 일이 ______________________ 실망하지 마세요.(생기다)

(5) 완벽한 ______________________ 실수할 때가 있어요.(사람이다)

2. '-어도'를 사용해 대화를 완성해 보세요.

(1) 가: 잃어버린 물건은 찾았어요?

나: 아니요, 아무리 ______________________ 없어요.

(2) 가: 너무 힘들어서 그 일은 못 하겠어요.

나: ______________________ 조금만 참고 해 보세요.

(3) 가: 그 친구는 키가 작아서 농구를 잘 못할 것 같아요.

나: 아니에요, 키가 ______________________ 키 큰 사람보다 더 잘 해요.

(4) 가: 공항까지 택시를 타고 가면 2시 비행기를 탈 수 있을까요?

나: 안 될걸요. ______________________

3. 친구의 다음 말을 듣고 대화를 완성해 보세요.

(1) 저는 채소를 싫어해요. 맛이 없어요.

(2) 내일 비가 와요. 소풍을 취소할까요?

(3) 한국 생활이 힘들지요?

(4) 한국 뉴스를 본 적이 있어요?

좀 더 자세히

- '아무리' 와 함께 쓸 수 있어요.

  아무리 아파도 참을 수 있어요.

  아무리 빨리 가도 늦을 것 같아요.

- 뭐가 달라요?

  (1) 가: 지금 집에 **가도** 괜찮겠습니까?

  나: 네, 지금 **가도** 괜찮아요.

  (2) 가: 빨리 집에 가서 숙제를 하고 싶어요.

  나: 지금 집에 **가도** 숙제를 할 수 없어요. 집에 손님이 많이 계시거든요.

● [동] -고(야) 말겠다

가: 이번에는 시험에 합격할 자신이 있죠?

나: 그럼요. 이번에는 꼭 **합격하고야 말겠어요**.

가: 다이어트에 성공할 수 있을 것 같아요?

나: 네, 이번에는 꼭 다이어트에 **성공하고야 말겠어요**.

가: 사실을 말하셨어요?

나: 아니요, 아직이요. 그렇지만 오늘은 사실을 **말하고야 말겠어요**.

● 연습해 봅시다.

1. '-고야 말겠다'를 사용해 문장을 완성해 보세요.

(1) 오늘은 그동안 못한 집안일을 ________________________. (하다)

(2) 기말시험에서 좋은 성적을 ________________________. (받다)

(3) 오늘 안에 남은 일을 다 ________________________. (끝내다)

(4) 나도 그 사람처럼 돈을 많이 ________________________. (벌다)

(5) 10년 안에 내 꿈을 ________________________. (이루다)

2. . '-고야 말겠다'를 사용해 대화를 완성해 보세요.

(1) 가: 올해는 어떤 목표가 있어요?

나: 올해는 좋은 직장에 ________________________.

(2) 가: 이번에 좋은 성적 받으세요.

나: 알겠어요, 이번에 열심히 해서 꼭 장학금을 ________________________.

(3) 가: 가수가 되려면 정말 힘들 거예요. 할 수 있겠어요?

나: 걱정 마세요. 저는 꼭 ________________________.

(4) 가: 정말 올해 담배를 끊기로 했어요?

나: 네, ________________________.

3. 다음 내용을 쓰고 문장을 만들어 보세요.

(1) 이번 달에 꼭 해야 하는 일

"할 일이 많지만 ______________________________."

(2) 되고 싶은 사람

"열심히 노력해서 ______________________________."

(3) 올해 계획

"다른 일을 못 해도 ______________________________."

좀 더 자세히

● 다음과 함께 쓸 수 있어요.

(1) '반드시/꼭'

반드시 꿈을 이루고야 말겠어요.

꼭 약속을 지키고야 말겠어요.

(2) -을 위해서 / -기 위해서

건강을 위해서 술을 끊고야 말겠어요.

성공하기 위해서 꼭 잠을 줄이고야 말겠어요.

문법과 표현 II

● [동]-나요?

가: 지금 어디에 **가시나요**?
나: 공부하러 도서관에 가요.

가: 선생님은 언제 **출발하셨나요**?
나: 10분 전에 출발하셨어요.

가: 아침부터 비가 **내렸나요**?
나: 글쎄요. 아닌 것 같아요.

● 연습해 봅시다.

1. '-나요?'를 사용해 문장을 완성해 보세요.

(1) 친구는 요즘 잘 ____________________ ? (지내다)

(2) 얼마 동안 책을 ____________________ ? (빌려주다)

(3) 누가 자전거를 제일 잘 ____________________ ? (타다)

(4) 제가 쓴 답이 ____________________ ? (맞다)

(5) 어머님은 어디에 ____________________ ? (가다)

(6) 철수가 어디에서 ____________________ ? (살다)

(7) 집을 새로 지어요? 어디에 ____________________ ? (짓다)

2. '-나요?'를 사용해 대화를 완성해 보세요.

(1) 가: 여기서 제 우산 못 ________________________________?

나: 못 봤는데요.

(2) 가: 누가 가방을 컴퓨터 옆에 ____________________________?

나: 제가 그랬습니다.

(3) 가: 명동에 가려면 지하철 몇 호선을 ________________________?

나: 지하철 4호선을 타면 돼요.

(4) 가: 부모님 두 분 중에서 ______________________________?

나: 저는 어머니를 닮았습니다.

3. 다음 상황에서 '-나요?'를 사용해 질문해 보세요.

(1) 여자 선생님이 학생들에게 공부를 했는지 질문할 때

(2) 노래에서, 지금 비가 오는지를 질문할 때

(3) 무엇을 하는지 부드럽게 질문할 때

● [형]-(으)ㄴ가요?

가: 지금 도서관에 학생이 **많은가요**?

나: 네, 다음 주가 시험이라서 정말 많아요.

가: 서울 물가가 **비싼가요**?

나: 네, 좀 비싼 것 같아요.

가: 지금 듣고 있는 이 노래는 제목이 **무엇인가요**?

나: 이 노래요? '아리랑'이에요.

● 연습해 봅시다.

1. '–은가요?'를 사용해 문장을 완성해 보세요.

(1) 그 신발이 진수 씨한테 ______________________________ ? (작다)

(2) 오늘 저녁에 우리가 갈 식당은 ______________________________ ? (깨끗하다)

(3) 이쪽 바닷물이 ______________________________ ? (깊다)

(4) 교실에서 앉는 자리가 너무 ______________________________ ? (좁다)

(5) 한국어 3급이 2급보다 많이 ______________________________ ? (어렵다)

(6) 미소 씨 친구도 미소 씨처럼 머리가 ______________________________ ? (길다)

2. '–은가요?'를 사용해 문장을 완성해 보세요.

(1) 가: 그 바지 허리가 ______________________________ ?

나: 네, 좀 커요. 다른 사이즈로 주세요.

(2) 가: 방의 불을 새 것으로 바꿨어요. 이제 방이 ______________________________ ?

나: 아니요, 아직도 어두워요.

(3) 가: 이렇게 작은 글씨도 볼 수 있어요? 눈이 많이 ______________________________ ?

나: 네, 저는 어렸을 때부터 눈이 참 좋았거든요.

(4) 가: 위층이 많이 ______________________________ ?

나: 아니요, 어린 아이들이 없어서 별로 안 시끄러워요.

3. 다음 상황에서 '-은가요?'를 사용해 질문해 보세요.

(1) 오늘 기분이 좋은지 부드럽게 질문할 때

(2) 식당 점원이 친절한지 부드럽게 질문할 때

(3) 노래에서, 이것이 사랑인지 질문할 때

좀 더 자세히

● 어떤 것이 맞아요?

(1) 어떤 선물을 준비하나요? ( )
어떤 선물을 준비한가요? ( )

(2) 지난 주말에 날씨가 좋았나요? ( )
지난 주말에 날씨가 좋았은가요? ( )

(3) 그 영화가 재미있나요? ( )
그 영화가 재미있은가요? ( )

어휘 확장

1. 다양한 직업

직업 분류	직업명
정치외교계 •	• 교사, 교수
교육계 •	• 판사, 검사, 변호사
법조계 •	• 탤런트, 배우, 가수, 개그맨
예술계 •	• 운전기사, 비행기조종사
방송계 •	• 대통령, 국회의원, 외교관
의료계 •	• 간호사, 의사, 약사
학계 •	• 과학자, 수학자, 철학자, 연구원
종교계 •	• 신부, 목사
운전/운송 •	• 화가, 음악가, 작가, 시인

2. 취직 준비 서류

이력서	지원서
자기소개서	졸업 증명서
추천서	성적 증명서
자격증 사본	경력 증명서

의사소통활동

듣기

● 다음을 듣고 말을 답하세요. Track 12

1. 이 직장의 좋은 점은 무엇입니까? 모두 고르세요.

① 월급이 많다. ② 여자의 적성에 맞다.

③ 좋은 경험을 할 수 있다. ④ 100% 마음에 든다.

2. 여자는 이 직장의 어떤 점을 안 좋아합니까?

3. 들은 내용과 같은 것을 고르세요.

① 어제 면접시험 결과가 나왔다. ② 여자는 그 직장에서 일하고 싶지 않다.

③ 남자는 면접에서 좋은 결과가 있었다. ④ 여자는 그 직장에 합격했다.

말하기

● 같이 이야기해 보세요.

1. 어떤 직업을 가지고 싶습니까? 이 직업의 자격 조건은 무엇입니까?

친구 이름	직업명	자격 조건
하나	의사	의사면허증, 봉사정신 등

2. 직장을 선택할 때 무엇이 제일 중요합니까? 순위를 쓰고 이유를 말해 보세요.

순위	직장 선택 기준	이유
□	적성	
□	월급	
□	근무 조건(시간, 장소……)	
□	윗사람(상사)	
□	전망	
□	기타……	

쓰기

● 다음 자기소개서를 읽고 여러분의 자기소개서를 써 보세요.

저는 3대가 함께 사는 대가족 사이에서 자랐습니다. 할아버지, 할머니와 함께 살아서 웃어른들께 예의 있게 행동할 수 있습니다. 형제들과 사이좋게 잘 지내서 다른 사람들과도 잘 어울립니다.

어렸을 때부터 사교적이어서 친구가 많았습니다. 책임감도 강하고 모든 일에 적극적이고 활동적입니다. 제 단점을 말씀드리면 한 번 생각한 일을 끝까지 하려고 하는 것입니다. 이것은 가끔 단점이기도 하고 장점이기도 합니다.

제 인생에 중요한 것이 두 가지 있습니다. 첫째는 책임감입니다. 그래서 모든 일을 맡으면 중간에 포기하면 안 된다고 생각합니다. 둘째는 긍정적인 생각입니다. 긍정적인 생각으로 일을 하면 어려운 일도 잘 이겨낼 수 있기 때문입니다.

저는 대학에서 무역을 전공했습니다. 그리고 대학을 다니면서 중국어도 배웠습니다. 졸업 후에 학원에서 중국어를 가르친 경험도 있습니다. 제 전공과 중국어 실력을 활용할 수 있게 중국과 무역하는 회사에서 일을 하고 싶습니다.

● 자기소개서에 써야 할 내용은 무엇입니까?

새단어

3대	three generations	대가족	large family	웃어른	elders
행동하다	to behave	사이좋게	at peace with	어울리다	to harmonize
사교적이다	to be sociable	책임감	sense of responsibility	단점	defect
적극적이다	to be active/aggressive	활동적이다	to be active	장점	merit
포기하다	to give up	이겨내다	to overcome	실력	capability/ ability

● 〈나의 자기소개서〉를 써 봅시다.

1. 성장과정

2. 성격의 장단점

3. 인생에서 중요한 것

4. 전공

5. 하고 싶은 일

● 다음 이력서를 보고 여러분의 이력서를 써 보세요.

이 력 서

이름	홍길동	영문	Hong gil-dong	한문	洪吉童
주민번호	900130-2234567			나이	25
휴대폰	010-123-4567	전화번호	02-710-9164		
E-mail	ABC@gmil.com	SNS			
주소	서울시 용산구 청파동 12-1				

학력사항(최종학력 : 숙명여자대학교(4년) 졸업)

재학기간	학교명 및 전공	구분
2012. 2. 22	숙명여자대학교 한국어학과	졸업
2005.02.14	숙명여자고등학교	졸업

어학

언어	시험	점수	기관
영어	IBT TOEFL	105점	
중국어	HSK	6급	

경력

기간	담당 업무	기관	직위
2013. 1~2014. 1	초급, 중급 중국어	이얼산 중국어 학원	강사

자격증

취득일	자격증/면허증	등급	발행처

위에 기재한 사항은 사실과 틀림이 없습니다.

2015년 3월 5일

성명 : 홍길동 (인)

● 나의 이력서

이 력 서

이름		영문		한문	
주민번호				나이	
휴대폰		전화번호			
E-mail		SNS			
주소					

학력사항

재학기간	학교명 및 전공	구분

어학

언어	시험	점수	기관

경력

기간	담당 업무	기관	직위

자격증

취득일	자격증/면허증	등급	발행처

위에 기재한 사항은 사실과 틀림이 없습니다.

20 년 월 일

성명 : (인)

문화

한국의 직업 풍속도

사람들은 사회에서 다양한 일을 합니다. 회사에서 일하거나 개인 사업을 하거나 공무원으로 나라를 위해 일하기도 합니다. 과거에는 직업을 한번 선택하면 그것을 평생 하면서 살았습니다. 농부는 대대로 농사일을 하고, 대장장이는 그의 일을 아들에게 물려주었습니다. 이것은 사회가 비교적 단순했기 때문입니다.

그러나 현대는 과거에 비해 모든 면에서 복잡합니다. 그래서 직업도 다양하고 직업에 대한 생각 또한 많이 다릅니다. 예를 들면 현대는 과거와 달리 한 직장에서 정년까지 근무하는 사람들이 적습니다. 구조조정 등으로 조기 퇴직을 하기 때문입니다. 이런 상황을 대비해서 사람들은 자신의 일을 시작합니다. 또한 취업난으로 인해 시간제 근무자들이 많습니다. 물론 시간제 직종도 다양합니다.

직업의 유형도 다양해져서 새로운 직업이 생겨났습니다. 21세기의 유망한 직업은 다이어트를 체계적으로 계획하고 관리해 주는 다이어트 프로그래머, 노인

들의 도우미 역할을 하는 실버시터(silver sitter), 운동으로 치료를 돕는 운동치료사 등이 있습니다. 100년 전에는 생각도 못했던 직업들입니다. 그렇다면 앞으로 100년 후에는 어떤 놀라운 직업들이 생겨날까요?

다양하고 세분화되는 사회에서 미래의 유망한 직종에 맞게 자신의 능력을 개발하는 것도 중요합니다. 그러나 우리 조상들처럼 한 가지 일을 평생의 업으로 정하고 전문가로서 생활하는 것도 멋진 일입니다.

● 질문

1. 과거와 현재 직업관은 어떻게 다릅니까?

2. 조기 퇴직을 앞두고 사람들은 무엇을 준비합니까?

3. 21세기의 유망한 직업은 무엇입니까?

새단어

현대	modern times
개인 사업	individual business
선택	choice
평생	whole life
대대로	for generations
대장장이	blacksmith
물려주다	to turn over
단순하다	to be simple
다양하다	to be various
근무하다	to work
정년	retirement age
구조 조정	structure mediation
조기퇴직	early retirement
상황	situation
대비하다	to prepare
시간제 근무	part time job
직종	kind of occupation
체계적	systematic
관리하다	to care for
도우미	helper
세분화되다	to be subdivided
유망하다	to be promising
개발하다	to develop
전문가	expert

LESSON 04

관광

학습목표

- 어휘 | 여행 관련 표현
- 문법 | -는데, -어 보니까, -더라고요, -을 만하다

Track 13

듣고 말해 보세요

1. 여자는 어디를 추천했습니까?
2. 그곳이 좋은 이유는 무엇입니까?

대화 1

직접 가 보니까 훨씬 더 좋았어요

Track 14

마이클	이번 주말에 뭐 하실 거예요?
베라	등산을 해 보려고 하는데요, 무슨 산이 좋을까요?
마이클	설악산 어때요?
베라	설악산이요?
마이클	네, 지난주에 갔다 왔는데 단풍이 아주 예뻤어요.
베라	저도 설악산 단풍을 잡지에서 봤는데 한번쯤 가보고 싶었어요.
마이클	설악산은 바다하고 멀지 않으니까, 산과 바다를 동시에 즐길 수 있을 거예요.
베라	그렇군요. 정상까지 도보로 얼마나 걸려요?
마이클	서너 시간 정도 걸리는데 내려올 때는 힘들어서 시간이 더 오래 걸려요. 일찍 출발하시는 게 좋을 거예요.
베라	다리가 많이 아프겠네요.
마이클	네, 그래도 직접 가 보니까 훨씬 더 좋았어요.

새단어

단풍	autumn colors, autumn leaves	정상	top
동시에	at the same time	도보로	on foot
즐기다	to enjoy, have fun	서너 시간	three or four hours

● 여러분은 어디에 가 보셨어요? 친구에게 추천해 주세요.

장소	남해, 부산, 속초, 한옥마을 등
음식	닭갈비, 삼계탕, 곱창 등
일	관광, 쇼핑, 수영 등

보기
가: 남해에 가 봤어요?
나: 네. 가 봤어요.
가: 가 보니까 어땠어요?
나: 남해에 가 보니까 경치도 예쁘고 음식도 맛있어서 아주 좋았어요.

문법과 표현 I

● [형]/[동]-(으)ㄴ/는데

점심을 **먹는데** 갑자기 배가 아팠어요.

내일이 친구 **생일인데** 뭘 준비할까요?

시간이 **많은데** 뭘 하죠?

● 연습해 봅시다.

1. '-는데'를 사용해 문장을 완성해 보세요.

(1) 방에서 잠을 ____________________ 밖에서 큰 소리가 났어요. (자다)

(2) 텔레비전을 ____________________ 엄마가 끄셨어요. (보다)

(3) 내일 집들이를 ____________________ 시간 있으세요? (하려고 하다)

(4) 학비를 내야 해요. 돈이 ____________________ 어떻게 하죠? (부족하다)

(5) 이번 주부터 ____________________ 뭘 할 계획이에요? (휴가이다)

(6) 저녁을 ____________________ 갑자기 손님들이 들어왔어요. (준비하다)

2. '-는데'를 사용해 대화를 완성해 보세요.

(1) 가: 어제 무슨 일이 있었어요?

나: 글쎄, 집에서 ____________________ 모르는 사람이 집에 들어왔어요.

(2) 가: 친구를 어디에서 봤어요?

나: 커피를 사려고 가게에 ____________________ 커피를 마시고 있었어요.

(3) 가: 방학에 여행을 ______________________________ 어디가 좋아요?

나: 경주에 한 번 가 보세요. 도시 전체가 박물관 같아요.

(4) 가: 언제 전화가 왔어요?

나: ______________________________.

3. 같이 이야기해 보세요.

(1) 맛있는 점심을 먹고 싶은데 어디로 가면 좋을까요?

(2) 머리가 아파서 약국에 가려고 하는데 어디에 있는지 아세요?

(3) 아이스크림 쿠폰이 두 장 있는데 같이 아이스크림 먹으러 갈 수 있어요?

● [동]-어 보니(까)

가: 그 사람 어때요?

나: 그 사람을 **만나 보니까** 괜찮은 사람인 거 같아요.

가: 이 옷 괜찮죠?

나: 네, 그냥 볼 때는 몰랐는데 직접 **입어 보니까** 잘 어울리네요.

● 연습해 봅시다.

1. '-어 보니(까)'를 사용해 문장을 완성해 보세요.

(1) 그 친구와 ______________________ 괜찮은 사람 같아요.(사귀다)

(2) 힘든 일이지만 직접 ______________________ 그렇게 어렵지 않았어요.(하다)

(3) 그 사람의 말을 ______________________ 그 사람 마음을 이해할 수 있어요.(듣다)

(4) 이 동네에서 10년 정도 ______________________ 여기가 참 편해요.(살다)

(5) 친구의 말을 잘 ______________________ 친구가 맞는 것 같아요.(생각하다)

2. '-어 보니(까)'를 사용해 대화를 완성해 보세요.

(1) 가: 어제 냉면을 드셨는데 맛이 어땠어요?

나: 냉면을 ______________________ 많이 맵지는 않았어요.

(2) 가: 오늘 처음 운전하셨는데 기분이 어떠세요?

나: 운전을 못할 것 같았는데 ______________________ 이제 운전에 자신이 생겼어요.

(3) 가: 학생들에게 한국어를 처음 가르치셨는데 떨리지 않으셨어요?

나: 좀 긴장했는데 학생들을 직접 ______________________ 잘할 수 있을 것 같아요.

(4) 가: 오늘 처음 말을 타 보았는데, 기분이 어땠어요? 무섭지 않았어요?

나: 처음에는 좀 무서웠는데 ______________________.

3. '-어 보니(까)'를 사용해 같이 이야기해 보세요.

(1) 한국에 언제 왔어요? 한국에 오니까 어때요?

(2) 한국에 와서 어디에 가 봤어요? 어때요?

(3) 우리 반 친구와 이야기해 봤어요? 처음 봤을 때와 이야기를 한 후에 많이 다른 사람은 누구예요?

바닷가 경치가 정말 멋지더라고요

Track 15

첸	민호 씨, 지난 주말에 제주도에 잘 다녀왔어요?
민호	네, 잘 다녀왔어요. 여기 사진도 있어요.
첸	와, 바다가 정말 예쁘네요.
민호	네, 맞아요. 바닷가 경치가 정말 멋지더라고요. 첸 씨도 꼭 한번 가 보세요. 제주도 바다에 반할 거예요.
첸	또 다른 데 어디에 가 봤어요?
민호	한라산에도 올라갔어요.
첸	한라산이요? 너무 높아서 힘들지 않았어요?
민호	많이 힘들지는 않았어요. 멋있는 경치를 보면서 올라가니까 힘든 것도 모르겠더라고요.
첸	저도 가고 싶네요. 제주도는 어느 계절에 갈 만해요?
민호	제주도는 사계절 모두 여행할 만해요.
첸	그래요? 그럼 여름 휴가 때 꼭 제주도로 여행을 가야겠어요. 그때 여행 정보 좀 부탁해요.

새단어

다녀오다	to go and get back	구경	sightseeing, looking around
멋지다	to be wonderful, nice, cool	한라산	Halla Mountain (the name of the mountain that is in Jeju)
바닷가	beach, coast, the seaside	사계절	four seasons
반하다	to take a fancy to	정보	information

● 다음 상황에 맞는 대화를 만들어 보세요.

1. 서울에서 추천하고 싶은 곳을 소개해 주세요.
2. 여러분의 고향에서 재미있게 할 수 있는 일을 소개해 주세요.
3. 주말에 볼 만한 영화를 소개해 주세요.

보기 가: 서울에서 갈 만한 곳은 어디예요?
나: 서울은 갈 만한 곳이 아주 많아요. 저는 특히 남산을 좋아해요. 남산에 가 보니까 야경도 예쁘고 좋더라고요.

문법과 표현 Ⅱ

● [형]/[동]-더라고요

가: 한국 여름이 어때요?
나: 한국에 살아 보니까 여름 날씨가 아주 **덥더라고요**.

가: 김치 만들어 보셨죠? 어때요?
나: 직접 만들어 보니까 어렵지 **않더라고요**.

가: 어제 길에서 만난 그 분이 누구세요?
나: 어제는 몰랐는데 그 분이 **선생님이시더라고요**.

● 연습해 봅시다.

1. '-더라고요'를 사용해 문장을 완성해 보세요.

(1) 그 친구와 얘기를 해 봤는데 성격이 ____________________.(좋다)

(2) 아까 도서관에 갈 때 봤는데 그 친구는 집에 ____________________.(가다)

(3) 학교에 왔는데 친구들이 아무도 ____________________.(없다)

(4) 외국 잡지를 보니까 한국 가수의 인기가 ____________________.(대단하다)

(5) 친구 동생이 고등학생이라고 생각했는데 ____________________.(대학생이다)

2. '-더라고요'를 사용해 대화를 완성해 보세요.

(1) 가: 북한산은 어땠어요?
나: 단풍이 ____________________.

(2) 가: 친구가 무슨 이유로 울었어요?
나: 모르겠어요. 나를 보고 그냥 ____________________. 저도 당황했어요.

(3) 가: 결혼식 잘 다녀왔어요? 신부는 어땠어요?

나: 그전에는 몰랐는데, 결혼식에서 보니까 신부가 굉장히 ____________________.

(4) 가: 비가 많이 오는데 왜 우산을 안 가져 왔어요?

나: 가져오고 싶었는데 집에 ____________________.

3. '-더라고요'를 사용해 같이 이야기해 보세요.

(1) 명동에 가 봤어요? 어때요?

(2) 어느 나라에 가 봤어요? 그 나라는 어때요?

(3) 한국 음식 중에서 뭐가 제일 맛있었어요?

● [동]-(으)ㄹ 만하다

그 영화는 재미있어서 정말 **볼 만해요.**

그 친구는 **믿을 만한** 사람이니까 비밀을 말해도 괜찮아요.

이곳은 깨끗하고 교통도 편해서 **살 만해요.**

● 연습해 봅시다.

1. '-을 만하다'를 사용해 문장을 완성해 보세요.

(1) 우리 동네 도서관에는 ____________________ 책이 많이 있어요. (읽다)

(2) 이 식당의 음식은 대부분 ____________________. (먹다)

(3) 사람들이 ____________________ 물건을 너무 쉽게 버리는 것 같아요. (쓰다)

(4) 한국에서 ____________________ 장소를 소개해 주세요. (구경하다)

(5) 그 남자는 키가 크고 멋있어서 ____________________. (모델이 되다)

2. '-을 만하다'를 사용해 대화를 완성해 보세요.

(1) 가: 학교 근처에서 ______________________ 식당 좀 소개해 주세요.

나: 학교 앞에 있는 한정식 집이 괜찮아요.

(2) 가: 한국어 공부가 어때요?

나: 처음에는 어려웠는데, 지금은 ______________________.

(3) 가: 5년 동안 외국에서 사셨는데, 어떠셨어요?

나: 말과 문화를 배울 수 있으니까 한번쯤 ______________ 것 같아요.

(4) 가: 주말에 친구랑 놀러가려고 하는데 어디가 좋겠어요?

나: ______________________________________.

3. '-을 만하다'를 사용해 같이 이야기해 보세요.

(1) 영화를 보고 싶은데 볼 만한 영화가 있나요?

(2) 요즘 유행하는 좋은 노래를 좀 추천해 주세요.

(3) 우리 학교 근처에 맛있는 식당이 있나요?

(4) 한국에서 먹을 만한 음식을 추천해 주세요.

좀 더 자세히

● 뭐가 달라요?

(1) 이 동네는 공기도 좋고 교통도 편리해서 **살 만해요**.(사는 것이 좋다)

(2) 그 사람은 부자여서 큰 집을 **살 만한** 돈이 있어요.(살 수 있다)

어휘확장

- 국내여행에서 할 수 있는 것은 무엇입니까?

관광지를 구경하다	등반을 하다
해돋이를 보다	유람선을 타다
해수욕을 하다	산림욕을 하다
유적지를 가다	전통 시장을 구경하다

- 한국의 지역별 특산물에는 어떤 것이 있습니까?

한국의 지역별 특산물

조기 화문석 오징어 유기 대게 사과 배 김 녹차 감귤

● 국내 여행 계획을 짜 보세요.

1. 여행 기간

당일, 1박 2일 / 2박 3일……, 보름, 반년, 일년

2. 숙소 종류

민박 ● ● 

호텔 ● ● 

여관 ● ● 

펜션 ● ● 

콘도 ● ● 

3. 방의 종류

(1) 시설 – 인터넷이 가능한 방, 욕조가 있는 방, 침대 방, 온돌 방

(2) 전망 – 바다가 보이는 방, 주변이 잘 보이는 방

의사소통활동

듣기

● 다음을 듣고 답하세요. Track 16

1. 이 내용은 어디에서 보거나 들을 수 있습니까?

2. 들은 내용과 **<u>다른</u>** 것을 고르십시오.

① 바다를 좋아하면 부산에 가는 것이 좋다.

② 모래밭에서 공놀이를 할 수 있다.

③ 짧은 여행은 여행사에서 소개해 주지 않는다.

④ 담양 대나무밭에 가면 숲속 경치를 느낄 수 있다.

3. 더 궁금한 것이 있으면 어떻게 해야 합니까?

말하기

● 여행 계획 세우기

친구들과 함께 여행을 가려고 합니다. 여행 계획을 세워보세요.

여행 일시와 장소	
숙박 장소	
교통편	
여행지에서 할 일	
준비물	
기타	

읽기

● 다음 여행 경험을 읽고 요약해 보세요.

지난 주말에 친구들과 경상남도 통영으로 여행을 다녀왔다. 서울에서 고속버스를 타고 갔는데 6시간이나 걸렸다. 시간이 오래 걸렸지만 가 보니까 무척 아름다운 곳이었다.

우리는 통영에 도착하자마자 케이블카를 타고 올라가서 멋진 한려수도를 보았는데, 이곳에서 조선시대 이순신 장군의 한산대첩이 있었다고 한다. 그리고 이곳에 오면 꼭 먹어야 한다는 충무김밥을 먹었다. 충무김밥은 보통 김밥과 다르게 김 안에 밥만 넣어서 만든다. 먹을 때 매운 오징어와 무를 함께 먹는다. 볼 때는 별로 맛있어 보이지 않았지만 먹어 보니까 생각보다 먹을 만했다.

우리는 저녁 때 우리의 숙소인 게스트 하우스로 갔다. 그곳에서 여행하는 다른 친구들을 많이 사귈 수 있었고 여행 정보도 많이 얻었다.

다음날 아침 우리는 큰 배를 타고 '소매물도'라는 섬으로 갔는데 그곳에서 본 바다와 하늘은 정말 인상적이었다. 섬에서 우리는 여러 가지 해산물도 맛보았는데 바닷가에서 먹는 해산물의 맛은 지금도 잊을 수 없다.

이번 여행은 1박2일의 짧은 여행이었지만 많은 것을 경험한 좋은 여행이었다. 다른 친구들에게도 한국에서 여행할 만한 곳으로 이곳을 꼭 추천해 주고 싶다.

여행한 시간과 장소	
교통편과 숙박 장소	
여행지에서 한 일	
인상적인 것	

쓰기

● 여행 경험을 써 보세요. (여행 사진을 붙이고 설명을 써 주세요)

● 여행 전단지 보고 여행 상품 만들기

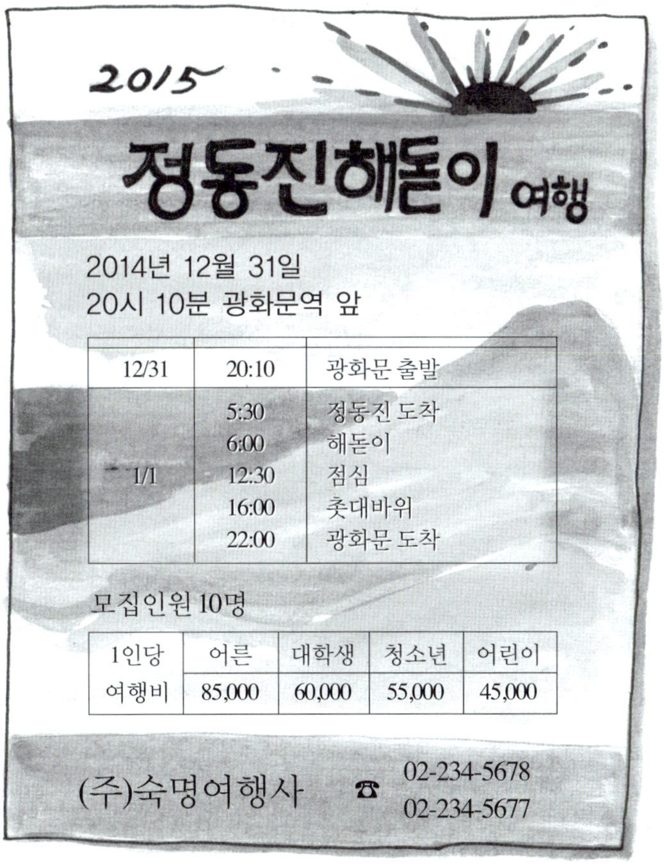
2015

정동진해돋이 여행

2014년 12월 31일
20시 10분 광화문역 앞

12/31	20:10	광화문 출발
1/1	5:30 6:00 12:30 16:00 22:00	정동진 도착 해돋이 점심 촛대바위 광화문 도착

모집인원 10명

1인당 여행비	어른	대학생	청소년	어린이
	85,000	60,000	55,000	45,000

(주)숙명여행사 ☎ 02-234-5678 02-234-5677

1. 어디에 얼마 동안 가는 여행 상품입니까?

2. 어디에서 출발합니까?

3. 대학생 4명이 여행을 가면 비용이 얼마나 듭니까?

4. 인기 여행 상품을 전단지로 만들어서 친구들에게 홍보해 보세요.

문화

계절별 여행지

한국은 봄, 여름, 가을, 겨울의 사계절이 비교적 뚜렷한 나라입니다. 그렇기 때문에 계절별로 사람들이 많이 찾는 유명한 여행지들이 많이 있습니다.

봄에는 여러 가지 꽃 축제가 많이 열립니다. 서울에 사는 사람들이 가장 많이 즐기는 축제는 여의도 윤중로의 벚꽃 축제입니다. 윤중로의 약 7㎞의 도로가에는 오래된 왕벚나무가 천 그루 이상 있는데, 매년 4월 초가 되면 축제가 열립니다. 벚꽃 축제가 열리는 기간에는 차가 다니지 못하기 때문에 사람들은 도로에서 축제를 즐길 수 있습니다.

여름에는 시원한 곳을 찾아 바다로 가는 사람들이 많습니다. 한국은 동해, 서해, 남해의 삼면이 바다여서 해수욕장이 많은데, 그 중에서도 여름 휴가철에

사람들이 가장 많이 찾는 곳은 부산 해운대입니다. 해운대는 모래사장이 길고, 물이 깊지 않아서 해수욕을 하기에 좋습니다. 해마다 여름철에는 50-60만 명의 사람들이 해운대를 찾아 여름 바다를 즐기고 있습니다.

가을에는 단풍이나 갈대를 보러 여행을 떠나는 사람들이 많습니다. 전라남도 순천에 있는 순천만은 5.4㎢의 갈대밭과 22.6㎢의 넓은 갯벌이 함께 있어 가을을 느끼기에 아주 좋은 곳입니다. 순천만의 넓은 갯벌에는 게, 짱둥어 등의 바다 생물과 흑두루미, 검은머리갈매기 등 국제적으로 희귀한 종류의 새들도 볼 수 있어 자연을 관찰하기도 좋습니다. 또 작은 산과 산책로가 많아서 취향에 따라 등산을 하거나 산책을 할 수도 있습니다.

겨울에는 겨울 스포츠를 즐기는 사람들이 많습니다. 서울시에서는 겨울마다 서울 광장에 스케이트장을 만듭니다. 그래서 많은 가족들과 연인들이 스케이트장에서 즐거운 시간을 보낼 수 있습니다.

● 질문

1. 한국의 계절별 여행지에는 어떤 곳이 있습니까?

2. 한국에서 가 본 여행지 중 기억에 남는 곳은 어디입니까?

새단어 _New Words

비교적	comparatively
사계절	four seasons
유명하다	to be famous
여행지	travel destinations
축제	festival
열리다	to be held
찾다	to visit
매년	every year
초	early
기간	period
해수욕장	beach
휴가철	vacation season
모래사장	sandy beach
해수욕을 하다	to swim in the sea
즐기다	to enjoy
단풍	fall foliage
갈대	reed
갯벌	mud flat
생물	living things
국제적	international
희귀하다	to be rare
관찰하다	to observe
취향	taste
스케이트장	skating rink

LESSON 05

인간관계

학습목표

- 어휘 | 성격 관련 표현
- 문법 | 반말, -는 편이다, -은 적이 있다/없다

Track 17

듣고 말해 보세요

1. 이 여자는 어떤 사람을 좋아합니까?
2. 여러분은 어떤 사람을 좋아합니까?

나도 소개 좀 해줘

Track 18

하나	첸! 나 어제 소개팅 했다.
첸	소개팅? 그게 뭔데?
하나	친구 소개로 이성 친구를 일대일로 만나는 거야.
첸	그렇구나. 소개 받은 그 사람은 어땠는데?
하나	똑똑하고 잘생기고 키가 큰 사람이었어.
첸	와 좋았겠다.
하나	그런데 내 스타일은 아니었어.
첸	너는 어떤 스타일을 좋아하는데?
하나	난 잘생긴 사람보다는 재미있고 활발한 사람이 좋아. 그런데 어제 만난 사람은 말이 너무 없고 조용했어.
첸	후회되지 않아? 그렇게 멋진 사람을 또 만날 수 있겠니?
하나	걱정하지 마. 이번 주말에 소개팅이 두 개나 있어.
첸	부럽다. 나도 소개 좀 해줘.

새단어

소개팅	blind date	일대일	one-on-one	부럽다	to be envious (of)
이성 친구	friend of the opposite sex	후회하다	to regret		

● 여러분은 어떤 사람을 좋아하세요?

a.

b.

c.

d.

e.

f.

보기 가: 남자친구는 어떤 사람이야?

나: 키가 크고 건강한 사람이야. 성격은 활발해.

문법과 표현 I

● 반말

● 평서문: [형]/[동]-어. -(ㄴ/는)다.

동생: 언니, 이 가방 어떤 것 같아요?
언니: 정말 **예뻐.** / **예쁘다.**

아들: 엄마, 지금 날씨 어때요?
엄마: 비가 **와.** / **온다.**

후배: 선배님, 이게 뭐예요?
선배: 친구에게 줄 **선물이야.** / **선물이다.**

(1) 오늘은 시간이 많아요. → ______________________

(2) 어제 오후에 기차역에 갔습니다. → ______________________

(3) 이분은 한국어 선생님입니다. → ______________________

● 의문문: [형]/[동]-어? / -니? /-냐?

가: 동생은 키가 **커?** / 크니? / 크냐?
나: 아니, **작아.**

가: 그 사람은 회사에 **다니니?**
나: 응, 근처 회사에 **다녀.**

가: 사는 곳이 **어디야?**
나: 숙대 근처에 **살아.**

(1) 수업이 몇 시에 끝나요? → ______

(2) 책을 언제 다 읽었어요? → ______

(3) 받은 선물이 뭐예요? → ______

● 명령문: [동]-어. -(어)라.

가: 언제까지 기다려야 **해**?
나: 2시까지 **기다려**.

엄마: 빨리 **숙제해라**.
딸: 네, 알겠습니다.

(1) 늦었으니까 빨리 일어나요. → ______

(2) 숙제 빨리 하세요. → ______

● 청유문: [동]-어. -자.

가: 같이 수영하러 **가**.
나: 좋아, 어디에서 만날까?

가: 저 식당에서 밥 **먹자**.
나: 그래, 빨리 **가자**.

(1) 내일 같이 명동에 가요 → ______

(2) 우리 주말에 같이 산책해요. → ______

● 연습해 봅시다.

1. '반말'을 사용해 문장을 완성해 보세요.

(1) 나는 여행을 ______________________________.(좋아하다)

(2) 요즘 어떤 색깔이 ______________________________?(유행하다)

(3) 내가 제일 좋아하는 음식은 ______________________.(불고기이다)

(4) 늦었으니까 빨리 ______________________________.(출발하다)

(5) 주말에 시간이 있으면 동물원에 같이 ____________________.(가다)

(6) 어제 놀이동산에 ______________________________?(다녀오다)

2. '반말'을 사용해 대화를 완성해 보세요.

(1) 가: 저 그림을 보면 어떤 생각이 나니?

나: 엄마 생각이 ______________________________.

(2) 가: 오늘 우리 뭐 할까?

나: 영화관에 가서 같이 ______________________________.

(3) 가: 선생님 지금 많이 바쁘세요?

나: 아니, 나한테 하고 싶은 말이 ______________________________?

(4) 가: 외국과 무역을 하려고 하는데 무엇을 준비해야 될까요?

나: 먼저 외국어를 ______________________________.

3. '반말'을 사용해 이야기해 보세요.

(1) 지금 뭐 하고 싶어?

(2) 집에 가면 뭐 해?

(3) 어제 뭐 했어?

(4) 점심에 먹은 메뉴는 뭐야?

(5) 다음 방학 때 뭐 할 거야?

좀 더 자세히

● 다음 반말을 배워 봅시다.

(1) 그 사람은 한국에 살지.
(2) 이제 숙제하지?
(3) 날도 흐린데 우산을 가져가지.
(4) 월급도 탔는데 같이 술 마시러 가지.

성실하고 착한 편이에요

Track 19

지영	선배님, 안녕하세요?
선배	어, 지영아. 어서 와라. 오랜만이네. 요즘 어떻게 지내?
지영	잘 지내요. 제 결혼 소식을 알려 드리려고 왔어요.
선배	결혼? 어 축하한다. 그동안 사귀는 사람이 있었어?
지영	그게 아니고요, 사실은 얼마 전에 선을 봤는데, 마음에 들어서 결혼을 빨리 결정하게 됐어요.
선배	신랑은 뭐 하는 사람인데?
지영	무역 회사에 다니는 평범한 회사원이에요.
선배	어떤 점이 그렇게 마음에 들었어?
지영	성실하고 착한 편이에요. 그리고 저와 생각이 잘 통하는 거 같아요.
선배	요즘 중매 결혼하는 사람이 많지 않은데 넌 정말 특이하다.
지영	저도 이 사람 만나기 전에는 선을 본 적이 없었는데 다행히 좋은 사람을 만났어요.
선배	그렇구나. 결혼식에 꼭 갈게.

새단어

무역 회사	trading company	중매결혼	arranged marriage
평범하다	to be ordinary	선을 보다	to see each other with a view to marriage
생각이 통하다	to understand each other	다행히	fortunately

● 중매결혼과 연애결혼

중매결혼 좋은 점	연애결혼 좋은 점

문법과 표현 II

● [형]/[동] -(으)ㄴ/는 편이다

오늘은 어제보다 날씨가 **좋은 편이네요.**

친구는 운동을 **잘하는 편이에요.**

저는 청바지를 자주 **입는 편이에요.**

● 연습해 봅시다.

1. '-는 편이다'를 사용해 문장을 완성해 보세요.

(1) 이 식당 음식은 ____________________. (맛있다)

(2) 저는 학교에 일찍 ____________________. (오다)

(3) 그 영화배우는 인기가 ____________________. (많다)

(4) 여동생은 얼굴이 ____________________. (귀엽다)

(5) 친구는 물건을 자주 ____________________. (잃어버리다)

2. '-는 편이다'를 사용해 대화를 완성해 보세요.

(1) 가: 어떤 음식을 자주 드세요?
나: 저는 중국음식을 자주 ____________________.

(2) 가: 밝은 색 옷을 즐겨 ____________________?
나: 네, 저는 밝은 색을 자주 입어요.

(3) 가: 이번 시험 성적은 어때요?
나: 다른 학생보다 성적이 ____________________.

(4) 가: 요즘 황사가 심한 것 같아요.
나: 네, 작년과 비교해서 ____________________.

(5) 가: 고향의 겨울 날씨는 어때요?

나: 한국보다 ____________________________________.

3. '-는 편이다'를 사용해 말해 보세요.

(1) 보통 외식을 자주 하세요?

(2) 여행을 자주 하세요?

(3) 술을 좋아하시나요?

(4) 한국 문화에 관심이 있어요?

(5) 한국어가 어려운 것 같아요?

● [동] -(으)ㄴ 적이 있다/없다

마이클은 밤낚시를 **한 적이 있다.**

아주 매운 음식을 **먹은 적이 있습니다.**

한국 음식을 **만든 적이 없어요.**

● 연습해 봅시다.

1. '-은 적이 있다/없다'를 사용해 문장을 완성해 보세요.

(1) 한국 연예인을 ______________________________. (만나다)

(2) 어려운 시험에 ______________________________. (합격하다)

(3) 한국에 오기 전에 불고기를 ________________________. (먹다)

(4) 한강 둔치를 ______________________________. (걷다)

(5) 서울이 아닌 다른 한국 도시에 ____________________. (살아보다)

2. '-은 적이 있다/없다'를 사용해 대화를 완성해 보세요.

(1) 가: 젓갈을 잘 드시네요. 전에 드신 적이 있으세요?

나: 네, ____.

(2) 가: 혹시 전에 우리 만난 적이 있어요?

나: 아니요, ____.

(3) 가: 한국에서 아르바이트를 하거나 회사에서 일하신 적이 있으세요?

나: 네, ____.

(4) 가: 요즘 무서운 꿈을 꾸신 적이 있으세요?

나: 아니요, ____.

3. 친구들에게 물어볼 목록을 써 보고 '-은 적이 있다/없다'를 사용해 물어 보세요.

	친구 1	친구 2	친구 3
1. 한복을 입다			
2.			
3.			
4.			

좀 더 자세히

● 이렇게 쓰기도 해요.: '-어 본 적이 있어요.'

(1) 가: 귤 **먹어본 적이 있어요**?

나: 네, 있어요. 정말 맛있었어요.

(2) 가: 갈비 **먹은 적이 있어요**?

나: 아니요, 먹은 적이 없어요.

어휘확장

● 호감이 가는 사람

□ 배려심이 깊다	to be considerate of others	□ 마음이 따뜻하다	to be warm-hearted
□ 털털하다	to be unaffected	□ 긍정적이다	to be positive
□ 자상하다	to be attentive	□ 유머 감각이 있다	to be humorous
□ 성실하다	to be sincere	□ 얌전하다	to behave well
□ 책임감이 강하다	to have a strong sense of responsibility	□ 옷을 잘 입다	to be well dressed
□ 자신감이 있다	to have confidence	□ 모든 일에 당당하다	to rave self-assured
□ 이해심이 있다	to be considerate	□ 능력이 있다	to be able to do
□ 적극적이다	to be active, to be assertive	□ 어려운 사람을 도와준다	to help aperson out
□ 활동적이다	to be active	□ 생각이 깊다	to be thoughtful
□ 비밀을 잘 지킨다	to keep a secret	□ 체격이 좋다	to be well-built
□ 사교적이다	to be gregarious	□ 솔직하다	to be frank

● 사람의 성격과 관련 있는 표현

보기 가. 눈이 높다 나. 발이 넓다 다. 입이 무겁다

1. 쇼핑할 때는 비싼 물건이 아니면 그냥 지나친다. ( )
2. 주변에 아는 사람이 많다. ( )
3. 외모나 능력이 훌륭한 사람만 소개 받으려고 한다. ( )
4. 친구의 비밀을 다른 사람에게 말하지 않고 지켜준다. ( )

의사소통활동

듣기

● 다음을 듣고 알맞은 말을 쓰세요. Track 20

1. 여자는 소개팅을 했습니다. 이 여자의 이상형은 어떤 사람입니까?

2. 여자가 만난 남자는 어떻게 생겼습니까?

(1) --

(2) --

(3) --

3. 여자는 남자를 또 만나고 싶은데 그 남자가 연락을 안 합니다. 여러분이 이 여자라면 어떻게 하겠습니까?

말하기

● 이 사람은 지금 어떤 기분일까요? 이런 기분을 느낀 적이 있습니까?

● 다음을 읽고 이야기해 봅시다.

초등학교 때 친구가 전학을 왔는데요.
예쁜 그 친구를 너무나 좋아해서요.
그 아이처럼 깨끗이 세수도 하고
학교에 오기 전에 거울도 자주 봤어요.
그런데 제 마음이 좀 이상해요.
그 친구에게 장난도 많이 치고.
친절하게 말하지 않고 화도 냈어요.
지난 친구 생일에 꽃을 줄 때는 얼굴이 뜨거웠어요.
그래서 운동장에서 열심히 달렸어요.

1. 친구를 언제 처음 알게 되었습니까?
2. 친구는 어떤 사람인 것 같습니까?
3. 이 사람은 왜 세수도 열심히 하고 거울도 자주 봤을까요?
4. 친구는 이 사람의 마음을 알고 있을까요?
5. 위의 시에 제목을 만들어 보세요.
6. 여러분도 이런 경험을 해 본 적이 있습니까?

● 친구에게 고민이 있을 때 여러분은 어떻게 하겠습니까? 조언을 해 보세요.

보기

● **상황**

"회사에서 상사가 저에게만 너무 많은 일을 주는 거 같습니다. 매일 그 일을 하고 집에 가면 너무너무 힘들어요. 어떻게 하면 좋을까요?"

● **조언**

"직장 상사에게 솔직하게 이야기해 보세요. 그럼 상사도 업무량을 조절해 줄 거예요."

● 상황 1

오늘 애인을 만나기로 했습니다.

그런데 갑자기 친구가 전화를 했습니다.

"오늘 저녁에 같이 밥 먹으면 좋겠는데……."

여러분은 어떻게 하겠습니까?

이렇게 말하겠어요.

● 상황 2

여러분은 오늘 가족이랑 같이 저녁을 먹기로 했습니다.

하지만 급한 일이 생겨서 약속을 취소해야 합니다.

부모님께 약속을 취소하는 전화를 해 보세요.

뭐라고 말하겠습니까?

이렇게 말하겠어요.

● 상황 3

친구가 나에게 "공부가 너무 힘들고 어려워서 고향으로 돌아가게 되었어."라고 말한다면…….

어떻게 말하겠습니까?

이렇게 말하겠어요.

문화

짚신도 짝이 있다 

한국 젊은이들은 보통 '미팅(meeting)'이나 '소개팅'을 통해서 남자 친구나 여자 친구를 소개 받습니다. 모임에서 마음에 들면 계속 만나고 그렇지 않으면 다른 미팅이나 소개팅을 합니다. 이렇게 연애 상대를 만날 때, 우연히 만나서 연애를 하는 경우도 있지만 소개를 받아서 만나는 경우도 있습니다.

좀 더 나이가 들어 결혼을 할 나이가 되었다고 생각이 되면 결혼할 상대를 찾게 됩니다. 옛날에는 부모님들이 주변의 좋은 짝을 찾아서 소개를 시켜 주는, '선'을 봐서 결혼을 하는 경우가 많았습니다. 요즘에는 '결혼 정보 회사'를 통해서 만나기도 합니다. 먼저, 결혼 정보 회사에 자신의 정보와 자신이 원하는 조건(직업, 외모, 나이 등)을 줍니다. 그러면 결혼 정보 회사에서는 신청자의 조건에 맞는 사람을 만나게 해 줍니다.

하지만 결혼 정보 회사를 통해 결혼을 하는 것이 일반적인 것은 아닙니다. 결혼 정보 회사를 통해 '조건'만을 따지고 결혼하는 것에 반대하는 사람들도 많습니다. 한국의 속담에 '짚신도 짝이 있다'는 말이 있습니다. '짚신'은 짚으로 만든 한국의 옛날 신발입니다. 이 속담은 짚으로 만든 신발도 그 짝은 정해져 있다는 뜻입니다. 옛날 한국 사람들은 신발도 짝이 있기 때문에 사람의 짝도 당연히 있다고 생각했습니다.

여러분은 한눈에 자신의 짝을 알아볼 수 있을까요? 여러분은 결혼정보회사를 통해 조건에 맞는 사람을 소개받는 것이 좋습니까? 아니면 자연스럽게 우연한 만남 속에서 사랑하는 사람을 만나는 것이 좋습니까?

새단어

짚신	straw shoes
젊은이	young person
소개하다	to introduce
연애	date
우연히	by chance
짝	mate, spouse
조건	condition
결혼 정보 회사	marriage bureau
따지다	to care, to nitpick
당연히	of course
자연스럽게	naturally

● 질문

1. 한국인은 보통 연애상대를 어떻게 만나나요?
2. 여러분 나라에도 '짚신도 짝이 있다'는 뜻과 비슷한 속담이 있나요?

의생활

LESSON 06

학습목표

- 어휘 | 의생활 관련 표현
- 문법 | 피동사, -어 있다, -을 테니까

Track 21

듣고 말해 보세요

1. 요즘 날씨에는 어떤 옷이 필요합니까?
2. 이번 주말에 두 사람은 무엇을 하려고 합니까?

대화 1

요즘 어떤 남방이 잘 팔려요?

Track 22

옷가게	어서 오세요.
지선	안녕하세요?
옷가게	특별히 찾는 거 있으세요?
지선	네, 저기 보이는 긴팔 남방을 하나 사려고 해요.
옷가게	손님께서 입으실 거예요?
지선	네, 제가 입을 거예요. 요즘 어떤 남방이 잘 팔려요?
옷가게	요즘 이런 체크무늬 남방이 잘 팔리는 편이에요. 이 남방도 지금 한 개밖에 안 남았어요.
지선	그런데 저는 체크무늬가 잘 안 어울려요. 단색 남방은 없어요?
옷가게	그건 이쪽에 있어요. 손님, 사이즈는 어떻게 되세요?
지선	95예요.
옷가게	여기 있습니다. 이 남방에 회색 바지를 입으시면 아주 잘 어울릴 거예요.
지선	그럼, 이 남방하고 바지 모두 살게요. 잘 해 주세요.
옷가게	네, 여기 있습니다. 교환하고 싶으시면 삼 일 안에 오시고 깨끗하게 가져 오셔야 됩니다.

새단어

남방(셔츠)	shirt	사이즈	size	단색	solid color
체크무늬	check pattern	잘 해 주다	to give good attendance	교환하다	to exchange

● 다음 상황에 맞는 대화를 만들어 보세요.

가게 주인은 손님에게 어울리거나 유행하는 물건을 추천해 주세요.

가게	유행하는 것	유행하는 것과 잘 어울리는 것
옷가게	밝은 색 단색 바지	하얀색 티셔츠나 남방
가방 가게	어깨에 메는 큰 가방	짧은 스카프나 모자
신발 가게	굽이 높은 구두	짧은 치마나 바지

보기 가: 요즘 밝은 색 단색 바지가 잘 팔리는 편이에요.
나: 그 바지와 어울리는 하얀색 티셔츠나 남방 있어요?

문법과 표현 I

● 피동사 : [동]-이/히/리/기

-이-	• 보다 - 보이다 • 쓰다 - 쓰이다 • 잠그다 - 잠기다	• 바꾸다 - 바뀌다 • 섞다 - 섞이다 • 놓다 - 놓이다	-리-	• 듣다 - 들리다 • 팔다 - 팔리다 • 걸다 - 걸리다	• 열다 - 열리다 • 물다 - 물리다 • 밀다 - 밀리다
-히-	• 먹다 - 먹히다 • 잡다 - 잡히다 • 묻다 - 묻히다	• 막다 - 막히다 • 닫다 - 닫히다 • 밟다 - 밟히다	-기-	• 끊다 - 끊기다 • 안다 - 안기다 • 찢다 - 찢기다	• 쫓다 - 쫓기다 • 감다 - 감기다 • 담다 - 담기다

교실 문이 **잠겨서** 교실에 들어갈 수가 없어요.

바람이 많이 불어서 문이 **닫혔어요**.

주변이 너무 시끄러워서 친구 말소리가 **들리지 않아요**.

어젯밤에 범인이 경찰한테 **잡혔어요**.

● 연습해 봅시다.

1. '피동사'를 사용해 문장을 완성해 보세요.

(1) 제 자리에서 칠판에 쓴 글씨가 안 ________________.

(2) 비가 오는 주말에 길이 많이 ________________.

(3) 바람이 세게 불어서 문이 ________________.

(4) 친구와 전화통화를 하다가 갑자기 전화가 ________________.

(5) 저는 오늘 아침에 버스에서 사람들한테 발이 ________________.

2. '피동사'를 사용해 대화를 완성해 보세요.

(1) 가: 저 사람은 왜 열심히 뛰고 있어요?

나: 경찰한테 ________________ 않으려고 뛰는 것 같아요.

(2) 가: 왜 그동안 연락이 안 됐어요? 전화해도 안 받고요.

나: 미안해요, 제 전화번호가 새 번호로 ________________.

(3) 가: 무슨 말을 하셨어요? 잘 못 들었어요.

나: 제 말이 잘 안 ____________________?

(4) 가: 요즘 어떤 책이 잘 ____________________?

나: 저쪽 베스트셀러들이 있는 쪽에 가 보세요.

(5) 가: 제 코트가 어디에 있어요?

나: 옷걸이에 ____________________.

3. '피동사'를 사용해 다음 상황을 설명해 보세요.

(1) 음악 소리가 ____________________.

(2) 창문 밖에 나무가 ____________________.

(3) 아이가 엄마한테 ____________________.

(4) 바람 때문에 문이 ____________________.

좀 더 자세히

● 이런 피동 표현도 있어요.

(1) 끄다 - 꺼지다　　컴퓨터를 하고 있는데 컴퓨터가 꺼졌어요.

(2) 켜다 - 켜지다　　이 불은 가까이 가면 저절로 켜져요.

(3) 지우다 - 지워지다　　이 옷을 오래 입어서 옷에 있는 글씨가 지워졌어요.

(4) 찢다 - 찢어지다　　치마가 못에 걸려서 찢어졌어요.

(5) 깨다 - 깨지다　　거울을 떨어뜨려서 거울이 깨졌어요.

● '갑자기, 혼자서, 저절로'와 같이 쓸 수 있어요.

갑자기/혼자서/저절로 문이 열렸어요.

고쳐 드릴 테니까 맡겨 놓고 가세요

Track 23

세탁소	어서 오세요.
지선	바지는 허리를 줄이고, 티셔츠는 구멍 난 부분 좀 수선해 주세요.
세탁소	바지는 얼마나 줄이실 거예요?
지선	2인치 정도요. 여기 표시를 해 왔어요.
세탁소	티셔츠는 팔 부분에 작은 구멍이 나 있네요.
지선	못에 걸려서 그렇게 됐어요. 그 부분을 수선할 수 있나요?
세탁소	그럼요, 고쳐 드릴 테니까 맡겨 놓고 가세요.
지선	수선비는 얼마예요?
세탁소	두 개 같이 해서 8,000원인데 수선이 끝난 다음에 주셔도 돼요.
지선	배달도 해 주세요?
세탁소	그럼요, 주소가 어떻게 되세요?
지선	저기 숙명아파트 205동 1205호예요. 그럼 잘 부탁합니다. 안녕히 계세요.
세탁소	네, 안녕히 가세요.

새단어

줄이다	to shorten	수선하다	to mend	수선비(용)	repairing expenses
인치	inch	구멍이 나다	a hole is made		
표시	mark	맡기다	to check		

● 다음 상황에 맞는 대화를 만들어 보세요.

옷에 생긴 문제	문제가 생긴 이유
바지 허리가 작을 때	살이 많이 쪄서
지퍼가 고장 났을 때	지퍼를 급히 올려서
흰 옷에 얼룩이 생겼을 때	커피를 흘려서
바지가 찢어졌을 때	넘어져서

보기
손님: 요즘 살이 많이 쪄서 바지 허리가 작아요. 수선할 수 있나요?
세탁소: 그럼요. 바지 허리를 얼마나 늘리실 거예요?

문법과 표현 Ⅱ

● [동]-어 있다

오래 **서 있어서** 다리가 아파요.

가방에 책과 수첩이 **들어 있어요.**

할아버지께서 침대에 **누워 계세요.**

● 연습해 봅시다.

1. '-어 있다'를 사용해 문장을 완성해 보세요.

(1) 동생은 지금 외국에 ______________________. (가다)

(2) 지금 학생들은 모두 자리에 ______________________. (앉다)

(3) 한 시간 전부터 사람들이 저기에 ______________________. (모이다)

(4) 아침부터 에어컨이 ______________________. (켜지다)

(5) 학교에 왔을 때 창문이 ______________________. (열리다)

2. '-어 있다'를 사용해 대화를 완성해 보세요.

(1) 가: 마이클 씨가 어디에 있어요?

나: 노란색 의자에 ______________________.

(2) 가: 칠판에 누가 제 이름을 썼어요?

나: 모르겠어요, 이미 ______________________.

(3) 가: 마이클 씨가 창문을 닫았어요?

나: 아니요, 제가 왔을 때 ______________________.

(4) 가: 제 옷 못 보셨어요? 어디 있는지 모르겠어요.

나: 저기 옷걸이에 ______________________.

3. '-어 있다'를 사용해 대화해 보세요.

(1) 스마트폰이 꺼져 있어요?

(2) 책상 위에 뭐가 놓여 있어요?

(3) 지금 창문이 열려 있어요?

(4) 가방 안에 뭐가 들어 있어요?

4. 이 방의 모습이 어때요? 피동사나 '-어 있다'를 이용해서 대화를 완성하세요.

경찰 : 어떤 물건이 없어졌습니까?

피해자 : 돈과 보석이 없어졌어요.

경찰 : 그럼 집에 돌아왔을 때 집이 어땠어요? 자세히 말씀해 주세요.

피해자 : 집에 왔을 때 문이 ____________ 불이 ____________ ____________

경찰 : 외출하실 때 문을 닫고 불도 끄셨어요?

피해자 : 그럼요.

경찰 : 이 옷은 어디에 있었습니까?

피해자 : 외출 전에는 옷장 안에 있었는데, 집에 와 보니까 ____________ 더라고요.

좀 더 자세히

- 뭐가 달라요?

(1) 지금 의자에 **앉아 있어요.**

(2) 지금 의자에 **앉고 있어요.**

- 뭐가 틀려요?

(1) 꽃이 **피어 있어요.**

(2) 꽃이 **예뻐 있어요.**

● [형]/[동] -(으)ㄹ 테니(까)

가: 3급은 2급보다 **어려울 테니까** 더 열심히 합시다!

나: 네, 잘 알겠습니다.

가: 이번 방학 동안 꼭 열심히 공부하세요.

나: 네, 열심히 **공부할 테니까** 걱정하지 마세요.

가: 호주를 여행할 때 무엇을 준비해야 돼요?

나: 지금 거기는 **겨울일 테니까** 두꺼운 옷을 준비하세요.

● 연습해 봅시다.

1. '-을 테니(까)'를 사용해 문장을 완성해 보세요.

(1) 친구가 곧 ________________ 조금만 더 기다려요.(오다)

(2) 내가 ________________ 너는 요리해.(청소하다)

(3) 제가 모든 것을 ________________ 잠시 쉬세요.(준비하다)

(4) 이 옷을 입으면 ________________ 걱정하지 마.(날씬해 보이다)

(5) 오후에는 비가 ________________ 우산을 꼭 가져가세요.(내리다)

2. '-을 테니(까)'를 사용해 대화를 완성해 보세요.

(1) 가: 오늘 꼭 전화해 주세요.

나: 네, 늦어도 ____________________.

(2) 가: 이번 시험에 합격해야 되는데. 걱정이에요.

나: 반드시 ____________________ 걱정하지 마.

(3) 가: 잃어버린 가방을 찾을 수 있을까요?

나: 곧 ____________________ 조금만 기다려 보세요.

(4) 가: 갑자기 비가 오네요. 우산이 없는데 어떻게 하지요?

나: ____________________.

(5) 가: 우리 언제 출발하면 돼요?

나: 오늘은 비가 와서 차가 많이 ____________________.

3. 다음 그림을 보고 친구와 같이 집안일을 나누어 보세요. 그리고 '-을 테니(까)'를 사용해 대화해 보세요.

저는 설거지를 할 테니까 ○○씨는 ____________________.

어휘 확장

● 무늬

1.  • (1) 민무늬

2.  • (2) 줄무늬

3.  • (3) 꽃무늬

4.  • (4) 체크무늬

5.  • (5) 호피무늬

사이즈

종 류	사 이 즈				
신발	230(mm)	235	240	245	…
하의(바지, 치마)	27(inch)	28	29	30	…
상의(티셔츠, 남방 등)	100 S	105 M	110 L	 XL	
여성 정장	55	66	77	88	

옷/신발의 종류

보기 남방 주름치마 블라우스 조끼 스웨터 점퍼 파카
카디건 와이셔츠 반바지 원피스 정장 코트 재킷

보기 구두, 운동화, 샌들, 부츠, 장화, 등산화, 슬리퍼, 하이힐

● 세탁 방법

보기

- 드라이클리닝 하다
- 높은(낮은) 온도로 빨다
- 천을 대고 다리다
- 다리면 안 되다
- 짜면 안 되다
- 그늘에서 말리다
- 물세탁을 하다
- 180° 에서 210° 정도로 다리다
- 따뜻한 물로 빨래하다
- 염소표백하면 안 되다
- 약하게(세게) 짜다

1. 

2. 

3. 

4. 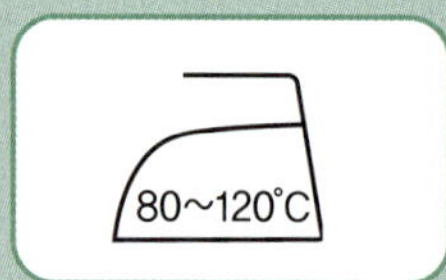

5. 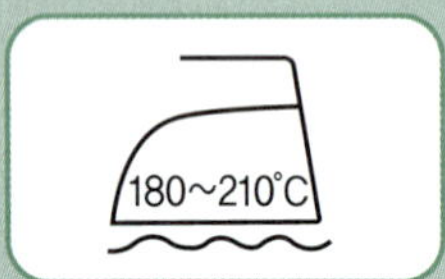

6. 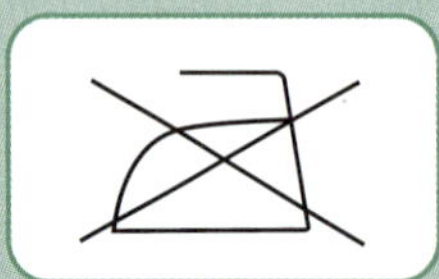

7. 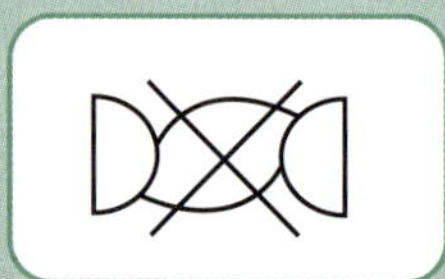

8. 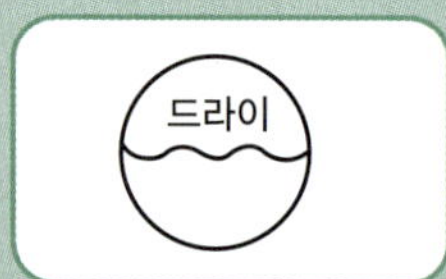

9. 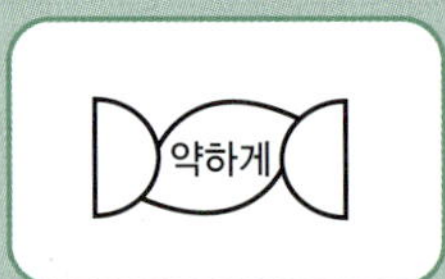

10. 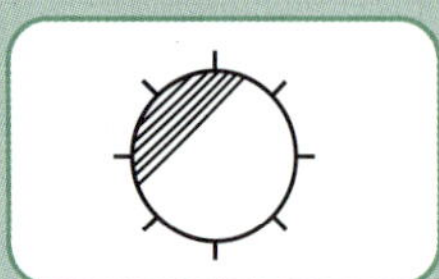

11. 

의사소통활동

듣기 Track 24

● 다음을 듣고 답하세요.

1. 어떤 사람을 '멋쟁이' 라고 부릅니까?
2. 친구가 시작한 인터넷 쇼핑몰에서 어떤 것을 팝니까?
3. '눈을 믿어요.' 는 무슨 의미입니까?

읽기

● 여러분은 패션에 얼마나 관심이 있어요?

1. 패션에 관심이 있습니까?

   전혀 아니다 □ 아니다 □ 보통이다 □ 그렇다 □ 매우 그렇다 □

2. 유행을 따르는 편입니까?

   전혀 아니다 □ 아니다 □ 보통이다 □ 그렇다 □ 매우 그렇다 □

3. 옷에 신경을 쓰는 편입니까?

   전혀 아니다 □ 아니다 □ 보통이다 □ 그렇다 □ 매우 그렇다 □

4. 계절마다 옷을 구매하는 편입니까?

   전혀 아니다 □ 아니다 □ 보통이다 □ 그렇다 □ 매우 그렇다 □

5. 옷이 많이 비싸도 마음에 들거나 필요하면 꼭 구입하는 편입니까?

   전혀 아니다 □ 아니다 □ 보통이다 □ 그렇다 □ 매우 그렇다 □

● 여러분은 어떤 사람입니까?

여러분의 점수를 모두 합해 보세요.

• 전혀 아니다 1점 • 아니다 2점 • 보통이다 3점 • 그렇다 4점 • 매우 그렇다 5점

점수	당신은 어떤 사람?
23~25	당신은 최고의 멋쟁이!
20~22	당신은 패션에 감각이 있는 사람!
16~19	조금 더 신경 쓰면 멋쟁이가 될 수 있어요!
11~15	패션보다 다른 데 관심이 더 많겠군요!
5~10	패션과 담을 쌓았군요!

● 옷을 구매할 때 무엇을 가장 중요하게 생각합니까? 순서대로 번호를 쓰세요.

디자인☐ 색상☐ 편안함☐ 가격☐ 품질☐ 용도☐ 유행☐

● 여러분은 다음 중에서 어떤 옷을 더 선호합니까?

예쁘지만 조금 불편한 옷	☐	별로 예쁘지 않지만 편안한 옷	☐
비싸지만 오래 입을 수 있는 옷	☐	안 비싸지만 오래 입을 수 없는 옷	☐
유행을 따르는 옷	☐	유행과 상관없는 옷	☐
평범한 옷	☐	조금 색다른 옷	☐
매우 특이한 옷	☐	나이보다 어려 보이는 옷	☐
나이에 어울리는 옷	☐	나이보다 더 들어 보이는 옷	☐

말하기

- 여러분은 어떤 옷을 입어 보고 싶습니까? 여러분이 입고 싶은 옷과 친구가 입고 싶어 하는 옷을 그려 보세요.

나	친구

문화

전통 옷, 한복

옛날 한국 사람들은 신분에 따라 옷을 다르게 입었습니다. 일반적으로 왕과 귀족들이 입는 옷은 색깔이 다양하고 여러 가지 모양의 자수가 놓여 있었습니다. 하지만 일반 사람들은 하얀색 옷만 입을 수 있었습니다. 여자 한복은 저고리와 치마로 나뉘어져 있고 추울 때에나 외출을 할 때에는 두루마기라는 겉옷을 입었습니다. 남자 한복은 저고리와 바지, 그리고 두루마기라는 겉옷으로 이루어져 있었습니다.

하지만 19세기 말부터 한국에도 서양식 여자 옷인 양장과 남자 옷인 양복이 들어왔습니다. 조금씩 한복과 서양식 옷을 번갈아 입다가 요즘에는 특별한 날에만 한복을 입습니다. 한국 사람들은 평소에 양장과 양복을 입습니다. 하지만 추석이나 설날 같은 명절에 한복을 입습니다. 또는 결혼식이나 중요한 행사가 있을 때에만 한복을 입습니다. 한편, 요즘은 '개량한복'이라는 것을 평소에 입는 사람들이 많아지고 있습니다. 이것은 전통적인 한복에 현대적인 디자인을

더하여 만든 한복으로 디자인과 색상이 매우 다양해서 평상복으로도 많이 사랑 받고 있습니다.

예쁜 한복들은 가격이 비쌉니다. 원래는 한복 가게에 가서 천을 고르고 치수를 재서 맞춰 입었습니다. 하지만 요즘은 한복을 입는 날이 많지 않기 때문에 한복 대여점에서 한복을 빌려 입기도 합니다. 한복을 입어본 적 있으세요? 입고 싶으시다면 한복을 빌려서 입는 방법이 있습니다. 여러분도 한국의 특별한 날이나 중요한 생일잔치에 초대되었을 때 한복을 입어보세요.

● 질문

1. 한국 사람들은 언제부터 양장이나 양복을 입었습니까?

2. 요즘에는 언제 한복을 입습니까?

새단어

신분	position, status
왕	king
귀족	aristocrat
다양하다	to be different
자수	embroidery
번갈아	in turn, in rotation
초대되다	to be invited
평소	usual day
명절	(national) holiday
행사	event, occasion, ceremony
천	cloth, fabric
치수를 재다	to take (one's) measurements
대여점	rental shop

LESSON

07

식생활

학습목표

- 어휘 ㅣ 식생활 관련 표현
- 문법 ㅣ -는 대신(에), -을 텐데, 간접화법

Track 25

듣고 말해 보세요

1. 어떤 음식을 먹으러 갑니까?
2. 외식을 자주 하는 편입니까?

대화 1

집에서 요리하는 대신에 사 먹는 사람들이 많아

Track 26

프엉	아~ 배고파. 뭐 먹을 거 없나?
하나	아침 안 먹고 왔어?
프엉	응, 오늘 늦잠을 자서 아침을 못 먹고 학교에 왔어. 넌 밥 먹었어?
하나	물론이지. 식사 중에서 아침 식사가 제일 중요해.
프엉	너는 아침에 주로 뭘 먹어?
하나	밥이랑 국, 찌개, 반찬…… 이렇게 먹어.
프엉	그래? 우리나라에서는 아침을 간단하게 먹는 편이야. 집에서 요리하는 대신에 가게에서 빵이나 죽을 사 먹는 사람들이 많아.
하나	요즘 한국에도 간단하게 빵을 먹는 사람도 많아. 그나저나 오늘 수업 때문에 1시까지는 밥을 못 먹을 텐데 이거 먹어 봐.
프엉	이게 뭐야?
하나	엄마가 싸 주신 김밥이야.
프엉	와~ 맛있겠다. 고마워. 김밥은 내가 제일 좋아하는 한국 음식이야.

새단어

늦잠을 자다	to oversleep	간단하게	simply	그나저나	by the way
반찬	(side) dish	죽	porridge		
주로	mostly	싸 주다	to pack up		

● 다음 상황에 맞는 대화를 만들어 보세요.

아침에 주로 먹는 음식	
생일에 먹는 특별한 음식	
큰 명절에 먹는 특별한 음식	

보기 가: 아침에 주로 밥을 먹어요?
나: 아니요, 밥을 먹는 대신에 죽을 먹어요.

문법과 표현 I

● [동]-는 대신(에) [명] 대신(에)

마이클 씨 **대신에** 제가 아르바이트를 할 거예요.

그 사람은 대답을 **하는 대신에** 고개를 숙였다.

● 연습해 봅시다.

1. '-는 대신(에)'를 넣어 문장을 완성해 보세요.

(1) 

→ 밥을 ________________ 빵을 먹어요.

(2) 

→ 시험을 ________________ 보고서를 내요.

(3) 

→ 버스를 ________________ 택시를 타요.

(4) 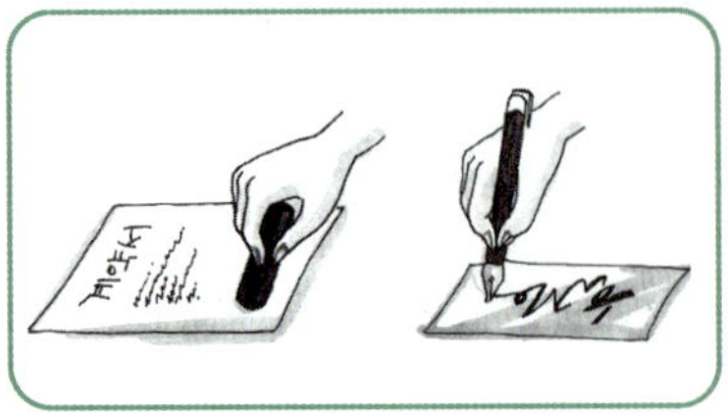

→ 도장을 ________________ 사인을 해요.

2. '-는 대신(에)'를 사용해 대화를 완성해 보세요.

(1) 

가: 전에는 사전을 갖고 다녀서 가방이 무거웠어.

나: 요즘에는 사전을 ______________________________
____.

(2) 

가: 친구들에게 편지를 써?

나: 아니, 요즘에는 친구들에게 편지를 __________
____.

(3) 

가: 이번 주말에 영화 보러 가자.

나: 안 돼. 다음 주에 시험이 있어서 영화를
____.

3. 어떻게 할 거예요? '-는 대신(에)'를 사용해서 이야기해 보세요.

(1) 오늘이 부모님 생신인데 선물을 준비 못 했어요. 어떻게 하겠어요?

(2) 휴대폰이 고장이 나서 부모님께 전화를 못 하면 어떻게 연락하겠어요?

(3) 공원으로 소풍을 가려고 하는데 비가 많이 와요. 어떻게 하겠어요?

좀 더 자세히

● 무슨 뜻이에요?

(1) 9시까지 야근을 **하는 대신에** 월급을 더 많이 받는다.

(2) 네가 숙제를 **도와주는 대신에** 내가 밥을 살게.

● [형]/[동]-(으)ㄹ 텐데

가: 마이클 씨에게 부탁할 게 있는데, 전화해 볼까요?
나: 마이클 씨가 지금 **바쁠 텐데** 내일 연락해 보세요.

가: 학교 다녀오겠습니다!
나: 오후에 비가 **올 텐데** 우산 안 가지고 가니?

가: 부산에 도착하고 나서 식사를 하는 게 나을까요?
나: 도착하면 **밤 9시가 넘을 텐데** 식사 먼저 하고 떠납시다.

● 연습해 봅시다.

1. '-(으)ㄹ 텐데'를 사용해 문장을 완성해 보세요.

(1) 지금 피곤하다 •	• 왜 아직 연락이 없어요?
(2) 비가 올 거예요 •	• 빵 좀 드시겠어요?
(3) 밥을 안 먹어서 배고프다 •	• 우산이 없어서 어떻게 해요.
(4) 철수는 그 일을 모르다 •	• 집에서 좀 쉬세요.
(5) 마이클이 한국에 돌아왔다 •	• 말해 줘야 하나요?

(1) 지금 피곤할 텐데 집에서 좀 쉬세요.

(2) ______________________________

(3) ______________________________

(4) ______________________________

(5) ______________________________

2. 〈보기〉에서 알맞은 단어를 골라 대화를 완성하세요.

보기	피곤하다	바쁘다	많다

가: 제가 조금 늦었죠? ____________ 늦어서 미안해요.

나: 아니에요. 5시간이나 버스를 타고 오셔서 ____________ 잠깐 쉬었다가 이야기 하시죠.

가: 네, 고마워요. 그런데 민수 씨는 아직 안 왔어요? 나보다 일찍 출발했는데 안 보이네요.

나: 민수 씨도 좀 전에 오셨어요. 지금 옆방에 계세요.
두 분 다 일이 ____________ 이렇게 와 주셔서 정말 고마워요.

3. '-을 텐데' 문법을 사용해서 대화를 완성해 보세요.

(1)

(2)

(3)

(4)

규칙적으로 운동을 해야 한대요

Track 27

민호	마이클 씨, 무슨 일 있어요? 안색이 안 좋아 보여요.
마이클	요즘 일 때문에 잠을 못 자서 그래요.
민호	그럴 때는 비타민이 많은 채소나 과일을 먹는 것이 좋대요. 그리고 시간이 없어도 규칙적으로 운동을 해야 한대요.
마이클	과일과 채소는 매일 꼭 챙겨 먹어요. 그런데 운동은 도저히 할 시간이 없어요. 그래서 운동 대신에 음식에 신경을 써요.
민호	그러고 보니까 오늘이 복날이네요. 우리 삼계탕 먹으러 갈까요? 삼계탕을 먹으면 힘이 좀 날 거예요.
마이클	아~, 한국에선 더울 때나 힘이 없을 때 삼계탕을 먹는다고 들었어요. 좋아요, 같이 가요.
민호	마이클 씨가 아주 힘들어 보이니까 오늘은 내가 살게요. 먹고 힘내세요!

새단어

안색	complexion	복날	one of the three dog days
규칙적으로	regularly	삼계탕	samgyetang, chicken soup with ginseng
챙기다	to take	힘이 나다	to gain strength
도저히	possibly	신경을 쓰다	to care

● 다음 상황에 맞는 대화를 만들어 보세요.

상황	필요한 음식
피곤할 때	비타민이 많은 채소나 과일
우울할 때	
다이어트를 할 때	
입맛이 없을 때	
감기에 걸렸을 때	

보기 가: 피곤할 때 어떤 음식을 먹으면 좋을까요?
나: 비타민이 많은 채소나 과일을 먹으면 좋대요.

문법과 표현 II

간접화법

● 평서문: [형]-다고 하다//대요　　[동]-ㄴ/는 다고 하다//-ㄴ/는대요

친구: "오늘 날씨가 좋아요."	→ 친구가 오늘 날씨가 **좋다고 해요/좋대요.**
친구: "지금 비가 와요."	→ 친구가 지금 비가 **온다고 해요/온대요.**
친구: "이것은 책이에요."	→ 친구가 이것은 **책이라고 해요/책이래요.**

■ 친구가 무슨 말을 했어요?

(1) 친구: "머리가 너무 아파요." → ____________________

(2) 친구: "1시에 친구를 만나요." → ____________________

(3) 친구: "내일 쇼핑을 할 거예요." → ____________________

● 의문문: [형][동]-냐고 하다//내요

친구: "동생이 예뻐요?"	→ 친구가 동생이 **예쁘냐고 해요/예쁘내요.**
친구: "오늘 학교에 가요?"	→ 친구가 오늘 학교에 **가냐고 해요/가내요.**
친구: "지금 몇 시예요?"	→ 친구가 지금 몇 **시냐고 해요/몇 시내요.**

■ 친구가 무슨 말을 했어요?

(1) 친구: "지금 배가 고파요?" → ____________________ / ____________

(2) 친구: "저녁에 뭐 해요?" → ____________________ / ____________

(3) 친구: "이게 뭐예요?" → ____________________ / ____________

● 명령문: [동]-(으)라고 하다/-(으)래요

엄마: "제니야, 빨리 학교에 가." → 엄마가 제니에게 빨리 학교에 **가라고 해요/가래요.**

■ 사람들이 무슨 말을 했어요?

(1) 가게 주인: "과일 사세요." → ________________ / ________

(2) 친구: "이 노래를 들어 봐." → ________________ / ________

하나: "제니야, 나 좀 도와 줘." → 하나가 제니에게 도와 **달라고 해요./달래요.**

"제니야, 마이클을 도와 줘." → 하나가 제니에게 마이클을 도와 **주라고 해요/주래요.**

■ 사람들이 무슨 말을 했어요?

(1) 선생님: "아주머니, 문 좀 열어 주세요."

→ ________________ / ________

(2) 친구: "수진아, 동생한테 책 좀 빌려 줘."

→ ________________ / ________

● 청유문: [동]-자고 하다/-재요

친구: "오늘 같이 영화 보자." → 친구가 오늘 같이 영화 **보자고 해요/보재요.**

■ 사람들이 무슨 말을 했어요?

(1) 언니: "같이 밥 먹으러 가자." → ________________ / ________

(2) 친구: "같이 숙제합시다." → ________________ / ________

● 연습해 봅시다.

1. 제니 씨의 말을 다른 사람에게 전달해 주세요.

(1) 날씨가 추워요.
(2) 수업 후에 같이 커피 마시자.
(3) 이번 여행은 어디로 갈까요?
(4) 숙제 좀 도와 주세요.
(5) 미소 씨에게 사전 좀 빌려 주세요.

(1) 제니 씨가 날씨가 춥대요.
(2) ______________________
(3) ______________________
(4) ______________________
(5) ______________________

2. 〈보기〉와 같이 세 사람이 귓속말로 대화해 보세요. 가운데 있는 사람이 옆에 있는 두 사람의 말을 서로에게 귓속말로 전해 주세요.

보기

수미

저는 영화를 자주 봐요. →

수미 씨가 영화를 자주 본대요. →

〈전할 말〉
(1) 다음 주 수요일이 시험이에요.
(2) 아침 먹었어요?
(3) 주말에 도서관에 가자.
(4) 더우니까 창문 좀 열어 주세요.
(5) ◯◯ 씨 오늘 너무 예뻐요.
(6) ______________________________________.

3. 들은 이야기를 전해 주세요.

(1) 요즘 들은 뉴스, 일기예보

(2) 선생님께 들은 이야기

(3) 요즘 하고 있는 공연, 영화, TV 이야기

(4) 학교 근처에 맛있는 곳

어휘 확장

1. 입과 관련된 표현

비밀을 말하고 싶다.	
음식을 심하게 골라서 먹거나 조금 먹는다.	
했지만 안한 것처럼 행동하다.	
음식이 입에 맛있다.	

2. 다음 표현의 뜻을 추측해 보세요.

"우리 퇴근 후에 **한잔할까요?**"

"오늘은 내 생일이니까 내가 **한턱낼게**."

3. 한국의 특별한 음식

- 엿 - 매우 끈적끈적한 사탕
- 오곡밥 - 여러 가지 곡식으로 만든 밥
- 팥죽 - 붉은 콩으로 만든 죽
- 육개장 - 소고기로 만든 매운 국
- 미역국 - 미역을 넣고 끓인 국
- 떡국 - 떡을 넣어 만든 국

- 위 음식은 언제 먹을까요?

의사소통활동

듣기

● 다음을 듣고 답하세요. Track 28

1. 초대한 손님은 무엇에 대해 연구한 사람입니까?

2. 첫 번째 사람의 고민은 무엇입니까?

3. 두 번째 사람의 고민에 맞는 해결 방법은 무엇입니까?

4. 다음에는 무엇에 대해 이야기할까요?

읽기

● 다음을 읽고 답하세요.

음식 중에는 특별한 날에 먹는 음식들이 있다. 설날에는 떡국을, 대보름에는 오곡밥을, 추석에는 송편을 먹는다. 그리고 동지에는 팥죽을 먹는다. 이런 음식을 먹는 것은 전통인데 특별한 이유가 있는 것도 있다.

예를 들어 옛날부터 아기를 낳은 어머니는 미역국을 먹고 기운을 차렸다. 그래서 생일이 되면 미역국을 먹는다. 그런데 시험을 보는 날에는 절대 미역국을 먹지 않는다. 그날이 생일이어도 대부분 먹지 않는다. 왜냐하면 미역이 미끄러워서 시험에 떨어진다고 생각하기 때문이다. 시험을 보는 날에는 미역 대신 떡이나 엿을 먹는다. 떡과 엿은 잘 붙기 때문에 이것을 먹으면 시험에 꼭 붙을 것이라고 믿기 때문이다. 옛날부터 큰 시험을 보러갈 때 엿을 만들어 가지고 갔는데 이것은 한국의 오래된 전통이라고 할 수 있다.

1. 한국에서는 언제 미역국을 먹고, 언제 먹지 않습니까?

2. 시험을 보는 날에 떡이나 엿을 먹는 이유는 무엇입니까?

3. 여러분 나라에서는 특별한 날에 먹는 음식이 있습니까? 언제 어떤 음식을 먹습니까? 이유는 무엇입니까?

새단어 _New Words

대보름	the 15th of January by the lunar calendar
동지	winter solstice
낳다	to give birth
기운을 차리다	to recover strength
미끄럽다	to be slippery

문화

한국 음식의 특징

한국은 3면이 바다이고 남북으로 산이 많아서 해산물과 채소, 고기 등이 풍부합니다. 그리고 계절과 지역에 따라 다양한 음식이 있습니다. 지금부터 한국의 음식의 특징에 대해 살펴보겠습니다.

첫째, 음식의 종류가 다양합니다. 한국 음식의 주식에는 밥, 죽, 국수, 떡국 등이 있고, 부식으로는 국, 찌개, 구이, 전, 조림, 볶음, 나물과 같은 반찬들이 있습니다. 일상의 음식 외에도 떡, 과자, 엿, 화채, 차, 술 등의 후식과 기호 음식이 다양합니다.

둘째, 곡물로 만든 음식이 많습니다. 옛날부터 농사를 지어서 한국은 쌀이나 보리로 만든 밥을 주식으로 했습니다. 곡물로 만든 음식의 종류로는 죽, 국수, 만두, 수제비, 떡, 엿, 술, 장 등으로 매우 다양합니다.

셋째, 여러 가지 양념을 사용하여 맛이 다양합니다. 한국 음식을 만들 때 '갖은 양념을 넣는다'라는 말을 자주 합니다. 이때 갖은 양념이란 간장, 설탕, 파, 마늘, 깨소금, 참기름, 후춧가루, 고춧가루 등을 말합니다.

넷째, 모든 음식에 건강에 좋은 재료를 넣습니다. 일상 음식 속에 약이 되는 재료들을 넣어서 건강에 좋게 만듭니다. 예를 들면 꿀, 계피, 잣, 인삼, 생강, 밤, 대추, 오미자 등이 건강에 좋은 재료입니다.

다섯째, 명절마다 만들어 먹는 음식이 다양합니다. 한국은 명절마다 다양한 행사와 놀이가 있는데, 음식 또한 다양합니다. 정월 초하루에는 밥 대신에 떡국을 먹고, 정월 대보름에는 오곡밥, 추석에는 송편 등의 특별한 음식을 만들어 먹습니다.

● 질문

1. 한국음식의 주식으로는 어떤 음식이 있습니까?

2. 갖은 양념이란 무엇을 말합니까?

3. 정월 초하루에 먹는 음식은 무엇입니까?

새단어 _New Words

주식	the principal food
부식	a subsidiary food
기호 음식	favorite food
곡물	grain
농사짓다	to farm
양념	spices
명절	a festive day
정월 초하루	the first of January by the lunar calendar
정월 대보름	the 15th of January by the lunar calendar

LESSON 08

주거생활

학습목표

- 어휘 | 주거 관련 표현
- 문법 | -는데요!, -는지, -는 모양이다, -도록

Track 29

듣고 말해 보세요

1. 지금 살고 있는 집은 어떻습니까?
2. 이사를 하면 어떤 집에서 살고 싶습니까?

대화 1

정말 비싼데요!

Track 30

부동산	어서 오세요.
지영	아파트 전세나 월세를 얻으러 왔는데요.
부동산	방이 몇 개 정도면 좋겠어요?
지영	두 개 이상이요. 좀 비싸도 역에서 가까운 집을 얻고 싶어요.
부동산	아주 좋은 집이 하나 있어요. 방이 두 개이고, 넓은 화장실 한 개, 그리고 거실도 넓은 편이에요. 전망도 아주 좋아요. 전세로 2억이에요.
지영	전세가 2억이에요? 정말 비싼데요! 그 집 월세는 안 되나요?
부동산	집주인이 전세로 해 달라고 했는데, 월세가 되는지 안 되는지 한번 물어 볼게요.
지영	보증금 5000만 원에 월세로 되는지 물어 봐 주세요.
부동산	알았어요. 주인이랑 통화하고 나서 연락 줄게요.
지영	네, 그럼 그렇게 해 주세요.

새단어

전세	lease	주인	owner
월세	monthly rent	보증금	deposit
전망	view	통화하다	to call

● 다음 상황에 맞는 대화를 만들어 보세요.

구하는 집	원룸 월세	구하는 집	하숙
보증금	1000만 원	월세	50만 원 이하
조건	강아지를 키울 수 있는 집	조건	학교에서 가까운 집

보기 가: 원룸 월세를 얻으러 왔는데요.
나: 어떤 집을 원하세요?
가: 보증금 1,000만 원에 강아지를 키울 수 있는 집이면 좋겠어요.

문법과 표현 I

● [형]-(으)ㄴ데요/ [동]-는데요!

가: 그 옷 어디에서 샀어요? 정말 **예쁜데요**!
나: 고마워요. 어제 학교 앞에서 샀어요.

가: 미안해요. 피자를 다 먹었어요.
나: 피자를 혼자 한 판 다 먹었어요? 와! 정말 많이 **먹는데요**!

가: 손님들이 너무 조금 왔네요.
나: 맞아요. 온 사람은 다섯 **명뿐인데요**!

● 연습해 봅시다.

1. '-는데요'를 사용하여 말해 보세요.

(1) 옷이 비싸다

→ ______________________!

(2) 딸이 귀엽다

→ ______________________!

(3) 빵이 맛있다

→ ______________________!

(4) 차가 끊겼다

→ ______________________!

(5) 이 가방이 200만 원이다

→ ____________________!

(6) 머리가 정말 길다

→ ____________________!

(7) 잠을 많이 자다

→ ____________________!

(8) 옛날에도 예뻤다

→ ____________________!

2. 다음 그림을 보고, 빈칸에 알맞은 말을 쓰세요.

(1) 가: 이 가방은 정말 ____________________! 책이 많이 들어가겠어요.

나: 네, 책이 7권이나 들어가요.

가: 이런 가방은 얼마예요?

나: 50만 원 정도 해요.

가: 네? 정말 ____________________!

나: 좀 비싸지만 튼튼해서 돈이 아깝지 않아요.

(2) 가: 이 차는 정말 ____________! 사람들이 많이 타겠어요.

나: 네, 이 차는 7명이나 탈 수 있어요.

가: 이런 차는 얼마 정도 해요?

나: 6000만 원 정도 해요.

가: 네? ____________________!

나: ____________________

3. 친구들의 지금 모습을 칭찬해주세요.

● [형]/[동]-(으)ㄴ/는지 [형]/[동] -(으)ㄴ/는지

옷이 **작은지 큰지** 입어 보세요.

비가 **오는지 안 오는지** 확인해 보세요.

저 옷이 **치마인지 바지인지** 모르겠어요.

● 연습해 봅시다.

1. '-는지 -는지'를 사용해 문장을 만들어 보세요.

(1) 

나에게 이 티셔츠가 ________ ________ 모르겠어요.
(어울리다) (안어울리다)

(2) 

내 답이 ________ ________ 확실하지 않아요.
(맞다) (틀리다)

(3)  거기 날씨가 ______________ ______________ 물어 보세요.

(춥다) (덥다)

(4)  저 사람이 ______________ ______________ 모르겠어요.

(여자) (남자)

2. '-는지 -는지'를 이용해서 문장을 완성해 보세요.

(1) 가: 마이클 씨가 한국에 ____________________________ 모르겠어요.

나: 한번 전화해 보세요. 한국에 돌아왔으면 전화를 받을 거예요.

(2) 가: 시험이 몇 시부터 시작이에요? 9시예요? 10시예요?

나: 글쎄요. 저도 ____________________________ 모르겠어요.

(3) 가: 오늘 호렝 씨가 학교에 오나요?

나: 오늘 ____________________________ 전화해 볼게요.

(4) 가: 오늘 반에서 김밥을 만드나요?

나: 글쎄요. ____________________________________.

3. 반 친구들에게 궁금한 것을 '-는지 -는지'를 이용해 말해 보세요.

이름	궁금한 것	결과
미소	남자친구가 있는지 없는지 궁금해요.	있어요.

기숙사가 인기가 많은 모양이네

Track 31

첸 지금 살고 있는 자취방이 마음에 안 들어서 이사 가려고 해.

지선 기숙사로 이사 가는 건 어때?

첸 안 그래도 이번 학기에 기숙사를 신청했어. 그런데 한 달이 넘도록 기다렸는데 소식이 없어서 다른 집을 구해야 할 것 같아.

지선 그래? 기숙사가 인기가 많은 모양이네.

첸 응, 그런 모양이야. 너희 하숙집은 어때?

지선 우리 하숙집은 밥도 맛있고 아주머니도 친절하셔서 좋아.
그런데 지금은 빈방이 없는 것 같아.

첸 아쉽네. 혹시 괜찮은 하숙집이나 원룸 있으면 소개 좀 해 줘.

지선 그래. 친구들한테도 물어 보고 알려 줄게. 그런데 어떤 집을 찾아?

첸 하숙집이면 밥이 맛있고 깨끗한 집이면 좋겠어.
학교에서 가까우면 더 좋고.

지선 알았어. 나도 한번 찾아볼게.

새단어

자취방	rented room	하숙집	boarding house
안 그래도	as a matter of fact	아쉽다	to be sorry, sad
신청하다	to apply	혹시	by any chance, in case
기숙사	dormitory		

● 다음 상황에 맞는 대화를 만들어 보세요.

찾고 있는 집	조건
자취방	좁아도 학교에서 가깝고 싼 곳
하숙집	주말에도 식사가 가능하고 빨래를 해 주는 곳
원룸이나 오피스텔	조금 비싸도 역에서 가까운 집

보기 가: 어떤 자취방을 구하려고 해?
나: 좁아도 학교에서 가깝고 싼 방을 구하고 싶어.

문법과 표현 Ⅱ

● [형]/[동]-(으)ㄴ/는 모양이다

저 식당에는 항상 사람이 많네요. 음식 맛이 **좋은 모양이에요.**

교복을 입고 가는 걸 보니 학교에 **가는 모양이에요.**

학생들이 인사하는 걸 보니 저 분은 **선생님인 모양이에요.**

● 연습해 봅시다.

1. '-는 모양이다'를 이용해 문장을 완성해 보세요.

(1) 오늘은 날씨가 ______________________________ .(춥다)
사람들이 모두 두꺼운 옷을 입고 있어요.

(2) 그 사람은 회사가 ______________________________ .(멀다)
매일 아침 일찍 집에서 나와요.

(3) 밖에 비가 ______________________________ .(오다)
사람들이 우산을 쓰고 있어요.

(4) 친구가 어제 숙제를 ______________________________ .(안 하다)
쉬는 시간에 계속 숙제를 하고 있어요.

(5) 그 사람은 ______________________________ .(의사이다)
의사 가운을 입고 있어요.

2. 그림을 보고 '–는 모양이다'를 이용해 말해 보세요.

(1) 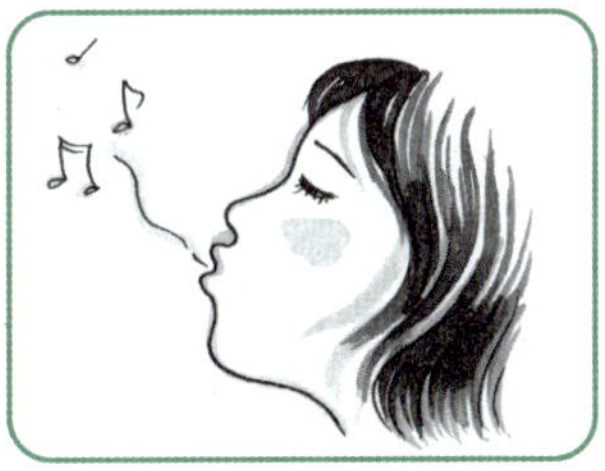

(2) 

(3) 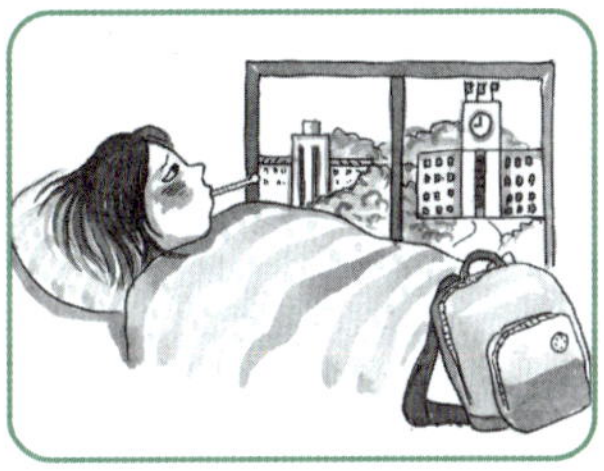

(4) 

3. 요즘 반 친구들이 어때 보여요? 왜 그런 것 같아요?

'–는 모양이다'를 이용해서 말해 보세요.

이름	요즘 어때요?	내가 생각하는 이유
정민	피곤해 보여요	일이 많은 모양이에요

● [동]-도록

동생이 12시가 **되도록** 안 들어왔어요.

저는 그 사람을 **미치도록** 사랑해요.

손이 발이 **되도록** 빌어요.

● 연습해 봅시다.

1. '-도록' 을 사용해 문장을 연결해 보세요.

(1) 한 달이 넘다 / 연락이 없다 → ______________________.

(2) 밤새다 / 시험공부를 하다 → ______________________.

(3) 약속시간이 1시간 지나다 / 안 오다 → ______________________.

(4) 죽다 / 아프다 → ______________________.

2. 〈보기〉에서 알맞은 것을 골라 대화를 완성해 보세요.

보기	밤새다	배가 터지다	배꼽이 빠지다	목이 빠지다

(1) 가: 와플 사 왔는데 먹을래?

나: 아니, 조금 전에 점심을 ______________________ 먹었어.

(2) 가: 왜 이렇게 늦었어요? ______________________ 기다렸어요.

나: 미안해요. 버스를 잘못 타서 돌아왔어요.

(3) 가: ______________________ 책을 읽은 적이 있어요?

나: 아니요, 그런 적이 없어요.

(4) 가: 어제 본 영화 어땠어요?

나: 재미있었어요. ______________________ 웃었어요.

3. 무슨 뜻일까요? 친구들과 함께 무슨 뜻일지 이야기해 보세요.

(1) 목이 터지도록 응원을 하다.

(2) 귀가 따갑도록 잔소리를 듣다.

(3) 눈이 빠지도록 기다리다.

(4) 상다리가 부러지도록 차리다.

좀 더 자세히

- '-도록 하세요'로 사용할 수도 있어요.

  자기 전에 이를 닦으세요.

  → 자기 전에 이를 **닦도록 하세요**.

어휘 확장

1. 주택 형태

2. 집을 꾸미거나 수리할 때 사용하는 말

도배하다	전구를 갈다	보일러가 고장 나다
(페인트) 칠을 하다	변기(배수구)가 막히다	A/S를 부르다

3. 가구

장식장

장롱

화장대

서랍장

신발장

책장

선반

식탁

의사소통활동

듣기

- 다음을 듣고 답하세요. Track 32

1. 두 사람은 무엇에 대해 이야기하고 있습니까?

2. 여자는 어떤 집에서 살아보고 싶어 합니까?

3. 여자가 살고 싶은 집은 어떤 장점과 단점이 있습니까?

4. 남자는 어떤 집에서 살아보고 싶어 합니까?

말하기

- 이사를 하려고 합니다. 룸메이트와 같이 부동산 앞에 있는 광고를 보고 이야기해 보세요.

급매 삼성 아파트 $52m^2$ 1억 5천만 원	월세 오피스텔 $79m^2$ 가구, 가전 완비 보1000, 월20	전세 대우 아파트 $79m^2$, 방 2개 7000만 원	월세 우성 아파트 $79m^2$ 보3000, 월30

내가 이사 가고 싶은 집	이유

+

친구가 이사 가고 싶어하는 집	이유

↓

결정한 집	이유

읽기

● 아래 게시판의 글을 읽고 이야기해 보세요.

[월세] 학교 근처 투룸(49.5m^2)

▶ 작성자	미소천사
▶ 작성일	2015. 04. 07. 19:30
▶ 조회수	254

매물정보

1. 종류	빌라 투룸 월세 (보증금1000/월세70)
2. 크기	15평 정도 (큰방, 작은방, 부엌 겸 거실, 화장실, 베란다)
3. 위치	용산구 청파동
4. 해당 층수	5층 중 3층
5. 옵션 사항	에어컨, 신발장, 싱크대, 세탁기
6. 주차 가능 여부	세대별 1대 가능
7. 이사 가능 날짜	5월 이전
8. 문의 연락처	010-1234-5678

매물설명

학교에서 5분 거리에 있는 투룸입니다. 방 두 개, 부엌 겸 거실, 넓은 베란다가 있어서 여러 명이 살기에도 부족하지 않습니다. 저도 친구와 세 명이 함께 살았는데 불편하지 않았습니다. 주차는 1층 주차장에 세대별로 한 대 가능합니다.

큰길가여서 밤에도 위험하지 않고, 지하철역도 (1, 4 호선) 도보 10분이면 충분해서 교통이 편리합니다. 근처에 큰 공원이 있어서 운동도 할 수 있고, 공기도 좋은 편입니다. 옵션 사항 외에도 텔레비전과 가스레인지 필요하신 분 있으면 저렴하게 드립니다. 도배는 이사 오실 때 새로 해 주신다고 합니다.

이 집에서 2년 동안 살았는데 불편함 없이 잘 지냈습니다. 학교를 졸업하고 경기도에 취업을 해서 집을 내놓습니다. 집은 미리 연락주시면 언제든지 보실 수 있습니다. 5월부터 출근이어서 이사를 빨리 오실 수 있는 분이어야 합니다.

1. 이 집에 기본적으로 제공하는 전자제품은 무엇입니까?

2. 이 집의 좋은 점은 무엇입니까?

쓰기

● 지금 여러분이 살고 있는 집이나 방을 판다면 어떻게 설명하겠습니까?

▶ 작성자

▶ 작성일

▶ 조회수

매물정보

1. 종류
2. 크기
3. 위치
4. 해당 층수
5. 옵션 사항
6. 주차 가능 여부
7. 이사 가능 날짜
8. 문의 연락처

매물설명

문화

전통 집

한국의 전통 집은 두 가지가 있는데 하나는 초가집이고 다른 하나는 기와집입니다. 초가집은 추수를 한 후 마을 사람들이 함께 볏짚으로 지붕을 올려 만들었습니다. 그래서 주로 평범한 사람들이 살았습니다.

기와집은 주로 부자들이 살았습니다. 기와집은 안채와 사랑채로 되어 있는데, 안채에서는 여자들과 아이들이 생활했고, 사랑채에는 남자들이 생활했습니다. 그리고 아흔아홉 칸이나 되는 기와집이 있었습니다.

기와집과 초가집은 모두 방바닥을 따뜻하게 유지시켜 주는 '온돌'로 되어 있습니다. 또한 방 밖의 나무로 된 바닥을 '마루'라고 하는데, 더운 여름에는 이곳에서 지냈습니다. 온돌은 주로 추운 북부 지방에서 발달했고, 마루는 더운 남부 지방에서 발달했습니다. 그래서 많은 한국인들은 오늘날까지도 바닥에 앉아서 생활을 합니다.

한국의 전통 집을 보고 싶으면 '남산 한옥 마을'이나 '용인 한국 민속촌'에 가 보십시오. 이곳에서는 한국의 전통 집을 볼 수 있을 뿐만 아니라 다양한 한국 문화 체험도 할 수 있습니다.

● 질문

1. 한국의 전통 집에는 크게 몇 가지 종류가 있습니까?

2. '온돌' 은 무엇입니까?

3. '마루' 는 무엇입니까?

4. 부자들은 어떤 집에서 살았습니까?

새단어 _New Words

유지시키다	to keep
북부 지방	northern region
남부 지방	southern region
발달하다	to develop
추수	harvest
볏짚	a rice-straw
지붕	a roof

LESSON 09

대중문화

학습목표

- 어휘 | 문화생활 관련 표현
- 문법 | -나 보다, -은가 보다, -기 좋다, -나, -게

Track 33

듣고 말해 보세요

1. 왜 이 사람은 친구에게 공연을 보자고 했습니까?
2. 두 사람이 보려고 하는 공연은 어떤 공연입니까?

한국 드라마를 좋아하나 봐요

Track 34

마이클 어? 한국 드라마 DVD네요. 베라 씨는 한국 드라마를 좋아하나 봐요.

베라 네, 한국 드라마로 한국말이나 한국 문화를 배우기 좋아서 많이 봐요. 한국에 오기 전부터 드라마를 보면서 한국에 대해 배웠는데 특히 DVD는 한국어 자막이 있어서 공부하기 더 좋아요. 마이클 씨도 드라마를 많이 봐요?

마이클 네, 그런데 저는 사실 드라마보다 가수나 노래에 더 관심이 많아요. 그래서 가수 팬클럽에도 가입했어요.

베라 와! 그래요? 요즘 한국 노래를 좋아하는 외국 사람이 정말 많은가 봐요. 제 주변에도 가수 팬클럽에 가입한 사람이 있어요.

마이클 맞아요. 한국 사람은 물론이고 외국인 팬도 너무 많아서 공연을 가까이에서 볼 수 없을 정도예요. 지난번에는 콘서트 표를 구하기도 힘들었어요.

베라 호호, 다음 콘서트 때에는 꼭 서둘러서 표를 구해 보세요!

새단어

자막	subtitles, captions	팬클럽	fan club
관심	interest in	가까이	nearby, closely
주변	surroundings	서두르다	to hurry, rush

● 한국의 영화, 노래는 요즘 세계적으로 인기가 많은 편입니다. 한류에 대해 이야기해 보세요.

1. 재미있게 본 한국 드라마나 영화는 무엇입니까?

2. 여러분 나라에서 가장 인기 있는 한국 가수나 배우는 누구입니까?

3. 한국 대중문화 중에서 특별히 관심이 있는 것은 무엇입니까?

문법과 표현 I

● [동]-나 보다

미소는 피아노를 잘 **치나 봐요**. 이번 대회에서 상을 받았대요.

친구는 고향에 **갔나 봐요**. 지금 한국에 없어요.

저 식당의 음식이 **맛있나 봐요**. 식당에 사람들이 많아요.

● 연습해 봅시다.

1. '-나 보다'를 사용해 문장을 바꿔 보세요.

(1) 요즘 열심히 ______________________. (공부하는 모양이에요)

(2) 마이클 씨는 부산에 ______________________. (사는 모양이에요)

(3) 그 사람은 친구가 ______________________. (없는 모양이에요)

(4) 루이 씨는 중국으로 ______________________. (돌아간 모양이에요)

(5) 동생이 케이크를 ______________________. (먹은 모양이에요)

2. '-나 보다'를 사용해 대화를 완성해 보세요.

(1) 가: 이게 무슨 냄새예요?

나: ______________________.

(2) 가: 길이 왜 이렇게 막히죠?

나: ______________________.

(3) 가: 진수 씨가 아까부터 계속 영희 씨만 보고 있지요?

나: 네, 맞아요. 진수 씨가 영희 씨를 ______________________.

(4) 가: ______________________. 우산을 쓰고 있는 사람들이 많아요.

나: 일기예보에서 오늘 비가 올 거라고 했어요.

좀 더 자세히

● 형+었나 보다 / 명+이었나 보다

감기에 걸린 걸 보니까 거기는 **추웠나 봐**.

미소 씨는 전에 **모델이었나 봐**. 옛날 잡지에 미소 씨 사진이 있어.

● [형]-(으)ㄴ가 보다

그 사람은 배가 많이 **고픈가 봐요**. 벌써 피자를 네 조각이나 먹었어요.

진수 씨는 머리가 **좋은가 보다**. 공부를 많이 안 해도 항상 일등을 한다.

저 분이 한국어 **선생님인가 봐요**. 한국어 책을 들고 계시네요.

● 연습해 봅시다.

1. '-은가 보다'를 사용해 문장을 바꿔 보세요.

(1) 

창문이 얼었어요.

밖의 날씨가 ______________________.

(2) 

아이가 어린데 안경을 썼어요.

눈이 ______________________.

(3) 

제 짝은 성적표를 보면서 웃고 있어요.

성적이 ______________________.

(4) 

저 사람이 가방을 혼자 못 들고 있어요.

______________________________.

(5) 

극장 앞에 표를 사려고 하는 사람들이 많이 있어요.

______________________________.

2. '-은가 보다'를 사용해 대화를 완성해 보세요.

(1) 가: 지희 씨가 왜 저렇게 책상에 엎드려 있어요?

나: 글쎄요, ______________________________.

(2) 가: 수영장 물속에 들어간 사람들의 머리만 보여요.

나: 물이 ______________________________.

(3) 가: 우리 반에서 세영 씨가 항상 일찍 학교에 와요.

나: 맞아요. ______________________________.

3. 그림을 보고 '-나 보다'나 '-은가 보다'를 사용해 이야기해 보세요.

(1) 

(2)

(3)

좀 더 자세히

● 이렇게도 말할 수 있어요.

가: 그 영화 봤어요?

나: 아직 안 봤는데 **재미있나 봐요**. 친구들이 그 영화 얘기를 많이 해요.

아직 안 봤는데 **재미있는 모양이에요**. 친구들이 그 영화 얘기를 많이 해요.

● [동]-기 좋다(쉽다/어렵다)

가족들과 **놀러가기 좋은** 곳이 많다.

3급 학생이 한국어능력시험 6급에 **합격하기 어렵다**.

한국에서 **생활하기 편하다**.

● 연습해 봅시다.

1. '-기 좋다(쉽다/어렵다)'를 사용해 문장을 완성해 보세요.

(1) 도서관은 조용해서 ______________________. (공부하다)

(2) 이 김치는 맵지 않아서 아이들이 ______________________. (먹다)

(3) 이런 날씨에 비행기가 ______________________. (뜨다)

(4) 지금 출발하면 약속 시간에 ______________________. (도착하다)

2. '-기 좋다(쉽다/어렵다)'를 사용해 대화를 완성해 보세요.

(1) 가: 명동까지 어떻게 가요?

나: 지하철 4호선을 타세요. 명동은 지하철을 타면 ______________________.

(2) 가: 불고기가 어때요?

나: 맵지 않아서 외국인들이 ______________________.

(3) 가: 이번 주말에 집 근처에 있는 공원에서 산책하려고 해요.

나: 저도 가끔 공원에 가요. 공원은 ______________________.

(4) 가: 3급 단어가 조금 많고 어려워서 잘 외울 수 없죠?

나: 네, 3급 단어는 ______________________.

3. 친구와 함께 이야기해 보세요.

(1) 여러분 나라에서 여행하기 좋은 곳은 어디예요?

(2) 요즘 하기 힘든 일이 있어요? 무슨 일이에요?

(3) 여러분이 지금까지 배운 것 중에서 뭐가 가장 배우기 쉬웠어요? 또 뭐가 가장 배우기 어려웠어요?

(4) 한국에서 (택시 잡기 / 쇼핑하기 / 외식하기 / 운동하기 / 생활하기) 어때요?

좀 더 자세히

● 이런 형용사와 함께 어울려요.

-기 + 싫다, 힘들다, 편하다, 불편하다…

● 이렇게도 사용할 수도 있어요.

이곳은 아름다워서 사진 **찍기 좋다**.

이곳은 아름다워서 사진 **찍기가 좋다**.

이곳은 아름다워서 사진 **찍기에 좋다**.

시간 있으면 영화나 보러 갈래요?

Track 35

민호	첸 씨, 오늘 시간 있으면 영화나 보러 갈래요? 시사회 표가 두 장 있는데…….
첸	좋아요. 무슨 영화인데요?
민호	한국 영화인데 개봉하기 전부터 사람들이 기대하고 있는 영화래요.
첸	그래요? 요즘 기분이 별로였는데 잘 됐네요. 같이 기분 전환이나 할까요? 그런데 시사회에 가면 영화만 봐요?
민호	아니에요, 영화에 나온 배우들이 무대에 나와서 인사도 하고 사인회도 해요.
첸	그래요? 그럼 배우들 얼굴이 잘 보이게 앞자리에 앉으면 좋겠네요.
민호	네, 그러면 좋지요. 4시 30분까지 가서 자리를 받아야 하니까 우리 늦지 않게 어서 출발해요.
첸	그래요. 민호 씨 덕분에 좋은 영화를 보게 됐으니까 저녁에 제가 맛있 는 거 살게요.
민호	별 말씀을요.

새단어

시사회	preview	덕분에	thanks to (by favor, 덕 is virtue)
개봉하다	to (movie) premiere, release	별 말씀을요	Don't mention it, It's pleasure.
기분 전환	refreshing oneself	기대하다	to look forward to
사인회	signing meeting		

● 영화를 보러 가자고 친구에게 말해 보세요.

영화 종류	좋은 점
코미디 영화	많이 웃으면 쌓인 스트레스를 풀 수 있다
멜로 영화	멋있고 예쁜 남녀 주인공을 보면서 기분전환을 할 수 있다
만화 영화	캐릭터가 귀엽고 스토리가 재미있어서 자주 보는 편이다.

보기 가: 우리 내일 코미디 영화나 보러 갈래요?

나: 좋아요. 많이 웃으면 쌓인 스트레스를 풀 수 있겠죠?

문법과 표현 Ⅱ

● [명]-(이)나

차나 한 잔 마시면서 이야기합시다.

소풍 가려고 했는데 비가 오네. 그냥 **잠이나** 자자.

● 연습해 봅시다.

1. '-(이)나'를 사용해 문장을 완성해 보세요.

(1) 여기에 앉아서 ________________ 읽으면서 기다릴게요.

(2) 날씨도 더운데 ________________ 한 잔 할까?

(3) 언제 ________________ 같이 먹어요.

(4) 이번 주말엔 ________________ 하려고 해요.

(5) 언제 시간 있으면 ________________ 같이 합시다.

2. '-(이)나'를 사용해 대화를 완성해 보세요.

(1) 가: 커피와 차가 다 떨어졌는데 어떻게 하죠?

나: 괜찮아요. ________________.

(2) 가: 할 일 없으면 ________________?

나: 좋아요. 무슨 영화 볼까요?

(3) 가: 흠…… 주말인데 할 일도 없고 만날 사람도 없다!

나: 나도 그래. 그럼 우리 ________________.

(4) 가: 이번 방학에 고향에 못 갈 것 같아.

나: 그래? 그럼 ________________.

좀 더 자세히

- 어떻게 달라요?

(1) 주말에 **명동이나** 강남으로 놀러 가자. (선택할 때)

(2) 미소 씨 결혼식에 손님이 **200명이나** 왔다. (예상보다 많을 때)

● [동]-게

12시에 먹을 수 **있게** 지금부터 식사 준비를 하세요.

약속 시간에 늦지 **않게** 서두르세요.

10년 후에 잘 살 수 **있게** 열심히 일하고 있어요.

● 연습해 봅시다.

1. '-게'를 사용해 문장을 완성해 보세요.

(1) 시험에서 좋은 점수를 ________________ 열심히 연습했어요. (받다)

(2) 기분이 ________________ 잘 이야기하세요. (나쁘지 않다)

(3) ________________ 천천히 말해 주세요. (이해할 수 있다)

(4) 남자친구의 생일을 ________________ 수첩에 써 놓았다. (잊지 않다)

2. '-게'를 사용해 대화를 완성해 보세요.

(1) 가: 한국어를 매일 쓰지 않으면 잊어버릴 거예요.

나: 한국말을 ________________ 날마다 연습하겠어요.

(2) 가: 아기가 방에서 자고 있어요.

나: 아기가 ________________ 조용히 합시다.

(3) 가: 중요한 일이니까 ________________ 준비를 잘 하세요.

나: 네, 실수하지 않고 잘 할게요.

(4) 가: 오늘 학교에서 친구들이랑 다 같이 사진을 찍기로 했어.

나: 그럼 사진이 ______________________________ 예쁜 옷을 입고 가.

3. 뭐라고 말하겠어요? '-게'를 사용해서 말해 보세요.

(1)

(2)

좀 더 자세히

- '-도록'으로 바꾸어 쓸 수 있어요.

  (1) 12시에 먹을 수 **있도록** 지금부터 식사 준비를 하세요.

  (2) 약속 시간에 늦지 **않도록** 서두르세요.

어휘 확장

● 친구와 함께 모르는 단어를 찾아봅시다.

좌석	잔여석	감독	줄거리/내용
제목	상영하다	관람하다	예매하다
취소하다	환불하다	변경하다	

1. 전시회를 구경하다 ______________
2. 예매한 표를 돈으로 바꾸다 ______________
3. 책이나 영화의 전체 이야기 ______________
4. 극장에서 영화를 스크린으로 보여주다 ______________
5. 영화나 노래, 책의 이름 ______________
6. 이미 정한 날짜, 시간, 장소 등을 바꾸다 ______________
7. 예매, 예약하거나 약속한 것을 없애다 ______________
8. 영화를 만드는 일을 관리하는 사람 ______________
9. 표를 미리 사다 ______________
10. 극장이나 공연장에서의 자리 ______________
11. 표가 아직 안 팔려서 남은 자리 ______________

● 인터넷으로 공연을 예매를 해 봅시다.

1. 영화 선택	2. 할인 선택	3. 배송 선택	4. 결제하기
관람일 관람시간 잔여석	신용 카드 쿠폰 할인	현장 수령 일반 배송 특급 우편	신용 카드 무통장 입금 휴대폰 결제

의사소통활동

듣기

● 듣고 함께 이야기해 보세요. Track 36

1. 이 전시회는 어떤 전시회입니까?

전시 내용	
전시 기간	
전시 장소	

2. 남자는 왜 전시회에 가고 싶어 하지 않습니까?

3. 이 여자는 그림을 이해하기 어렵다고 하는 친구를 어떻게 설득했습니까?

읽기

● 다음은 여러 가지 공연을 소개하는 글입니다.

1. 비보이 공연

춤에 관심 있는 사람들은 모두 모이세요! 브레이크댄스를 추는 남자들의 멋진 공연을 관람할 수 있습니다. 길거리 공연이어서 무료로 관람할 수 있습니다. 매주 주말 대학로 광장에서 12시, 4시 두 차례 공연이 있습니다.

2. 사진전

여러 아시아 국가를 여행하며 찍은 사진작가의 사진전이 한국갤러리에서 한 달 동안 열립니다. 이번 전시회를 위하여 작가는 일 년 동안 아시아 12개 국가를 다니며 작품을 카메라에 담았다고 합니다. 같은 아시아 속의 각기 다른 나라들은 어떤 얼굴과 어떤 표정을 가지고 있을까요? 아시아 문화를 맛볼 수 있는 좋은 기회가 될 것입니다.

3. 영화

깊은 가을에 개봉할 분위기 있는 로맨틱 영화 한 편을 추천해 드립니다. 지금 사랑을 하고 있는 분들, 사랑을 기다리는 분들, 사랑이 떠나서 마음 아파하시는 분들 모두에게 깊은 감동을 줄 수 있는 영화입니다. 두 시간이 넘는 상영 시간이 결코 지루하지 않을 겁니다.

4. 사물놀이 공연

사물놀이처럼 신나고 즐거운 공연이 있을까요? 사물놀이를 보고 나면 여러분은 사물놀이의 매력에 푹 빠질 겁니다. 공연은 월요일을 제외한 매일 오후 2시에 국악원에서 열립니다. 공연 후에는 직접 악기를 연주해 보고 사진도 찍을 수 있는 시간도 있습니다. 한국 사람, 외국 사람이 모두 사랑하는 사물놀이를 여러분도 한번 경험해 보세요.

- 같이 이야기해 봅시다.

1. 여러분은 데이트를 할 때 어떤 공연을 선택하겠습니까? 그 이유는 무엇입니까?

2. 여러분은 가족과 함께 하는 시간에 어떤 공연을 선택하겠습니까? 그 이유는 무엇입니까?

3. 여러분은 가까운 친구와 함께 하는 시간에 어떤 공연을 선택하겠습니까? 그 이유는 무엇입니까?

4. 한국에서 본 공연 중에 기억에 오래 남는 것은 무엇입니까?

문화

문화공연 감상

사람은 누구나 듣고 보는 것을 좋아합니다. 좋은 음악과 배우들의 훌륭한 연기를 보면 감동과 재미를 함께 느낄 수 있습니다. 또 아름다운 미술 작품이나 무용, 음악회 등을 통해 특별한 경험을 할 수도 있습니다. 한국에는 문화생활을 하기 좋은 곳이 많이 있습니다.

여러분은 좋아하는 가수가 있습니까? 그 가수가 콘서트를 한다는 계획을 알게 되면 여러분은 꼭 예매를 해야 합니다. 좋은 자리에서 보기 위해서는 서둘러서 표를 예매해야 할 때도 있습니다. 서울에서는 주로 잠실에 있는 큰 경기장이나 대학교의 큰 공연장 같은 곳에서 콘서트가 열립니다.

뮤지컬이나 연극 공연을 보고 싶을 때에도 인터넷 예매 사이트를 이용해서 표를 구하는 것이 좋습니다. 한국에서는 한국의 작품뿐만 아니라 외국의 유명하고 인기 많은 작품들도 볼 수 있습니다. 이런 큰 규모의 작품들은 주로 광화문에 있는 세종문화회관이나 남산 국립극장 또는 서초동에 있는 예술의 전당 등에서 관람할 수 있습니다. 작은 규모의 뮤지컬이나 공연일 경우에는 직접 가서 표를 살 수도 있는데 주로 대학로의 소극장에서 볼 수 있습니다.

이 밖에도 덕수궁 근처에 있는 시립미술관이나 곳곳의 작은 미술관, 박물관에서 다양한 전시를 감상하실 수 있습니다. 공부를 하다가 특별한 것을 즐기고 싶을 때에는 영화나 콘서트와 같은 대중문화를 감상해 보시기 바랍니다. 여러분의 감성이 풍성해 질 것입니다.

● 질문

1. 표를 예매하기 위해서는 어떤 방법을 이용해야 합니까?

2. 표를 예매하지 않고 직접 가서 볼 수 있는 공연은 어디에서 볼 수 있습니까?

새단어 _New Words

서두르다	to be hurry, to rush
규모	a scale
소극장	a little theater
다양하다	to be various
풍성하다	to be plentiful

LESSON 10

어제와 오늘

학습목표

- 어휘 | 미래의 직업 관련 표현
- 문법 | -을 뿐만 아니라, -던, -을수록, -었던

Track 37 **듣고 말해 보세요**

1. 두 사람은 무슨 일로 만나지 못했습니까?
2. 한 사람은 모습이 어떻게 바뀌었습니까?

길이 넓어졌을 뿐만 아니라 높은 건물도 많아졌어

Track 38

민호 지선아, 졸업 후에 학교에 와 본 적 있어?

지선 아니, 5년 만에 처음인데 학교 앞이 많이 변했네. 길이 넓어졌어. 전에는 2차선이었는데 지금은 4차선이야.

민호 그러게. 길이 넓어졌을 뿐만 아니라 높은 건물도 많아졌어.

지선 어, 저기 우리가 전공 수업 듣던 건물 아니야?

민호 응, 맞아. 시험 기간에는 저기서 밤새도록 공부했는데.

지선 그런데 지금은 동아리방인가 봐. 안에서 악기 연습을 하고 있어.

민호 어, 건물 앞에 있던 작은 정원도 없어졌네. 거기 벤치에 앉아서 책도 읽고 커피도 마셨는데.

지선 정말이네. '십 년이면 강산도 변한다.'는 말이 있는데 5년 사이에 학교가 많이 변했다.

민호 우리 오랜만에 학교에 왔는데 학교 식당에 가서 밥 먹을까?

지선 그러자. 학교 식당은 변한 게 없는지 가 보자.

새단어

변하다	to be changed	정원	garden
차선	a traffic lane	사이	with time expression(hours, days, months.): in ~, between
기간	period (of time), term	십 년이면 강산도 변한다	Ten years is an epoch.
악기	musical instrument		

● 다음 상황에 맞는 대화를 만들어 보세요.

1. 한국에 처음 왔을 때와 비교하는 대화

2. 10년 전과 다른 고향의 모습에 대해 이야기하는 대화

3. 고등학교 졸업 후 처음 만난 친구와의 대화

보기 가: 한국에 처음 왔을 때와 지금이랑 많이 생활이 달라졌어?
나: 응. 이제는 한국 음식도 잘 먹을 뿐만 아니라 혼자 여행도 잘해.

문법과 표현 I

● [형]/[동]-(으)ㄹ 뿐만 아니라

도시는 공기가 안 **좋을 뿐만 아니라** 교통도 복잡하다.

그 사람은 공부를 잘 **할 뿐만 아니라** 춤도 잘 춰요.

그 분은 **선생님일 뿐만 아니라** 소설 작가이세요.

어제 저는 **옷뿐만 아니라** 가방도 샀어요.

● 연습해 봅시다.

1. '-을 뿐만 아니라'를 사용해 문장을 완성해 보세요.

(1) 이 노트북은 ______________________ 가격도 저렴해요. (가볍다)

(2) 지금 하고 있는 일은 ______________________ 적성에도 맞아요. (재미있다)

(3) 밥을 많이 ______________________ 음료수도 많이 마셔서 너무 배불러요. (먹다)

(4) 나는 우리 부모님의 ______________________ 한 아이의 아빠다. (아들이다)

(5) 내일까지 보고서를 ______________________ 여행 준비도 해야 해요. (써야 하다)

2. '-을 뿐만 아니라'를 사용해 대화를 완성해 보세요.

(1) 가: 요즘 고향 날씨는 어때요?

나: 비가 ______________________ 바람도 불어요.

(2) 가: 오늘 할 일이 많아요?

나: ______________________ 고향에 갈 친구도 만나야 해요.

(3) 가: 그 사람이 어때요?

나: ______________________ 성격도 아주 좋아요.

(4) 가: 친구는 직업이 두 개예요?

나: 네, ______________________ 번역 일도 해요.

(5) 가: 그 사람의 모습은 뭐가 달라졌어요?

나: ______________________ 머리스타일도 바뀌었어요.

3. '-을 뿐만 아니라'를 사용해 질문에 대답해 보세요.

(1) 우리 학교의 장점은 뭐예요?

(2) 지난 일요일에 뭐 했어요?

(3) 한국 생활이 왜 재미있어요?

(4) 혼자 살면 어떤 점이 안 좋을까요?

(5) 이 약을 먹으면 어떻게 됩니까?

좀 더 자세히

● '-(으)ㄴ/는데다가'와 비슷한 의미예요.

그 옷은 **예쁠 뿐만 아니라** 값도 싸서 아주 인기가 있다.

그 옷은 **예쁜데다가** 값도 싸서 아주 인기가 있다.

● [형]/[동]-던

아주 **날씬하던** 그 사람이 이제는 살이 많이 쪘어요.

어제 **읽던** 책을 책상 위에 놓았다.

초등학생이던 동생이 벌써 대학생이 되었어요.

● 연습해 봅시다.

1. 〈보기〉에서 단어를 골라 문장을 완성해 보세요.

보기	공부하다	살다	입다	친절하다	반장이다

(1) 여기는 학교 다닐 때 제가 ______________________ 곳이에요.

(2) 이 옷은 새 옷이 아니라 언니가 작년 겨울에 ______________________ 거예요.

(3) 옛날에는 아주 ______________________ 그 사람이 많이 달라졌어.

(4) 전에 ______________________ 집은 아파트가 아니라 단독주택이었어요.

(5) 지난 학기까지 ______________________ 영수는 몸이 아파서 학교를 그만두었다.

2. '-던'을 사용해 대화를 완성해 보세요.

(1) 가: 영화를 어제 다 안 봤어요?

나: 네. 어제 보다가 잤어요. 그래서 조금전에 어제 ______________________ 영화를 다 봤어요.

(2) 가: 지금 뭐 하세요?

나: 작년까지 ______________________ 옷이 작아져서 정리하고 있어요.

(3) 가: 뭐가 드시고 싶으세요?

나: 고향에서 자주 ______________________ 음식이 먹고 싶어요.

(4) 가: 친구는 약속을 잘 지키지 않아요?

나: 옛날에는 약속을 잘 ______________________ 친구가 요즘은 안 그래요.

3. '-던'을 사용해 질문에 대답해 보세요.

(1) 옛날에 자주 부르던 노래가 뭐예요?

(2) 학생 때 자주 먹던 음식이 뭐예요?

(3) 어렸을 때 함께 놀던 친구는 누구예요?

(4) 5년 전에 입던 옷이 지금도 맞아요?

(5) 학생 때 자주 가던 곳은 어디예요?

좀 더 자세히

- 이런 차이가 있어요.

(1) 어제 동생이 **먹던** 빵은 어디에 있어요? (빵을 다 먹지 않았을 때)

(2) 어제 동생이 **먹은** 빵은 무슨 빵이에요? (빵을 다 먹었을 때)

처음에는 정말 힘들었는데 다닐수록 재미있어요

Track 39

첸 어, 유키 씨, 안녕하세요? 저 기억하겠어요?
숙대 어학당에서 같이 한국어를 배웠던 첸이에요.

유키 그럼요. 기억하죠. 첸 씨, 정말 오래간만이에요.
아직 한국에 있어요?

첸 네, 지금 대학교 2학년이에요. 경영학을 전공하고 있어요.
유키 씨도 한국에 있었어요? 저는 유키 씨가 일본으로 돌아갔다고 생각했어요.

유키 저는 지금 일본에서 회사에 다니고 있어요. 5일 동안 연휴여서 친구들과 여행 왔어요. 대학교 공부는 어때요?

첸 처음에는 정말 힘들었는데 다닐수록 재미있어요. 성적도 시간이 갈수록 좋아지고 있고요.

유키 잘 됐네요. 아, 혹시 링링 씨 연락처 알아요?

첸 그럼요, 링링 씨도 한국에서 대학교 다니고 있어서 가끔 만나요.
우리 내일 커피나 한잔 할까요? 제가 링링 씨한테 연락해 볼게요.

유키 좋아요. 내일 점심 때 봐요. 링링 씨 얼굴도 오래간만에 보겠네요.

새단어

기억하다	to remember	성적	grade
연휴	holidays, long weekend (like 설날, 추석)	혹시	maybe
모처럼	after a long time, interval	연락처	contact details

● 다음 상황에 맞는 대화를 만들어 보세요.

1. 1급 때 같이 공부했던 친구를 오랜만에 만났을 때

2. 3년 전에 같은 회사에서 일했던 동료를 우연히 만났을 때

보기
가: 어, 안녕하세요? 1급 때 같이 공부했던 ○○예요. 기억나세요?
나: 그럼요, 잘 지냈어요? 오래간만이에요.

문법과 표현 Ⅱ

● [형]/[동]-(으)ㄹ수록

친구는 **많을수록** 좋은 것 같아요.

한국어는 **배울수록** 재미있어요.

● 연습해 봅시다.

1. '-을수록' 을 사용해 다음 문장을 완성해 보세요.

(1) 그 사람은 ________________ 멋있어요. (보다)

(2) 그 노래는 ________________ 신나요. (듣다)

(3) 인터넷 속도는 ________________ 좋아요. (빠르다)

(4) 날씨가 ________________ 옷을 두껍게 입어요. (춥다)

2. '-을수록' 을 사용해서 대화를 만들어 보세요.

(1) 가: 지금 사귀고 있는 사람은 어때요?

나: 1년 동안 만났는데 ________________. (만나다-좋은 사람)

(2) 가: 이 음식 맛있죠?

나: 자주 먹는데 ________________. (먹다-맛있다)

(3) 가: 읽고 있는 책은 재미있어요?

나: 벌써 세 번이나 읽었는데 ________________.

(읽다-재미있다)

(4) 가: 등산을 하면 뭐가 좋아요?

나: 주말마다 등산을 하는데 ________________.

(하다-몸이 가벼워지다)

3. '-을수록'을 사용해서 다음 상황에 맞게 문장을 만들어 보세요.

(1) 한국말을 처음 배울 때도 재미있었어요. 계속 하니까 더 재미있어요.

→ ____.

(2) 선물을 한 개 받아도 좋아요. 두 개 받으면 더 좋죠. 열 개 받으면 더 많이 좋을 거예요.

→ ____.

(3) 돈이 조금 있어도 걱정이 있어요. 돈이 많으면 걱정이 더 많아져요.

→ ____.

(4) 친한 사람에게 친절해야 해요. 아주 친한 사람에게는 더 친절해야 해요.

→ ____.

4. 다음 수수께끼를 풀어 보세요.

(1) 어두울수록 잘 보이는 것은 무엇일까요?
*도움말: 하늘에서 반짝반짝

(2) 시간이 갈수록 많이 먹는 것은 무엇입니까?
*도움말: 아이가 어른이 돼요.

(3) 닦으면 닦을수록 더러워지는 것은 무엇일까요?
*도움말: 청소할 때 사용해요.

(4) 나이를 먹을수록 늘어나는 살은 뭐예요?
*도움말: 치마에도 있고 할머니 얼굴에도 있어요.

좀 더 자세히

- '-(으)면'과 함께 사용할 수 있어요.
  이 음식은 **먹으면 먹을수록** 맛있어요.
  한국어는 **배우면 배울수록** 재미있어요.
  이 옷은 **입으면 입을수록** 편해요.

● [형]/[동]-었던

학교 다닐 때 **예뻤던** 그 친구를 만날 수 없어요.

결혼식 때 **입었던** 웨딩드레스를 지금도 가지고 있어요.

어린 아이였던 내 딸이 자라서 내일 결혼을 해요.

● 연습해 봅시다.

1. '-었던'을 사용해 문장을 완성해 보세요.

(1) 제가 ______________ 한국 음식 중에서 불고기가 제일 맛있었어요. (먹다)

(2) 이 책은 작년에 ______________ 책인데 재미있어서 다시 읽고 있어요. (읽다)

(3) 저 사람은 전에 한 번 ______________ 사람인데 이름을 잊어버렸어요. (만나다)

(4) 5년 전 크리스마스 때 ______________ 옷을 옷장에서 찾았어요. (입다)

(5) 10년 전에 평범한 ______________ 친구가 지금 회사 사장이 되었어요. (회사원이다)

2. '-었던'을 사용해 대화를 완성해 보세요.

(1) 가: 저 분이 누구인지 아세요?
나: 미소 씨 생일 파티 때 ______________ 사람인데 이름은 모르겠어요.

(2) 가: ______________ 나라 중에서 다시 가 보고 싶은 곳은 어디예요?
나: 스페인이에요. 음식도 맛있고 볼거리도 많았어요.

(3) 가: 먹어 본 음식 중에서 제일 맛있는 게 뭐였어요?
나: ______________________________.

(4) 가: 3급 읽기 선생님이 누구예요?
나: 2급 때 ______________ 선생님이 3급 읽기 선생님이에요.

(5) 가: 지금까지 ______________ 선물 중에서 제일 마음에 드는 게 뭐예요?
나: 고등학교 졸업 선물로 받은 전자사전이에요.

3. '-었던'을 사용해 질문에 대답해 보세요.

(1) 어제 앉았던 자리가 어디예요?

(2) 여기 있었던 핸드폰 못 보셨어요?

(3) 지난 학기에 같이 공부했던 친구의 이름을 기억해요?

(4) 작년에 있었던 일 중에서 가장 기억에 남는 일이 뭐예요?

(5) 옛날에 하고 싶었던 일 중에서 지금 이루어진 일이 있어요?

좀 더 자세히

● 이런 차이가 있어요.

(1) 지난 겨울에 **입던** 코트는 이제 작아서 입을 수 없다. (자주 입은 옷)

(2) 누나 결혼식 때 **입었던** 옷은 이제 작아서 입을 수 없다. (특별한 날에 입은 옷)

어휘 확장

● 다음은 세월과 관련한 표현입니다. 어떤 뜻인지 추측해 보세요.

1. 세월이 약이다.

2. 시간은 기다려 주지 않는다.

3. 호랑이 담배 피우던 시절

4. 세월 앞에 장사 없다.

● 사라진 직업, 새로 생긴 직업, 미래에 생길 직업을 알아 봅시다.

사라진 직업	버스 안내양, 굴뚝청소부, 인력거꾼, 전화교환원, 극장 간판 그리는 사람, 얼음장수, 엿장수, ______________
새로 생긴 직업	대리운전, 프로게이머, 웨딩 플래너, 택배 배달원, 웹 디자이너, __________
미래에 생길 직업	우주선 디자이너, 외계어 통역관, 우주여행 가이드, ____________

● 미래에 생겼으면 하는 직업은 무엇이 있습니까?

의사소통활동

듣기

● 다음을 듣고 답하세요. Track 40

1. 이 사람의 직업은 무엇입니까?

2. 얼마 동안 이곳에서 일했습니까?

3. 이 사람은 누구와 친구가 되었습니까?

4. 어렸던 학생들은 지금 어떻게 되었습니까?

5. 여러분이 이 사람이면 어떤 말을 남기겠습니까?

말하기

● 우리의 생활은 어떻게 달라지고 있습니까?

	과거	현재	미래
연락 방법		핸드폰, 이메일, SNS	
주거 장소		아파트, 주택	
쇼핑 장소		백화점, 인터넷 쇼핑	
이동 방법		자동차, 비행기	

쓰기

- 여러분이 학교 다닐 때와 지금을 비교하면 바뀐 것이 있나요? 이야기해 보고 정리해 보세요.

나라	바뀐 점
한국	• 제가 초등학생일 때는 학교에서 영어를 배우지 않았는데 지금은 초등학교부터 배워요. • 제가 고등학생일 때는 야간자율학습을 했는데 지금은 안 하는 학교도 많아요.

읽기

● 다음을 읽고 알맞은 답을 쓰세요.

다음은 1990년대와 2010년대에 미혼 남녀를 대상으로 조사한 결혼관을 나타낸 것이다. 배우자를 고르는 선택 기준과 원하는 배우자의 직업을 비교하였다.

		1990년대	2010년대
선택 기준	남성	1. 맞벌이 2. 외모 3. 나이 4. 학력 5. 직업 6. 성격	1. 성격 2. 외모 3. 경제력 4. 가치관 5. 가정환경 6. 직업
	여성	1. 직업 2. 성격 3. 학력 4. 경제력 5. 나이	1. 성격 2. 경제력 3. 직업 4. 가정환경 5. 가치관 6. 외모
배우자의 직업	남성	1. 교사 2. 공무원 3. 회사원 4. 의사/약사	1. 공무원/공사 2. 교사 3. 일반사무직 4. 자유직(프리랜서) 5. 금융직
	여성	1. 전문직/금융직 2. 대기업회사원 3. 공사단체 4. 공무원	1. 공무원/공사 2. 금융직 3. 회계/세무전문직 4. 사업가

1. 위의 내용에 알맞은 제목을 쓰세요. (   )

2. 2010년대의 조사에서 선택 기준으로 새롭게 들어간 것은 무엇입니까?

① 외모와 학력　　② 가정환경과 가치관

③ 직업과 성격　　④ 경제력과 나이

3. 미래에는 남성이 원하는 배우자 선택 기준이 어떻게 달라질까요?

문화

청계천의 어제와 오늘

여러분은 서울의 청계천에 대해서 들어 본 적이 있습니까? 청계천은 서울의 중구와 종로구 사이를 흐르는 긴 하천입니다. 1920년대 농촌 사람들이 서울로 많이 모여 들었습니다. 그때, 청계천 주변에도 많은 사람들이 모여 살았습니다. 그런데 비가 많이 오는 장마가 들면 하천의 물이 넘쳤습니다. 그래서 집이 무너지고 많은 사람들이 다치거나 죽었습니다. 이런 문제 때문에 서울시는 청계천을 콘크리트로 덮는 복개 공사를 했습니다. 이 복개 공사는 1958년에 시작하여 1978년에 모두 완성되었습니다. 그리고 그 위로 도로를 만들어서 차들이 다닐 수 있었고, 이 도로 위에 높은 고가 도로도 만들었습니다.

그런데 이 공사 후, 이곳 도로에 차들이 너무 많이 다녀서 서울의 공기가 점점 나빠졌습니다. 그리고 청계천 도로와 고가 도로가 점점 오래되어 위험해졌습니다. 또, 청계천 주변의 상가들도 오래되어 개발이 필요하게 되었습니다.

이러한 이유로 서울시는 청계천의 도로를 없애고 청계천을 다시 하천으로

만들었습니다. 청계천이 다시 하천의 모습을 찾은 후 청계천 주변은 공기도 더 좋아지고 소음도 적어졌다고 합니다.

현재 복원된 청계천은 시민들의 휴식 공간으로 산책로를 따라 산책, 생태 탐방 등을 할 수 있습니다. 또, 문화 공간으로 많은 행사와 전시회가 많이 열리고 있습니다. 여러분도 달라진 청계천을 걸으면서 다양한 문화 활동을 경험해 보세요.

● 질문

1. 예전 청계천의 주변 모습은 어땠습니까?

2. 청계천을 복원한 이후에 무엇이 달라졌습니까?

새단어 _New Words

하천	stream
농촌	rural community
모여 들다	to gather
주변	near
장마	rainy season
무너지다	to collapse
넘치다	to overflow
덮다	to cover
공사	construction
완성되다	to be completed
상가	stores
개발하다	to develop
복원	restoration
휴식 공간	rest space
생태 탐방	ecology visit
전시회	exhibition
문화 공간	cultural space
문화 활동	cultural activity
고가 도로	overpass

LESSON 11

상상

학습목표

- 어휘 | 상상 관련 표현
- 문법 | -는다면, -더라도, -는 줄 알다, -을지도 모르다

Track 41

듣고 말해 보세요

1. 여러분이 지금 한국어를 하나도 못 하면 어떨까요?
2. 전 세계 언어가 모두 같으면 어떻게 될까요?

만약 한국에 안 왔다면 지금 뭘 하고 있을까요?

Track 42

하나	왕밍 씨, 대학교 합격 축하해요.
왕밍	고마워요. 처음 한국에 올 때는 한국어를 하나도 못 했는데, 한국에 온 지 1년 6개월 만에 대학생이 되었네요.
하나	왕밍 씨가 한국에 온 지 벌써 1년 반이나 됐어요? 만약 왕밍 씨가 한국에 안 왔다면 지금 뭘 하고 있을까요?
왕밍	제가 한국에 안 왔더라도 한국어를 공부했을 거예요. 중국에 있는 한국 회사에 입사하고 싶었거든요.
하나	그래요? 한국 회사에서 어떤 일을 하고 싶었어요?
왕밍	중국과 한국의 무역에 대한 일을 하고 싶었는데 경영학과에 합격하게 돼서 정말 기뻐요.
하나	다시 한번 합격 축하해요.
왕밍	그런데 좀 걱정이에요. 한국어로 일상대화는 무리가 없더라도 대학교 공부는 어려울 테니까요.
하나	왕밍 씨는 꾸준히 공부했으니까 지금처럼만 한다면 문제 없을 거예요.

새단어

만약	if, suppose	일상대화	usual conversation
입사	entering a company	무리가 없다	no problem
무역	trade	꾸준히	steadily, constantly, consistently

● 다음 상황에 맞는 대화를 만들어 보세요.

만약 내가 -다면…	
한국에서 태어났다면	한국어 선생님이 되었을 거예요.
하늘을 날 수 있다면	
백만장자라면	
지금 1000만원이 생긴다면	

보기 가: 만약 한국에서 태어났다면 지금 뭘 하고 있을까요?
나: 만약 내가 한국에서 태어났다면 한국어 선생님이 되었을 거예요.

문법과 표현 I

● [형]/[동]-(ㄴ/는)다면　　[명]-(이)라면

내가 세상에서 돈이 가장 **많다면** 많은 나라에 학교를 짓고 싶어.

다시 고등학생이 **된다면** 공부를 열심히 할 거야.

내가 **새라면** 날아서 고향에 가고 싶다.

● 연습해 봅시다.

1. '-는다면'을 사용해 문장을 완성해 보세요.

(1) 다시 5년 전으로 ________________ 더 열심히 살 거예요. (돌아가다)

(2) 내일 시험을 안 ________________ 오늘 일찍 잘 수 있을 것이다. (보다)

(3) 샤워 중에 갑자기 물이 안 ________________ 어떻게 해야 할까? (나오다)

(4) 세상 모든 사람들이 ________________ 이 세상은 더 아름다울 거예요. (행복하다)

(5) 우리 반에 영화배우가 ________________ 재미있는 이야기를 많이 들을 수 있을 것이다. (있다)

(6) 내일이 주말 ________________ 오늘밤 늦게까지 놀 수 있을 텐데 아쉽다. (이다)

2. 다음과 같은 상황이면 어떻게 하겠습니까? 〈보기〉와 같이 말해 보세요.

보기 내가 선생님이라면 시험 문제를 쉽게 낼 거야.

내가 선생님이다	복권에 당첨되다
남자/여자이다	외계인이 있다

3. '-는다면'을 사용해 대답해 보세요.

(1) 한국에 안 왔다면 지금 뭐 하고 있었을까요?

(2) 내일 지구가 멸망한다면 오늘 무엇을 하시겠어요?

(3) 투명인간이라면 뭘 하고 싶어요?

(4) 대통령이 된다면 무엇을 하시겠어요?

(5) 세계의 언어가 모두 같다면 어떻게 되었을까요?

(6) 좋아하는 연예인과 데이트할 수 있다면 어떤 말을 하시겠어요?

● [형]/[동]-더라도

나는 **아프더라도** 학교에는 꼭 갈 거예요.

한국어를 잘 **못하더라도** 혼자 여행할 수 있어요.

오늘 부산에 **갔더라도** 나는 후회했을 거예요.

내가 **너였더라도** 그렇게 했을 거야.

● 연습해 봅시다.

1. '-더라도'를 사용해 문장을 완성해 보세요.

(1) ______________________ 숙제는 하고 잘 거예요. (피곤하다)

(2) 나는 ______________________ 절대 약을 안 먹어요. (아프다)

(3) 문제가 ________________ 잘 생각해 보세요. (어렵다)

(4) ________________ 모르는 게 있어요. (선생님이다)

(5) ________________ 소풍은 갈 거예요. (비가 오다)

(6) ________________ 그 문제를 해결할 수 없을 거예요. (세상에서 제일 똑똑한 사람이다)

(7) ________________ 내가 준비한 요리는 꼭 먹어야 해요. (밥을 많이 먹었다)

2. '-더라도'를 사용해 대화를 완성해 보세요.

(1) 가: 아르바이트가 힘들면 어떻게 해요?
나: ________________ 계속 일할 거예요.

(2) 가: 여기 학생은 할인 되나요?
나: 아니요, ________________ 할인 안 돼요.

(3) 가: 이렇게 쇼핑을 많이 하면 돈이 다 떨어질 거예요.
나: 걱정하지 마세요. ________________

(4) 가: 한국어가 점점 어려워지면 공부를 포기할 거예요?
나: ________________

(5) 가: 이 휴대폰은 고장났으니까 버리는 게 어때요?
나: ________________ 계속 보관할 거예요.

(6) 가: 요즘 바빠서 고향에 있는 가족에게 연락을 못 했어요.
나: ________________

3. '-더라도'를 사용해 대답해 보세요.

(1) 결혼하고 싶은 상대가 큰 병에 걸리면 어떻게 하겠어요?

(2) 아주 바쁜 날 친구가 도와달라고 부탁을 하면 어떻게 하겠어요?

(3) 교통카드가 있어야 지하철이나 버스를 탈 수 있어요?

(4) 새로 산 선풍기를 사용한 지 하루밖에 안 됐는데 고장이 났어요.
사용했으면 교환이 안 되나요?

(5) 인터넷으로 신청을 했는데 사무실에 직접 가서 다시 확인을 해야 합니까?

저는 처음에 컴퓨터인 줄 알았어요

Track 43

민호	이 뉴스 봤어요? 자신의 몸을 이용해서 휴대폰에 입력할 수 있는 기술이 개발됐대요.
하나	그래요? 재미있는 기술이네요. 이전에는 휴대폰으로 전화만 했는데 요즘에는 인터넷, TV 보기 등 못 하는 게 없어요.
민호	그런 휴대폰은 정말 작은 컴퓨터 같아요. 저는 처음에 컴퓨터인 줄 알았어요.
하나	이렇게 계속 과학이 발전한다면 생각만 가지고 자동으로 움직이는 기계나 로봇이 나올지도 몰라요.
민호	그러면 제 생각을 기계가 다 알 수 있는 거예요? 하하, 그거 정말 편리하겠지만 좀 무서운데요?
하나	영화에서처럼 기계가 사람을 정복하는 일이 생길지도 몰라요.
민호	기계가 우리의 생각을 다 안다면 우리가 이길 수 있을까요?
하나	글쎄요. 우리가 미리 대비해 놓아야겠네요.

새단어

입력하다	to input	발전하다	to develop
기술	skill, technique	정복하다	to conquer
개발되다	to be developed	미리	in advance
가지다	to have, own	대비하다	to prepare for
자동으로 움직이다	to move automatically		

● 미래에 나올지도 모르는 제품에 대한 대화를 만들어 보세요.

제 품	기 능
전자사전	동시통역사처럼 통역을 해 줌
밥솥	물이 없어도 밥이 됨
자동차	운전자 없이 스스로 운전을 함

보기 가: 미래에 어떤 전자사전이 나올까요?

나: 동시통역사처럼 통역을 해 주는 전자사전이 나올지도 몰라요.

문법과 표현 Ⅱ

● [형]/[동]-(으)ㄴ/는 줄 알다/ 모르다

철수 씨가 나이가 **많은 줄 몰랐어요.** 나보다 **어린 줄 알았어요.**

도서관이 이렇게 일찍 문을 **닫는 줄 몰랐다.**

그 사람이 중국 **사람인 줄 몰랐어.** 한국 **사람인 줄 알았어.**

● 연습해 봅시다.

1. '-는 줄 알다/모르다'를 사용해 문장을 완성해 보세요.

(1) 한국 겨울이 이렇게 ____________________. (춥다)

(2) 학교 식당 음식이 ____________________. (맛있다)

(3) 오늘이 제니 씨 ____________________. 미안해요. (생일이다)

(4) 호세 씨가 한국어를 이렇게 ____________________. (잘하다)

(5) 저는 민수 씨가 내일 ____________________. (고향에 가다)

2. '-는 줄 알다/모르다'를 사용해 대화를 완성해 보세요.

(1) 가: 저 가방 예쁘죠? 그런데 너무 비싸요. 100만 원이에요.

나: 네? 100만 원이요? 저는 ____________________

(2) 가: 저 다음 달에 결혼해요.

나: 네? 저는 민수 씨가 반지를 끼고 있어서 ____________________

(3) 가: 지금 싱가포르는 35℃가 넘어요.

나: ____________________

(4) 가: 마이클 씨, 한국어 CD 듣고 있어요?

나: 아니요. 노래 듣고 있어요.

가: 저는 마이클 씨가 한국어 책을 보고 있어서 ____________________.

(5) 가: 미소 씨, 어제 같이 걸어가던 사람이 남자친구예요?

나: 아니요, 제 남동생이에요.

가: 그래요? ____________________.

3. 친구가 모르는 사실에 대해 아무것이나 말해 보세요. 그리고 친구는 그 말을 듣고 '-는 줄 알다/모르다'를 사용해서 말해 보세요.

> **보기** **나:** 저는 어렸을 때부터 피아노를 잘 쳐서 상을 받았어요.
> **친구:** 그래요? 저는 미키 씨가 피아노를 잘 치는 줄 몰랐어요. 다음에 한 번 들려 주세요.

(1) 나 : ____________________

친구: ____________________

(2) 나 : ____________________

친구: ____________________

(3) 나 : ____________________

친구: ____________________

좀 더 자세히

● '-었는 줄'과 바꿔 쓸 수 있어요.

저는 마이클 씨가 집에 **간 줄 몰랐어요.**

= 저는 마이클 씨가 집에 **갔는 줄 몰랐어요.**

● [형]/[동]-(으)ㄹ지도 모르다

오늘은 날씨가 안 좋지만 내일은 날씨가 **맑을지도 몰라요.**

이번 휴가에는 일이 많아서 고향에 못 **갈지도 몰라요.**

점심 시간이 지나서 김밥이 다 **팔렸을지도 몰라요.**

저 분이 이번에 새로 오신 **선생님일지도 몰라.**

● 연습해 봅시다.

1. '-을지도 모르다'를 사용해 문장을 완성해 보세요.

(1) 비가 그치면 날씨가 ______________________. (추워지다)

(2) 늦은 시간이라 네가 ______________________ 전화를 안 했어. (자다)

(3) 반지를 끼고 있는 것을 보니까 마이클은 ______________________. (결혼했다)

(4) 저 사람은 어려보이지만 나보다 ______________________. (나이가 많다)

(5) 주말에는 표가 다 팔려서 ______________________. (매진이다)

2. '-을지도 모르다'를 사용해 대화를 완성해 보세요.

(1) 가: 혹시 마이클 씨 전화번호 아세요?

나: 아니요, 민수 씨는 마이클 씨 친구니까 ______________________.
한번 물어보세요.

(2) 가: 복권을 또 샀어요?

나: 네, 이번에는 ______________________. 어제 돼지꿈을 꿨거든요.

(3) 가: 왜 옷을 바꾸세요?

나: 동생에게는 이 옷이 ______________________.

(4) 가: 음식을 왜 이렇게 많이 만드세요?

나: ______________________ 많이 준비해 놓으려고요.

(5) 가: 미소 씨는 숙제가 많아서 우리와 같이 놀러 못 가겠죠?

나: 미소 씨는 숙제를 벌써 ______________________. 미소 씨는 부지런하잖아요.

3. '-을지도 모르다'를 사용해 질문에 대답해 보세요.

(1) 이 시간에 명동에 가는 길이 많이 밀릴까요?

(2) 지금쯤 수업이 시작됐을까?

(3) 우리 반에서 이 컴퓨터를 고칠 수 있는 사람이 있을 것 같아요?

(4) 모두 이번 모임에 참석할 수 있지요?

(5) 지금 하늘이 맑으니까 우산을 놓고 가도 되겠지요?

(6) 제가 푼 문제가 틀린 것 같아요.

어휘 확장

● 생각이나 상상과 관련 있는 표현

1. 알맞은 단어를 선택하여 문장을 만들어 보세요.

머릿속	나래	꿈	현실	꾸며 내다

(1) 아이들은 그림을 그리면서 상상의 ______________ 을/를 편다.

(2) 사람들은 누구든지 희망찬 미래에 대하여 ______________ 을/를 꾸어야 한다.

(3) 늘 생각해 오던 일이 ______________ 에서 일어난다면 어떨까?

(4) 그 영화 내용은 실제로 있었던 일이 아니라 실제로 일어날 수 있는 일을 ______________ 이야기다.

(5) 10년 후의 나의 모습을 마음속에, ______________ 에 그려 보세요.

2. 다음을 보고 알맞게 연결하세요.

생각 •	• 현실에 가능성이 없는 막연한 생각
상상 •	• 머리를 써서 판단하는 것
공상 •	• 실제로 경험하지 않은 것을 마음속으로 그려보는 것

생각	상상	공상

(1) 100년 후에 온 세계에 물이 부족한 상황을 ______________ 해 보세요.

(2) 이 음식을 먹으니까 고향 ______________ 이 난다.

(3) 우리 가족은 ______________ 과학 영화를 좋아한다.

의사소통활동

듣기

● 다음을 듣고 답하세요. Track 44

1. 여자는 타임머신이 있다면 어느 시대로 가고 싶어 합니까? 이유는 무엇입니까?

2. 남자는 타임머신이 있다면 1000년 후로 가고 싶어 합니다. 그 이유는 무엇입니까?

말하기

● 타임머신이 생긴다면 어떨까요? 말해 보세요.

1. 타임머신을 타고 어느 시대로 가고 싶어요? 왜 그 시대로 가고 싶어요?

2. 그곳에서 누구를 만나고 싶어요?

3. 그 사람을 만나면 무슨 말을 하고 싶어요?

쓰기

● 5년 뒤의 나의 모습을 상상하여 말하고 써 보세요.

저는 5년 뒤에는 대학교를 졸업하고 의상 디자이너가 되어 있을 거예요. 제가 좋아하는 옷 회사의 신입사원으로 열심히 일하고 있을 거예요. 5년 정도 그 회사에서 일한 뒤에 작더라도 제 브랜드를 만들 거예요.

5년 뒤 나의 모습

읽기

● 다음 글을 읽고 답하세요.

미래에는 대부분의 사람들이 어렸을 때 영화에서 본 일들이 실제 일어날 것이다. 영화에서는 하늘을 나는 자동차나 모든 영양소가 있는 약이 나온다. 꿈속의 이야기인 것 같지만 불가능한 것만은 아니다.

현재도 땅과 물 위를 다니는 자동차가 있으니 하늘을 나는 자동차를 개발하는 것은 어려운 일이 아니라고 생각한다. 나는 자동차가 있다면 사람들은 비행기를 타지 않아도 먼 곳을 쉽게 갈 수 있을 것이다.

그리고 요리하지 않더라도 한 알만 먹으면 배가 부른 음식 또한 개발될 수 있을 것이다. 우주인은 이미 알약과 비슷한 음식을 우주에서 먹고 있다. 이렇듯 상상하는 것은 현실이 될 수 있다.

1. 위의 이야기에서 상상하고 있는 두 가지는 무엇입니까?

(1) ______________________

(2) ______________________

2. 여러분이 본 영화나 만화 등에 나오는 물건이나 능력 중 갖고 싶은 것이 있습니까? 왜 그것이 갖고 싶습니까?

영화/만화 제목	
갖고 싶은 것	
이유	

문화

상상 속의 동물, 해치

서울의 상징인 해치를 본 적이 있습니까? 해치는 한국인들이 좋아하는 상상의 동물 중 하나입니다. 해치는 사자와 비슷하게 생겼지만 머리에 뿔이 하나 있고, 목에는 방울을 달고 있습니다. 또 몸 전체는 비늘로 덮여 있으며, 겨드랑이에는 날개가 있습니다. 해치는 여름에는 물에 살고 겨울에는 소나무 숲에 삽니다.

해치는 선과 악, 옳고 그름을 판단하는 상상의 동물입니다. 해치는 정직한 동물이어서 사람들이 싸우는 것을 보면 옳지 않은 사람을 물거나 뿔로 받는다고 전해집니다. 중국에서 전해진 해치는 조선시대에 수도를 서울로 옮기면서 많이 나타나기 시작합니다. 나라를 다스리는 사람들이 해치처럼 정직하기를 바라는 의미에서 돌로 만든 해치를 서울 여기저기에 세웠기 때문입니다. 돌로 만든 해치를 세우는 것뿐만 아니라 나라를 다스리는 사람들이 입는 옷과 모자에도 해치 모양의 그림이 그려져 있습니다.

또한 여름에 물에 사는 동물인 해치가 불을 막아준다고 하여 경복궁을 새로 지을 때 광화문 앞에 해치를 세웠습니다. 지금도 광화문에 가면 돌로 만든 해치

를 볼 수 있습니다. 또한 백성들 사이에서도 부엌 등 불을 사용하는 곳에서 불을 막아주는 의미로 해치 모양의 기구를 사용했다고 전해집니다.

이처럼 해치는 광화문뿐만 아니라 서울의 여기저기에서 볼 수 있습니다. 여러분도 서울 이곳저곳을 다니며 해치를 한번 찾아 보는 것은 어떨까요?

● 질문

1. 서울의 상징인 해치는 어떤 동물입니까?

2. 한국 사람들은 왜 해치를 서울 여기저기에 세웠습니까?

새단어 _New Words

상징	symbol
뿔	horn
방울	bell
비늘	scales
선	good
악	evil
옳다	to be right
그르다	to be wrong
판단하다	to judge
정직하다	to be honest
물다	to bite
받다	to butt
전해지다	to be spread
옮기다	to move
나타나다	to appear
다스리다	to govern
세우다	to erect
막다	to prevent
백성	the public
기구	utensil

LESSON 12

한국의 문화

학습목표

- 어휘 | 결혼식 관련 표현, 존대 관련 표현
- 문법 | -는 척하다, -을까 봐(서), -느라고, -을 뻔했다

Track 45

듣고 말해 보세요

1. 이 남자는 어떤 말을 실수했습니까?
2. 여러분은 한국말을 할 때 어떤 실수를 합니까?

대화 1

실수를 할까 봐 걱정이에요

Track 46

유토	오늘 저녁에 한국 친구 집에 식사 초대를 받았는데 친구네 집에 할머니, 할아버지도 계셔서 제가 실수를 할까 봐 걱정이에요. 특별히 주의해야 할 식사예절이 있어요?
하나	한국에선 식사할 때 윗사람이 수저를 들기 전에 수저를 들면 안 돼요. 식사가 먼저 끝나도 윗사람보다 먼저 수저를 내려놓으면 안 되고요.
유토	그럼 식사가 끝나도 계속 먹고 있는 척을 해야 돼요?
하나	하하, 그것보다는 같이 식사하시는 분들과 식사 속도를 맞춰 식사하는 게 좋겠지요.
유토	그렇군요. 또 조심해야 할 다른 건 없어요?
하나	글쎄요, 그밖에 또 뭐가 있을까요? 아! 식사를 할 때 밥그릇을 들지 말고 상에 내려놓고 식사하세요.
유토	그래요? 우리나라에선 밥그릇을 들고 먹는데……. 한국이랑 일본은 가까운 나라이지만 알면 알수록 다른 것이 많은 것 같아요.
하나	맞아요. 그런 문화의 차이를 배우는 것이 참 흥미롭지요?
유토	네, 오늘도 하나 씨 덕분에 많이 배웠네요. 고마워요.

새단어

예절	manners, etiquette	그밖에	besides, anything else
주의하다	to be careful of, to pay attention	흥미롭다	to be interesting
친구네	friend's house	수저	spoon and chopsticks
윗사람	one's seniors	차이	defference, gap
속도를 맞추다	to keep pace with speed		

● 다음 상황에 맞는 대화를 만들어 보세요.

1. 여러분 나라에서 집에 초대받았을 때 주의해야 하는 것은 무엇인지 이야기 해 보세요.
2. 여러분 나라에서 식사할 때 꼭 지켜야 할 예절에 대해 이야기해 보세요.
3. 여러분 나라에서 식사할 때 하면 안 되는 행동에 대해 이야기해 보세요.

보기 가: 일본 친구 집에 초대 받았는데 주의할 게 뭐예요?
나: 일본 사람들은 집에 초대받았을 때 정해진 시간보다 10분 정도 늦게 가요.

문법과 표현 I

● [형]/[동] -(으)ㄴ/는 척하다

친구가 나를 깨웠을 때 안 자고 있었지만 **자는 척했다.**

길에서 친구를 만났는데 인사하고 싶지 않아서 못 **본 척했다.**

나는 사실 그 선물을 받고 별로 기쁘지 않았지만 그냥 **기쁜 척했어요.**

● 연습해 봅시다.

1. '-는 척하다'를 사용해 문장을 완성해 보세요.

(1) 그 사람은 잘 모르는 것도 항상 ______________________.(알다)

(2) 나는 그 사람과 만날 약속을 하고 싶지 않아서 오늘 ______________.(바쁘다)

(3) 나는 친구들을 만날 때 돈이 ______________________.
그럼 친구들이 내 대신에 돈을 낸다.(없다)

(4) 친구들은 시험 때 공부를 많이 했어도 ______________________.(안 했다)

(5) 그 식당에서는 생일인 사람에게 케이크를 준대요.
그래서 저도 ______________________.(생일이다)

2. '-는 척하다'를 사용해 대화를 완성해 보세요.

(1) 가: 넌 어떤 사람이 싫어?
나: ______________________ 사람이 싫어.

(2) 가: ______________________ 지 마! 안 자는 것 다 알아!
나: 어! 어떻게 알았어? 모를 거라고 생각했는데…….

(3) 가: 공부 안 하고 밤늦게 컴퓨터 게임을 할 때 엄마가 방에 들어오시면 어떻게 해요?

나: ______________________________

(4) 가: 넌 어렸을 때 학교 가기 싫으면 엄마한테 어떤 거짓말을 했어?

나: ______________________________

(5) 가: 기억이 안 나는 사람이 나에게 반갑게 인사하면 어떻게 하세요?

나: ______________________________

3. '-는 척하다'를 사용해 질문에 대답해 보세요.

(1) 자는 척해 본 적이 있어요? 있다면 언제, 그리고 왜 했어요?

(2) 열심히 공부했지만 열심히 공부 안 한 척해 봤어요?

(3) 회사원들은 언제 열심히 일하는 척할까요?

(4) 주변에 돈이 많은 척하거나 똑똑한 척하는 사람이 있나요?

(5) 친구나 가족이 만든 음식이 맛이 없을 때 맛있는 척해요, 아니면 솔직하게 말을 해요?

● [형]/[동]-(으)ㄹ까 봐(서)

혹시 아이가 **아플까 봐** 비상약을 가져 왔어요.

네가 이 선물을 안 **좋아할까 봐** 걱정했어.

내가 쓴 답이 틀린 **답일까 봐** 고민했어요.

● 연습해 봅시다.

1. '-을까 봐(서)'를 사용해 문장을 완성해 보세요.

(1) 약속을 ________________ 메모를 한다. (잊어버리다)

(2) 혹시 ________________ 비옷을 가지고 왔다. (비가 오다)

(3) 비행기를 ________________ 걱정했어요. (놓치다)

(4) 아이가 부모님께 ________________ 거짓말을 한 것 같다. (혼나다)

(5) 한국말로 말할 때 ________________ 자신 있게 말을 못 하겠어요. (실수하다)

2. '-을까 봐(서)'를 사용해 대화를 완성해 보세요.

(1) 가: 친구에게 왜 사실대로 말 안 했어요?

나: 사실대로 말하면 ________________ 말 못했어요.

(2) 가: 왜 이렇게 늦었어요?

나: ________________ 택시를 탔는데 오히려 30분이나 더 걸렸어요.

(3) 가: 왜 이렇게 작은 목소리로 말해요?

나: 옆방에서 아기가 자고 있어요. ________________ 더 크게 말을 못하겠어요.

(4) 가: 네가 준 옷이 나한테 딱 맞아.

나: ________________ 걱정했는데 잘 됐네.

3. '-을까 봐(서)'를 사용해 질문에 대답해 보세요.

(1) 학교에 물이 있는데 왜 집에서부터 가져왔어요?

(2) 왜 우산을 가져왔어요?

(3) 왜 마스크를 하고 왔어요?

(4) 왜 아이들에게 TV를 많이 안 보여 주나요?

(5) 왜 손바닥에 할 일을 썼어요?

좀 더 자세히

- '-을까 싶어(서)'와 비슷한 의미예요.

  (1) 혹시 아이가 **아플까 봐서** 비상약을 가져 왔어요.

  (2) 혹시 아이가 **아플까 싶어서** 비상약을 가져 왔어요.

지하철에서 조느라고 방송을 못 들은 적이 있어요

Track 47

마이클 오늘 아침에 버스에서 임산부에게 자리를 양보했어요.

하나 그래요? 마이클 씨도 이제 한국 사람이 다 되었네요.

마이클 사실 전에 지하철에서 조느라고 방송을 못 들은 적이 있어요. 그래서 그때 숙대입구역에서 못 내릴 뻔했거든요. 문이 닫히는 걸 보고 벌떡 일어났는데 제 앞에 서 계시던 할아버지께서 고맙다고 하셨어요.

하나 네? 아~ 마이클 씨가 자리를 양보하는 줄 아셨군요.

마이클 네, 그때는 몰랐는데 한국 친구가 이야기를 해 줘서 알았어요. 그 다음부터는 항상 할머니, 할아버지께 자리를 양보해요.

하나 마이클 씨 말을 들으니까 제가 조금 부끄러워지네요. 저는 피곤할 때는 할머니와 눈이 마주칠까 봐 눈을 감고 있을 때가 있거든요.

마이클 그래도 자리를 양보하고 나면 고맙다고 하시면서 가방을 들어 주시잖아요. 저는 그럴 때 한국 사람의 정을 느껴요.

하나 맞아요, 저도 그런 경험이 많이 있어요. 앞으로는 조금 힘들더라도 자리 양보를 해야겠어요.

새단어

임산부	pregnant woman, expectant mother	눈이 마주치다	to keep eye contact with
양보하다	to give way	정	warm affection, attachment
졸다	to doze	느끼다	to feel
벌떡 일어나다	to stand up suddenly	눈을 감다	to close one's eyes
부끄럽다	to be ashamed, shameful, embarrassed		

● 다음 상황에 맞는 대화를 만들어 보세요.

1. 한국에 온 뒤 알게 된 한국 문화에 대해 이야기해 보세요.

2. 대중교통에서 자리를 양보하거나 양보받은 적이 있으면 그때 상황을 이야기해 보세요.

보기 가: 버스나 지하철에 있는 노약자 보호석이 뭔지 아세요?
나: 네, 노인이나 장애인, 임산부를 위한 자리예요.

문법과 표현 Ⅱ

● [동]-느라고

시험공부를 **하느라고** 잠을 못 잤어요.

자료를 **찾느라고** 늦게까지 도서관에 있었다.

아침밥을 **먹느라고** 늦었어요.

● 연습해 봅시다.

1. '-느라고'를 사용해 문장을 완성해 보세요.

(1) 은행에 ______________ 수업 시간에 늦었어요. (다녀오다)

(2) 요즘 태권도를 ______________ 바쁘다. (배우다)

(3) 음악을 ______________ 전화 소리를 못 들었어요. (듣다)

(4) 공항에 친구 ______________ 학교에 못 왔습니다. (마중을 나가다)

(5) 요즘 자정까지 ______________ 피곤해요. (아르바이트를 하다)

2. '-느라고'를 사용해 대화를 완성해 보세요.

(1) 가: 왜 아직까지 점심을 못 먹었어요?

나: ______________ 못 먹었어요.

(2) 가: 여기까지 ______________ 힘드셨죠?

나: 아니에요. 지하철 타면 한번에 오는데요, 뭘.

(3) 가: 뭐 ______________ 이렇게 늦었어요?

나: 일이 많아서 야근을 했어요.

(4) 가: 여보세요? 지금 어디예요? 왜 아직 안 와요?

나: 미안해요. ______________ 늦게 출발했어요.

3. '-느라고'를 사용해 질문에 대답해 보세요.

(1) 어젯밤에 왜 조금밖에 못 잤어요?

(2) 왜 아침을 못 먹었어요?

(3) 왜 숙제를 하지 않았나요?

(4) 왜 어제 친구를 못 만났어요?

(5) 어제 무슨 일로 결석을 했어요?

좀 더 자세히

● 어떤 것이 맞아요?

(1) 친구가 요즘 열심히 **공부하느라** (친구가) 자주 밤을 새운다.

(2) 친구가 요즘 열심히 **공부하느라** (내가) 자주 밤을 새운다.

● [동]-(으)ㄹ 뻔했다

눈이 온 뒤에 길이 미끄러워서 **넘어질 뻔했어요**. 그런데 다행히 안 넘어졌어요.

지난번에 여행갔을 때 기차를 **놓칠 뻔했다**. 그런데 잘 탔다.

어제 배가 아파서 **죽을 뻔했는데** 이제 괜찮아졌어요.

● 연습해 봅시다.

1. '-을 뻔했다'를 사용해 문장을 완성해 보세요.

(1) 네가 말을 안 했으면 약속을 ________________. 말해 줘서 고마워. (잊어버리다)

(2) 공부를 안 해서 시험에 ________________. 하지만 다행히 붙었어요. (떨어지다)

(3) 약속에 늦어서 그 사람을 ______________________________. (못 만나다)

(4) 상한 음식인 줄 모르고 ____________________________________. (먹다)

(5) 손이 미끄러워서 들고 있던 핸드폰을 _____________________. (떨어뜨리다)

2. '-을 뻔했다'를 사용해 대화를 완성해 보세요.

(1) 가: 그 이야기는 내일까지는 비밀이에요.

나: 네, 알고 있어요. 그런데 아까 다른 사람한테 ______________________.

(2) 가: 어제 밤늦게까지 일해서 힘들었죠?

나: 네, 너무 힘들어서 ____.

(3) 가: 아침에 내가 탄 버스가 ____________________________________.

나: 큰일 날 뻔했네요.

(4) 가: 휴, 이번 축구 경기에서 ____________________________________.

나: 네, 끝나기 5분 전에 한 골을 넣어서 다행이에요.

3. '-을 뻔했다'를 사용해 질문에 대답해 보세요.

(1) 비행기나 기차를 놓칠 뻔한 적이 있었어요?

(2) 지금까지 사는 동안 죽을 뻔한 경험이 있었어요?

(3) 눈이 오는 날 넘어질 뻔한 적이 많이 있었어요?

(4) 요리나 운동을 하다가 다칠 뻔한 적이 있었어요?

어휘 확장

● 한국의 결혼식 관련 표현

폐백	복을 받다	절을 하다	대추	밤
자식을 낳다	인사를 드리다	연지 곤지	기러기	

● 존댓말

아프다 •	• 진지
밥 •	• 약주
죽다 •	• 시장하다
술 •	• 뵙다
딸 •	• 돌아가시다
만나다 •	• 따님
배고프다 •	• 편찮으시다

● 어떤 상황에서 이런 말을 할까요?

1.

2.

의사소통활동

듣기 Track 48

● 다음을 듣고 답하세요.

1. 무엇에 대한 설명입니까?

2. 웃어른들께서 대추를 던져 주시는 이유는 무엇입니까?

3. 폐백이 끝난 후에 신랑과 신부는 무엇을 합니까?

(1) 서로 절을 합니다.

(2) ______________________________.

(3) ______________________________.

(4) 사진을 찍습니다.

● 여러분 나라의 결혼식은 어떻습니까?

● 여러분은 한국 문화를 처음 접했을 때 어떤 생각을 했습니까? 또 여러분 나라와 어떤 점이 달랐습니까? 여러분의 경험을 써 봅시다.

결혼 문화	한국 결혼식에 가 봤는데 너무 일찍 끝나더라고요. 우리나라는 하루 종일 결혼식을 해요.
음식 문화	
언어 문화	

읽기

● 여러분은 한국에 대해 얼마나 알고 있습니까? 다음을 읽고 여러분의 실력을 확인해 보세요.

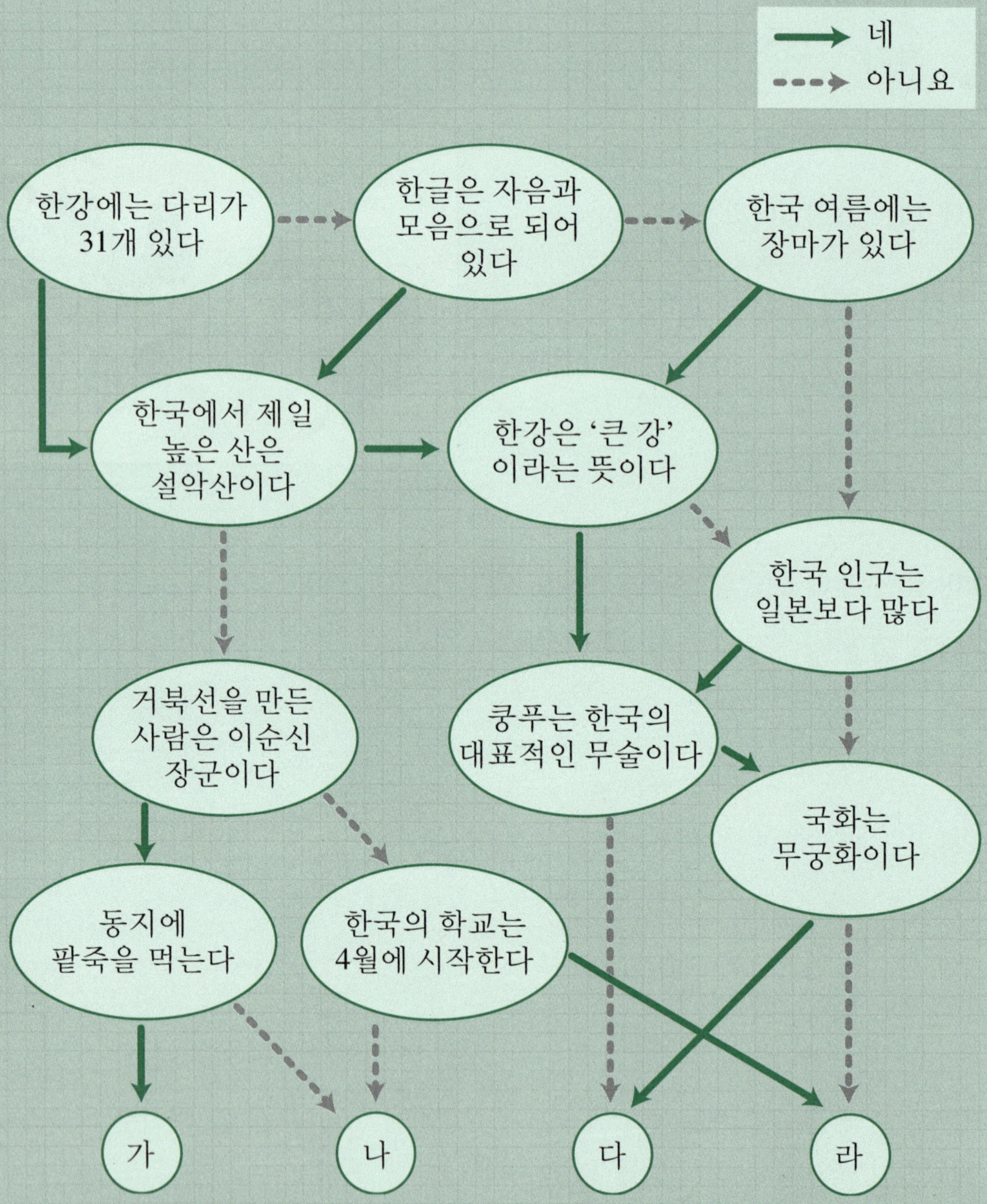

가	한국에 대해 정말 많이 알고 있군요.
나	한국에 대해 많이 알고 있는 편입니다.
다	한국에 온 지 얼마 안 되셨군요!
라	한국에 대해 조금 더 공부해야겠어요.

문화

한국의 문화유산

유산은 우리가 선조로부터 물려받은 소중한 것이므로 잘 보존해서 후손들에게 깨끗하게 물려주어야 합니다. 유산은 특정 나라만의 것이 아닙니다. 전 세계의 모든 사람들이 함께 보존해야 하는 것입니다. 그래서 유네스코(UNESCO)에서는 세계 문화유산을 지정하여 함께 유산을 보존하는 일을 하고 있습니다.

이집트의 피라미드, 중국의 만리장성 등은 모두 세계 문화유산입니다. 한국에도 유네스코에서 지정한 세계 문화유산이 있습니다. 한국에는 10여 개의 세계 문화유산이 있는데, 해인사 장경판전, 종묘, 석굴암 · 불국사, 창덕궁, 수원화성, 고창 · 화순 · 강화 고인돌 유적, 경주, 제주 화산섬과 용암동굴, 조선왕릉, 그리고 안동 하회마을 등입니다.

해인사 장경판전은 13세기에 만들어진 것입니다. 이곳에는 또 다른 문화유산인 고려 대장경판 8만여 장도 있습니다. 장경판전은 대장경판을 보존하는 건물로 자체적으로 온도와 습도를 조절할 수 있도록 설계된 것으로 유명합니다.

안동하회마을은 조선 중기인 1600년대부터 풍산 류 씨들이 모여 살던 마을로 당시의 생활상을 그대로 볼 수 있는 곳입니다. 안동하회마을은 오랜 시간이 지났지만 원형을 그대로 보존하고 있을 뿐만 아니라 자연의 모습을 그대로 간직하고 있습니다. 여러분이 안동하회마을에 가시면 여러 가지 문화체험을 하실 수 있을 뿐만 아니라 조선 시대 양반의 생활도 느끼실 수 있습니다.

새단어 _New Words

유산	inheritance
선조	ancestors
물려받다	to inherit
보존하다	to preserve
후손	descendant
물려주다	to bequeath
지정하다	to designation
대장경판	the complete collection of Buddhist Sutras
건축물	building
자체적	self-regulating
온도	temperature
습도	humidity
조절하다	to adjust, to control
설계되다	to be designed
생활상	state of living
원형	the original form

● 질문

1. 해인사 장경판전은 무엇으로 유명합니까?
2. 여러분이 안동하회마을에 가시면 무엇을 보실 수 있습니까?
3. 여러분 나라의 세계 문화유산에 대해 아십니까?

부록

듣기 지문

● LESSON 01 Track 01

〈듣고 말해 보세요〉

여자: 이곳은 어디예요? 와~ 정말 높네요.

남자: 서울에서 제일 높은 건물이에요.

여자: 저 건물의 제일 높은 층에서는 서울을 다 볼 수 있겠어요.

남자: 그래서 서울 경치를 보려고 사람들이 많이 찾아와요.

〈의사소통활동 듣기〉 Track 04

남자: 자, 여기 좋은 옷이 많이 있습니다. 언니도 고르세요. 동생도 고르세요.
손님, 어서 오세요. 어떤 옷을 찾으세요?

여자: 부모님께 사다 드릴 옷으로 어떤 게 좋을까요?

남자: 그럼, 여기 와 보세요. 어른들께 어울릴 옷이 많이 들어왔어요.

여자: 그런데 가격이 좀 비싼 것 같아요.

남자: 무슨 말씀이세요? 이 가격에 이런 물건 못 사실걸요. 걱정하지 말고 사다가 드리세요. 부모님께서 좋아하실 거예요.

여자: 옆 가게는 더 싸요.

남자: 그럼, 좋아요. 2000원 깎아 드릴게요. 사세요.

여자: 3000원 깎아 주세요. 그럼 다음에 친구랑 또 올게요.

남자: 에이~ 손님, 너무 하네요. 좋아요. 다음에 꼭 오셔야 돼요.

● LESSON 02

〈듣고 말해 보세요〉 Track 05

여자: 대학교에 들어가면 어떤 일을 하고 싶어요?

여자: 글쎄요, 저는 그림을 좋아해서 그림 동아리에 들어가고 싶어요.

여자: 전공은 정했어요?

여자: 아직 못 정했어요.
하지만 그림과 관계가 있는 공부를 하고 싶어요.

〈의사소통활동 듣기〉 Track 08

남자: 요즘 애인 생겼어요? 기분이 좋은 것 같아요.

여자: 그건 아니고요, 요즘 동아리에 가입했어요. 그런데 재미있네요.

남자: 무슨 동아리예요?

여자: 그림 감상하는 동아리예요.

남자: 아, 저도 그림 감상하는 거 좋아해요.
어떤 그림들을 많이 감상해요?

여자: 저도 한 번 갔을 뿐이에요. 그래서 잘 몰라요.
하지만 유명한 화가들 전시회를 한 주에 한 번씩 가는 것 같아요.

남자: 여러 명이 가니까 값도 싸겠지요?

여자: 그럼요. 할인 티켓을 많이 사용해요.

남자: 저는 기분이 안 좋을 때 그림을 보면 기분이 좋아요. 저도 그림을 보러 갔으면 좋겠어요.

여자: 그럼 같이 보러 갈까요? 그림을 좋아하는 학생은 모두 동아리에 들어갈 수 있어요.

남자: 네, 좋아요. 무슨 요일에 모여요?

여자: 토요일 오후 2시에 모여요.

남자: 아침에 학교 도서관에 갔다가 모임에 나가면 되겠네요.

여자: 그럼 이번 주 토요일에 같이 가요.

● LESSON 03

〈듣고 말해 보세요〉 Track 09

남자: 여기에서 뭐 하고 있어요?

여자: 네, 요즘 직업을 구하고 있거든요. 이 게시판에 좋은 광고가 있는지 보고 있어요.

남자: 그렇군요. 저도 요즘 취업 준비를 하고 있어요.
좋은 광고가 있으면 저한테도 알려 주세요.

여자: 알겠어요. 그럴게요.

〈의사소통활동 듣기〉 Track 12

남자: 지난번에 본 면접시험은 어떻게 됐어요?

여자: 아직 결과가 안 나왔어요. 내일쯤 결과를 알 수 있어요.

남자: 좋은 결과가 있으면 좋겠네요.

여자: 그런데 사실 합격해도 그 직장에서 별로 일하고 싶지 않아요.

남자: 왜요?

여자: 월급도 많고 제 적성에도 맞는 일이지만 토요일에도 근무해야 하는 게 마음에 안 들어요.

남자: 그런데 왜 면접시험까지 봤어요?

여자: 그냥 경험이라고 생각하고 봤어요.

남자: 그런데 직업을 구할 때는 100% 마음에 드는 곳을 구하는 게 아주 힘들어요. 그러니까 잘 생각하고 결정하세요.

여자: 네, 알겠어요. 합격하면 잘 생각해 볼게요.

• LESSON 04

〈듣고 말해 보세요〉 Track 13

남자: 요즘 날씨가 좋은데 주말에 갈 만한 곳이 있을까요?

여자: 수목원에 한번 가보세요.

남자: 수목원이요? 거기는 어떤 곳이에요?

여자: 나무가 많은 공원인데요. 맑은 공기를 마실 수 있어서 참 좋아요.

〈의사소통활동 듣기〉 Track 16

* 라디오나 텔레비전 광고에서

여자 : 여름 휴가 동안 뭘 하죠?

남자 : 글쎄요 여행을 하면 어떨까요? 그런데 어디가 좋죠?

여자(광고) : 여러분, 여행 장소 결정하실 때 고민이 많으시죠?
그럼 "여기저기" 여행사를 이용해 보세요.
짧은 여행부터 긴 여행까지 모든 것을 안내해 드립니다. 바다를 좋아하시는 분은 부산 해운대를 추천합니다. 넓은 모래밭에서 공놀이도 하고 푸른 바다에서 여름을 즐길 수 있으실 겁니다.
숲 속 경치를 느끼시고 싶으신 분은 담양의 대나무 밭을 찾아가 보세요.
여러분과 자연이 하나가 되는 경험을 하실 거예요. 궁금하신 것이 있으면 전화 주세요.
여러분의 즐거운 친구 "여기저기" 여행사~

• LESSON 05

〈듣고 말해 보세요〉 Track 17

남자: 미키 씨는 어떤 사람이 좋아요?

여자: 저는 키가 좀 작고 얼굴이 동그란 사람이 좋아요.

남자: 성격은요?

여자: 성격은 활발하고 씩씩한 사람이면 좋겠어요.

〈의사소통활동 듣기〉 Track 20

여자: 얼마 전에 소개팅을 했는데 정말 멋있는 사람이 나왔어.

남자: 진짜? 와 정말 좋았겠군. 어떻게 멋있었어?

여자: 음…… 나는 근육이 좀 있고 힘이 센 사람이 좋은데 에디 씨가 아주 강한 남자더라고.

남자: 그 사람 이름이 에디야? 얼굴은 어떻게 생겼어?

여자: 음…… 얼굴이 좀 네모이고 눈이 길고 작은 편이야.

남자: 그래? 근육이 있고 눈이 길면 가수 비와 비슷해?

여자: 응, 얼굴 모양이 좀 다르지만 비슷한 것 같아.

남자: 다음에 같이 만나자. 내가 한번 봐줄게.

여자: 나도 그 남자 또 만나고 싶은데 다시 연락이 안 오네…….

• LESSON 06

〈듣고 말해 보세요〉 Track 21

여자1: 아침저녁으로 날씨가 추워졌어요.

여자2: 네, 정말 춥더라고요. 두꺼운 옷을 입어야겠어요.

여자1: 음…… 그런데 전 입을 만한 옷이 없네요.

여자2: 그럼 이번 주말에 두꺼운 옷을 좀 사러 갈까요?

〈의사소통활동 듣기〉 Track 24

남자: 내 친구 중에서 '김준수' 알지요?

여자: 네, 키 크고 눈도 큰 친구 맞지요? 옷도 멋있게 잘 입고요.

남자: 네, 맞아요.
옷에 관심도 많고 옷도 멋있게 잘 입어서 친구들이 멋쟁이라고 불러요.
그런데 그 친구가 이번에 인터넷에 쇼핑몰을 열었어요.

여자: 와! 옷을 파는 쇼핑몰이에요?

남자: 네, 준수가 직접 옷을 입고 사진을 찍으면 아마 그 옷이 잘 팔릴 거예요.

여자: 그런데 어떤 스타일의 옷을 팔아요?

남자: 이십 대 남자 캐주얼이에요. 삼십 대들이 입을 만한 캐주얼도 있고요.

여자: 그래요? 준수 씨가 멋쟁이니까 옷들도 멋지겠네요.
전 준수 씨 눈을 믿어요.
오늘 집에 가서 한번 그 쇼핑몰에 꼭 가 봐야겠어요.

남자: 그래요. 마음에 드는 거 있으면 사 보세요.

● LESSON 07

〈듣고 말해 보세요〉 Track 25

남자: 뭐 먹으러 갈까요?

여자: 글쎄요, 돼지갈비 먹으러 갈까요?

남자: 돼지갈비 대신에 비빔밥은 어때요? 돼지갈비는 어제 친구랑 먹었거든요.

여자: 민수 씨는 외식을 자주 하는 편인 것 같아요.

〈의사소통활동 듣기〉 Track 28

여자: 안녕하세요? 건강 365일의 이하나입니다.
오늘은 20년 동안 음식과 건강을 연구하신 선생님을 모셨습니다.
첫 번째 청취자의 고민을 듣겠습니다. 여보세요?

남자1: 여보세요? 청파동에 사는 김영식이라고 합니다.
선생님, 요즘 입맛이 너무 없어서 밥을 잘 못 먹습니다.
기운도 없고요. 이럴 때는 어떻게 하면 입맛이 돌까요?

남자2: 봄에는 보통 입맛이 떨어집니다.
이럴 때는 쓴 맛이 나는 채소를 요리해서 먹으면 입맛이 돌아옵니다.

여자: 그럼 청취자의 고민을 듣겠습니다. 말씀해 주세요.

여자: 저는 30대 가정주부입니다. 소화가 잘 안 되고 위가 아파서 전화 드렸습니다.
약을 먹으면 괜찮았다가 다시 아픕니다.

남자2: 감자나 알로에를 갈아서 마셔 보세요. 위가 좀 덜 아플 거예요.

여자: 선생님, 오늘 상담 감사합니다.
다음 시간에는 다이어트에 대해서 알아보겠습니다.

● LESSON 08

〈듣고 말해 보세요〉 Track 29

남자: 미소 씨는 어떤 집에서 살고 싶어요?

여자: 저는 방이 두 개 있고 베란다가 있는 집이면 좋겠어요.

남자: 왜요?

여자: 동생이랑 같이 살아서 따로 방을 쓰면 좋겠어요.

〈의사소통활동 듣기〉 Track 32

남자: 요즘 도시를 떠나서 시골로 이사 가는 사람들이 많아지고 있대요.

여자: 네, 저도 나중에 시골에 가서 마당이 넓은 집에서 살고 싶어요.

남자: 지선 씨는 시골 생활을 좋아하는 모양이에요.

여자: 네, 시골에 살면 공기도 좋고 한가해서 마음이 아주 편할 것 같아요.

남자: 그렇겠죠. 하지만 너무 한가해서 심심할 수도 있어요. 저는 도시에 있는 한옥에서 한번 살아 보고 싶어요.

여자: 그것도 좋은 생각인데요! 마치 옛날로 돌아간 느낌도 들고 재미있겠어요.

남자: 네, 우리가 배운 것처럼 한옥이 정말 좋은지 안 좋은지 직접 경험해 보고 싶어요.

● LESSON 09

〈듣고 말해 보세요〉 Track 33

남자: 주말에 공연 표가 두 장 생겼는데 같이 갈래요?

여자: 그래요? 어떤 공연인데요?

남자: 뮤지컬인데 요즘 인기가 많은 거래요.

여자: 잘 됐네요. 저도 요즘 공연을 보고 싶었거든요.

〈의사소통활동 듣기〉 Track 36

여자: 너 들었어? '18세기 미술 전시회'를 오늘부터 연말까지 시청 옆에 있는 미술관에서 시작한대.

남자: 그래? 난 미술에 관심이 없어서…….

여자: 그래도 이번 전시는 유명한 작가들의 작품이 많아서 정말 볼 만할 걸. 아마 사람들도 정말 많이 갈 것 같아.

남자: 사람들이 미술에 관심이 많은가 봐. 난 관심도 별로 없고 사람 많은 데는 정말 안 좋아하는데…….

여자: 그러지 말고 이번 기회에 나랑 미술 전시회에 한 번 가 보자.
아마 보고 나면 너도 조금 관심이 생길 거야.

남자: 그런데 나는 그림을 봐도 잘 이해할 수가 없는데?

여자: 전시회에서 설명해 주는 사람이 있어. 그 설명을 들으면 이해하기 쉬울 테니까 걱정하지 마.

남자: 알았어. 날씨도 좋으니까 문화생활 한번 해 보자! 그럼 당장 우리 내일 한번 가 볼까?

• LESSON 10

〈듣고 말해 보세요〉 Track 37

여자: 선생님, 안녕하세요?

남자: 어~, 이게 누구야? 영미 아니니? 못 본 지 한 십 년 됐지?

여자: 네, 미국으로 이사 간 후로는 못 뵀어요. 연락 못해서 죄송해요.
선생님은 옛날하고 똑같으시네요.

남자: 너는 통통했던 살이 다 어디 갔지? 이제는 날씬하네.

여자: 다이어트 좀 했거든요.

〈의사소통활동 듣기〉 Track 40

* 평생 초등학생을 가르친 교사의 퇴임사

남자: 안녕하십니까?
바쁘실 텐데도, 참석해 주신 모든 분들에게 감사를 드립니다.
사랑하는 학생들, 존경하는 학부모님, 선생님들! 여러분이 계셔서 제가 40년 동안 학교에서 일할 수 있었습니다. 생각할수록 모든 것이 고맙습니다.
지금 이 자리에 서 있으니까, 처음 초등학교에 와서 만났던 어린 학생들이 생각납니다. 어렸던 그 학생들이 이제는 아버지 어머니가 되어 저를 찾아옵니다.
함께 나이 들어가며 진짜 친구가 되었습니다. 그래서 더 이상 학교에서 학생들을 가르치지 못해도 그렇게 슬프지 않습니다. 저에게는 40년간 만든 친구들이 많이 있으니까요.
학교에서 가르칠 수 있도록 저를 가르쳐 주신 선생님들이 계십니다. 그분들께도 감사의 말씀을 드리면서 인사를 마치겠습니다.

• LESSON 11

〈듣고 말해 보세요〉 Track 41

남자: 내가 만약 한국어를 하나도 못 한다면 어땠을까?

여자: 음, 정말 답답했겠지? 어디 놀러도 못 가고.

남자: 난 지금도 한국어가 어려워.

여자: 나도. 전 세계 언어가 모두 같으면 좋겠어.

〈의사소통활동 듣기〉 Track 44

남자: 애리 씨, 타임머신을 타고 시간 여행을 할 수 있다면 어느 시대로 가고 싶어요?

여자: 글쎄요. 저는 50년 정도 후 미래로 갔다가 다시 돌아오고 싶어요.

남자: 왜요?

여자: 그 때가 되면 외국어를 저절로 배우는 프로그램이 생길지도 모르잖아요. 그 프로그램을 입력해서 다시 돌아오겠어요. 민호 씨는요?

남자: 저는 1000년 정도 후로 가 보고 싶어요.

여자: 왜요?

남자: 1000년 후에는 이 세계에서 어떤 일이 일어날지 모르잖아요. 그것을 직접 보면서 확인하고 싶어요.

여자: 와, 그것 참 좋은 생각이네요. 1000년 후의 미래는 어떨까요?

남자: 제 생각에는 나쁜 일이 일어나더라도 사람들이 잘 해결하고 살 것 같아요.

여자: 그리고 지금보다 훨씬 더 살기 좋은 세상일 것 같아요.

• LESSON 12

〈듣고 말해 보세요〉 Track 45

남자: 진수 씨 아버지, 아직 아파요?

여자: 아니요, 많이 좋아지셨어요. 그런데 존 씨, 윗사람

한테는 '아프다' 라고 하면 안 돼요. '편찮으시다' 라고 말해야 돼요.

남자: 그래요? 저는 아직도 존댓말을 해야 할 때 실수를 많이 해요.

여자: 존 씨 나라에는 존댓말이 특별히 없어서 그런가 봐요. 그래도 예전보다 실수를 덜 하니까 너무 걱정하지 마세요.

〈의사소통활동 듣기〉 Track 48

* 폐백 드리는 방법

한국의 결혼식에 가 보신 적이 있습니까?

한국에서는 결혼식이 끝난 후에 신랑과 신부가 시어른들과 가족들에게 인사를 하는 행사가 있습니다. 이것을 폐백이라고 합니다. 결혼식이 끝나고 나면 신랑 신부는 신랑의 부모님과 친척 어른들께 큰절을 하게 됩니다.

절을 받은 시부모는 며느리에게 자식을 많이 낳으라고 대추와 밤을 던져 줍니다. 대추를 던지는 것은 아들을 바라는 것에서 시작했습니다. 그 다음으로 시댁 어른들에게 나이 순서대로 절을 합니다.

폐백이 끝나면 신랑과 신부가 서로 맞절을 하고 술과 대추를 나누어 먹습니다. 마지막으로 신랑이 신부를 업고 상 주변을 돌고 다정하게 사진을 찍습니다.